V&R

Epicorum Graecorum Fragmenta

edidit

MALCOLM DAVIES

Vandenhoeck & Ruprecht in Göttingen

Gedruckt mit Unterstützung
des Förderungs- und Beihilfefonds Wissenschaft
der VG Wort

CIP-Titelaufnahme der Deutschen Bibliothek

Epicorum Graecorum fragmenta / ed. Malcolm Davies. –
Göttingen : Vandenhoeck u. Ruprecht, 1988
ISBN 3-525-25747-3
NE: Davies, Malcolm [Hrsg.]

© Vandenhoeck & Ruprecht, Göttingen 1988
Printed in Germany. – Das Werk einschließlich aller seiner Teile
ist urheberrechtlich geschützt. Jede Verwertung außerhalb
der engen Grenzen des Urheberrechtsgesetzes ist ohne
Zustimmung des Verlages unzulässig und strafbar.
Das gilt insbesondere für Vervielfältigungen, Übersetzungen,
Mikroverfilmung und die Einspeicherung und Verarbeitung
in elektronischen Systemen.
Herstellung: Hubert & Co., Göttingen

PRAEFATIO

„Kinkelianam epicorum fragmentorum syllogam ... neglegenter et imperite factam esse omnes sciunt, quos illo libro adhuc utendum esse piget." his verbis Bernhardus Wyss anno mcmxxxvi recte iudicavit* de libello isto cui haec editio tandem succeditur. piget et mehercule pudet misellum volumen istud plus quam decem lustra locum immeritum tenuisse. recentius quidem fragmenta illorum epicorum quae veteres Homero tribuebant edidit T. W. Allen, recentius item fragmenta epicorum quae „Troica" vocantur edidit E. Bethe, melius hic quam ille, melius ambo quam iste. sed hactenus desiderabatur editio quae omnia fragmenta denuo complecteretur.

omnia dicebam: sed praemonendum est me fragmenta accuratius, ut spero, edita, elegantius et clarius fortasse exposita, pauciora, tamen, quam Kinkelii sylloga praebuisse. Hesiodea, enim, Antimachea, Choerilea aut iam ediderunt aut edituri sunt alii. etiam in reliquis porro magnam copiam novorum fragmentorum accedisse haud diceres. unum et alterum testimonium provenisse non negabo, sed pauca, et quod dixit Allen sexaginta annis abhinc, dixerit quispiam hodie, harenas Aegyptias adhuc invidisse.

erunt fortasse qui me plura quamvis incerta includisse praetulissent: pro mea parte omittendo errare malui quam includendo dubia (ne dicam spuria) accumulare. sed non est cur hic multa de his aliisque rebus disseram quippe qui et rationes edendi fusius alibi explicavi† et fragmenta epica iam illustravi commentariis ditissimis quae mox publici iuris facere me posse spero. non tamen silebo dum finem facio praefandi quanta beneficia recepi in hoc libello praeparando a collegis amicisque e quibus R. Kassel, H. Lloyd-Jones, E.-M. Voigt, M. L. West in primis nominare iuvat.

M. D.

---

* *Antimachi Colophonii Reliquiae* p. LXI.
† Prolegomena and Paralegomena to a new edition (with commentary) of the fragments of early Greek epic: *NGG* 2 (1986) 91 sqq.

CONTINENTUR IN HOC VOLUMINE

Praefatio 5

I. EPICUS CYCLUS 11
   Epicus cyclus 13
   Titanomachia 16
   Oedipodia 20
   Thebais 21
   Epigoni 26
   Cypria 27
   Aethiopis 45
   Ilias parva 49
   Iliupersis 61
   Nosti 66
   Telegonia 71
   Fragmenta incerti loci intra cyclum epicum 74

II. POETAE EPICI PER LITTERARUM ORDINEM
    DISPOSITI 77
   Abaris 79
   Agias 79
   Antimachus Colophonius 79
   Antimachus Teius 79
   Antipho Atheniensis 80
   Anyta Tegeensis 80
   Arctinus Milesius 80
   Aristeas Proconnesius 81
   Asius Samius 88
   Cercops 91
   Chersias 92
   Choerilus Iasius 92
   Choerilus Samius 92
   Cinaetho 92
   Clonas 93

Creophylus Samius 94
Cynaethus 94
[Demodocus] 94
Diotimus 95
[Diphilus] 95
Epilycus 95
Epimenides 95
Eugammon 95
Eumelus 95
Hegesinus 103
Hesiodus 103
Hippias 104
‚Homerus' 104
Lesches 112
Magnes 112
Melanippides 112
Musaeus 112
Niceratus Heracleota 112
Nicostratus Atheniensis 113
Panyassis 113
Perses 129
Pisander Camirensis 129
Polymnestus Colophonius 135
Prodicus Phocaensis 135
Stasinus Cyprius 135
Telesis Methymnaeus 135
Terpander 135

III. TITULI CARMINUM EPICORUM PER LITTERARUM
ORDINEM DISPOSITI 137

Aethiopis 139
Alcmaeonis 139
Amazonia 140
Corinthiaca 140
Danais 141
Epigoni 141
Europia 141
Heraclea 142
Ilias Parva 143

Iliupersis		143
Meropis		143
Minyas		144
Naupactia		145
Nosti		149
Oechaliae Halosis		149
Oedipodia		153
Phocais		153
Phoronis		153
Thebais		155
Theseis		155
Telegonia		156
Thesprotis		156
IV.	ADESPOTA VEL DUBIA	157
V.	DUBIA ET SPURIA	163
	Arctinus	165
	Chersias	165
	Hegesinus	166

INDICES

Comparatio numerorum 171
   I. Epicus cyclus 171
      (a) epica quae ‚Troica' vocantur 171
      (b) alia epica intra cyclum locanda 173
  II. Alia epica quae veteres ‚Homero' tribuebant 174
 III. Alia carmina epica 175
      (a) epicorum poetarum nomina per litterarum ordinem disposita 175
      (b) tituli carminum per litterarum ordinem dispositi . . . 176

Index fontium 178

Index verborum certorum 185

I.
EPICUS CYCLUS

EPICUS CYCLUS
Ο ΕΠΙΚΟΣ ΚΥΚΛΟΣ

T

de epico cyclo

*1 Procl.*Chrestom.* ap. Phot. *Bibl.* 319^A 21 (5.157 Henry)

διαλαμβάνει δὲ καὶ περὶ τοῦ λεγομένου ἐπικοῦ Κύκλου, ὃς ἄρχεται μὲν ἐκ τῆς Οὐρανοῦ καὶ Γῆς μυθολογουμένης μίξεως, ἐξ ἧς αὐτῶι (αὐτοὶ Heyne) καὶ τρεῖς παῖδας Ἑκατοντάχειρας καὶ τρεῖς γεννῶσι Κύκλωπας (= Titanom. F 2 infra). διαπορεύεται δὲ τά τε ἄλλως περὶ θεῶν τοῖς Ἕλλησι μυθολογούμενα, καὶ εἴ πού τι καὶ πρὸς ἱστορίαν ἐξαληθίζεται. καὶ περατοῦται ὁ ἐπικὸς Κύκλος, ἐκ διαφόρων ποιητῶν συμπληρούμενος, μέχρι τῆς ἀποβάσεως Ὀδυσσέως τῆς εἰς Ἰθάκην, ἐν ἧι καὶ ὑπὸ τοῦ παιδὸς Τηλεγόνου ἀγνοοῦντος κτείνεται. λέγει δὲ ὡς τοῦ ἐπικοῦ Κύκλου τὰ ποιήματα διασώζεται καὶ σπουδάζεται τοῖς πολλοῖς οὐχ οὕτω διὰ τὴν ἀρετὴν ὡς διὰ τὴν ἀκολουθίαν τῶν ἐν αὐτῶι πραγμάτων. λέγει δὲ καὶ τὰ ὀνόματα καὶ τὰς πατρίδας τῶν πραγματευσαμένων τὸν ἐπικὸν Κύκλον. λέγει δὲ καὶ περί τινων Κυπρίων ποιημάτων (sequitur Cypr. T 3).

similia ap. Et. Mag. s.v. Ἔλεγος et ΣΑ ad Euseb. *Praep. Evang.* 1 p. 51.5 (2.428 Mras)

Basil. ad Greg. Naz. *or. fun. Basil. Magni* (Migne *PG* 36.509^B) (cf. O. Immisch, *Griechische Studien H. Lipsius zum sechzigsten Geburtstag dargebracht* (1894) p. 113, L. Parmentier, *Bull. de l'Acad. Royale de Belgique* 6 (1914) 378 sqq.)

φασὶ δὲ καὶ ἰδικῶς ἐγκύκλιον τὴν ποιητικὴν περὶ ἧς καὶ Πρόκλος ὁ Πλατωνικὸς ἐν μονοβίβλωι περὶ Κύκλου ἐπικοῦ ἐπιγεγραμμένηι τὰς τῶν ποιητῶν διέξεισι ἀρετὰς καὶ τὰ ἴδια.

*2 Philopon. in Arist. *Anal. Post.* 77^B32 (*Comm. in Arist. Graec.* 13.3. 156 sq. Wallies) „ἆρα πᾶς κύκλος σχῆμα; ἂν γράψηι, δῆλον. τί δε; τὰ ἔπη Κύκλος; φανερόν, ὅτι οὐκ ἔστι."

... κύκλον δέ φησι τὰ ἔπη ἤτοι τὰ ἐπιγράμματα τὰ οὕτω πεποιημένα ὡς μὴ πάντως εἶναι ἀκολουθίαν τοῦ δευτέρου στίχου πρὸς τὸν πρῶτον καὶ τοῦ τρίτου πρὸς τὸν δεύτερον καὶ ἐφεξῆς, ἀλλὰ δύνασθαι

τὸν αὐτὸν στίχον καὶ ἀρχὴν καὶ τέλος ποιεῖσθαι, οἷον ἐστι καὶ τοῦτο·
[sequitur Hom. Epigr. 3 Markwald] ... ἢ τοίνυν τὰ τοιαῦτα ἐπιγράμματα κύκλον φησίν, ἢ κύκλον λέγει τὰ ἐγκύκλια μαθήματα, οὕτω καλούμενα ἢ ὡς πᾶσαν ἱστορίαν περιέχοντά πῶς ἢ ὡς πάντων (ῥητόρων τε καὶ φιλοσόφων τῶν τε καθόλου ⟨καὶ τῶν Immisch⟩ κατὰ μέρος add. codd. Ra) περὶ αὐτὰ εἰλουμένων. (ἔστι δὲ καὶ ἄλλο τι κύκλος ἰδίως ὀνομαζόμενον, ὃ ποίημά τινες μὲν εἰς ἑτέρους, τινὲς δὲ εἰς Ὅμηρον (T 1) ἀναφέρουσιν add. codd. Ua). περὶ μὲν γὰρ τὰ ἄλλα τῶν μαθημάτων οὐ πάντες στρέφονται ... περὶ ταῦτα μέντοι σχεδὸν πάντες (στρέφονται add. a) καὶ οἱ περὶ τὰς ἄλλας λογικὰς ἐπιστήμας ἔχοντες (σπουδάζοντες a, post quod ἔστι δὲ καὶ – ἀναφέρουσιν supra cit. transposuit Immisch) ἢ, ὡς ἐμοὶ δοκεῖ, διὰ τὸ πάντας τοὺς ποιητὰς περὶ τὰς αὐτὰς ἱστορίας εἰλεῖσθαι ... γεγράφασι γοῦν τινες περὶ τοῦ Κύκλου, ἀναγράφοντες πόσοι τε ποιηταὶ γεγόνασι καὶ τί ἕκαστος ἔγραψε καὶ πόσοι στίχοι ἑκάστου ποιήματος καὶ τὴν τούτων τάξιν, τίνα τε πρῶτα δεῖ μανθάνειν καὶ δεύτερα καὶ ἐφεξῆς. Πεισάνδρου (F 4 Heitsch (*Die gr. Dichterfr. d. röm. Kaiserzeit* 2.45)) δὲ τὴν αὐτὴν πραγματείαν ποιησαμένου, λέγω δὴ πλείστην ἱστορίαν κατὰ τάξιν συναγαγόντος, ἀντιποιησαμένου δὲ καὶ εὐεπείας καταφρονηθῆναί φασι τὰ τῶν πρὸ αὐτοῦ ποιητῶν συγγράμματα. διὸ μηδὲ εὑρίσκεσθαι τὰ ποήματα τὰ ἐν τοῖς κύκλοις ἀναγεγραμμένα.

de hoc loco vid. Wilamowitz, *Hermes* 60 (1925) 280 sq. = *Kl. Schr.* 4.369
cf. Arist. *Soph. El.* 1.10.171[A]10: ὅτι ἡ Ὁμήρου ποίησις σχῆμα διὰ τοῦ κύκλου ἐν τῶι συλλογισμῶι. sunt qui Aristotelem ipsum duobus locis citatis ad cyclum epicum spectare credunt; sunt qui aliter: cf. Parmentier sup. cit. pp. 366 sqq.

*3[A] Suda s.v. Ὅμηρος (3.526 Adler) = Homeri T 1
ἀναφέρεται δὲ εἰς αὐτὸν καὶ ἄλλα τινὰ ποιήματα· Ἀμαζονία ... Κύκλος.

*3[B] Procl. *Vit. Hom.* 74 sqq. (p. 74 Severyns)
οἱ μέντοι γε ἀρχαῖοι καὶ τὸν Κύκλον ἀναφέρουσιν εἰς αὐτόν (scil. Ὅμηρον).

*4 Athen. 7.277[E] (2.114 Kaibel) = Soph. *Tr.G.F.* 4 T 136 Radt
praecedit Titanom. F 8 infra.
ἔχαιρε δὲ Σοφοκλῆς τῶι ἐπικῶι Κύκλωι, ὡς καὶ ὅλα δράματα ποιῆσαι κατακολουθῶν τῆι ἐν τούτωι μυθοποιίαι.

cf. Athen. 8.347[E] (de Aeschylo) = Homeri T 2 = Aesch. *Tr.G.F.* 3 T 112[A] Radt

*5 Callim. epigr. 28 Pf. = Gow-Page, *Hellenistic Epigrams* 1041 sqq.
ἐχθαίρω τὸ ποίημα τὸ κυκλικόν, οὐδὲ κελεύθωι
χαίρω τίc πολλοὺc ὧδε καὶ ὧδε φέρει.
μιcῶ καὶ περίφοιτον ἐρώμενον, οὐδ᾽ ἀπὸ κρήνηc
πίνω· cικχαίνω πάντα τὰ δημοcία.
Λυcανίη cὺ δὲ ναιχὶ καλὸc καλόc - ἀλλὰ πρὶν εἰπεῖν
τοῦτο cαφῶc, Ἠχώ φηcί τιc ἄλλοc ἔχει.

mentio cycli epici ap. Michael. Italic. *epist.* 32 Gautier haud memoriae digna. ἐ]κ τοῦ Κύκλου quid significet in *I. G.* II² 2363 = *Tr. G. F.* 1 Cat. B 1 i 21 incertum: vid. *ZPE* 67 (1987) 1 sqq., 69 (1987) 74

de poetis cyclicis
*6 ΣClem. Alexandr. *Protr.* 22.22 (1.305 sq. Stählin)
Κύπρια ποιήματά εἰcιν τὰ τοῦ Κύκλον ... ὁ δὲ ποιητὴc αὐτῶν ἄδηλοc (T 10) · εἷc γάρ ἐcτι τῶν Κυκλικῶν. Κυκλικοὶ δὲ καλοῦνται ποιηταὶ οἱ τὰ κύκλωι τῆc Ἰλιάδοc ἢ τὰ πρῶτα ἢ τὰ μεταγενέcτεπα ἐξ (del. Kroll; ἔξω maluit Schwartz) αὐτῶν τῶν Ὁμηρικῶν cυγγράψαντεc.

*7 Clem. Alexandr. *Strom.* 1.21 (2.82.6 sqq. Stählin)
καὶ ταῦτα μὲν προήχθημεν εἰπεῖν ὅτι μάλιcτα ἐν τοῖc πάνυ παλαιοῖc τοὺc τοῦ Κύκλου ποιητὰc τιθέαcιν.

*8 Pollian. *A. P.* 11.130.1 sq.
τοὺc Κυκλικοὺc τούτουc, τοὺc ‚αὐτὰρ ἔπειτα' λέγονταc,
μιcῶ, λωποδύταc ἀλλοτρίων ἐπέων.

*9 Procl. ap. Phot. *Bibl.* 142ᴮ10 (3.40 Henry) = Apollod. p. 3 Wagner
ἔχει δὲ καὶ ἐπίγραμμα τὸ βιβλιδάριον (scil. Ἀπολλοδώρου Βιβλιοθήκηc) οὐκ ἄκομψον τόδε·
αἰῶνοc cπείρημα ἀφυccάμενοc ἀπ᾽ ἐμεῖο
παιδείηc, μύθουc γνῶθι παλαιγενέαc·
μηδ᾽ ἐc Ὁμηρείην cελίδ᾽ ἔμβλεπε μηδ᾽ ἐλεγείην,
μὴ τραγικὴν Μοῦcαν, μηδὲ μελογραφίην,
μὴ Κυκλίων ζήτει πολύθρουν cτίχον· εἰc ἐμὲ δ᾽ ἀθρῶν
εὑρήcειc ἐν ἐμοὶ πάνθ᾽ ὅcα κόcμοc ἔχει.

*10 Porphyr. in Hor. *A. P.* 132 (p. 169 Holder)

in eos dixit ⟨qui⟩ quia ⟨a⟩ fine Iliados Homeri scripserunt ⟨et κυκλικοί add. Hauthal⟩ appellantur. ideo et ‚patulum orbem' dixit.

pseudo-Acro in Hor. *A. P.* 136 (2.332 Keller)

nec sic incipies ut scriptor cyclicus: cyclicus poeta est qui ordinem variare nescit, vel qui carmina sua circumfert quasi circumforanus.

cf. Isidori *Etym.* 6.17.4. Lindsay

unde factum est ut cuiusque materiae carmina simplici formitate facta cyclica vocarentur.

TITANOMACHIA
TITANOMAXIA

T

1 Philo Byblius *F. Gr. Hist.* 790 F 2 (40) ap. Euseb. *Praep. Evang.* 1.10.40 (1.51 Mras)

ἔνθεν Ἡcίοδοc οἵ τε κυκλικοὶ περιηχημένοι θεογονίαc καὶ γιγαντομαχίαc καὶ τιτανομαχίαc ἔπλαcαν ἰδίαc καὶ ἐκτομάc, οἷc cυμπεριφερόμενοι ἐξενίκηcαν τὴν ἀλήθειαν.

de auctore

2 Athen. 277^D = F 8 infra

ὁ τὴν Τιτανομαχίαν ποιήcαc, εἴτ' Εὔμηλόc ἐcτιν ὁ Κορίνθιοc (vid. F 3, 4^B, 5) ἢ Ἀρκτῖνοc (vid. F 5) ἢ ὅcτιc δήποτε χαίρει ὀνομαζόμενοc.

3 Tabula Borgiana (Nap. Mus. Naz. Inv. 2408) = *I. G.* XIV 1292 ii 9 (p. 341 Kaibel) = Jahn-Michaelis K = Sadurska, *Les Tables Iliaques* 10 K (p. 60) L 1 (Pl. XI)

]μαχίαc οὐχ ἦν Τέλεcιc ὁ Μηθυμναῖοc ὑ..

Telesin unum atque eundem esse atque Telesarchum (*Fr. Gr. Hist.* 309) coniecit Wilamowitz; cf. W. McLeod, *TAPA* 115 (1985) 161

F

1ᴬ Epim. Hom. alphab. s.v. Ἄκμονα (*Anecd. Oxon.* 1.75 Cramer)

Αἰθέρος δ' υἱὸς Οὐρανός, ὡς ὁ τὴν Τιτανομαχίαν γράψας.

fons est Methodius

1ᴮ Philodem. *de piet.* N 1610 III 10sqq. (p.61 Gomperz: cf. A. Henrichs, *GRBS* 13 (1972) p.78 n.32)

ὁ δὲ τὴν Τι‖[τανο]μαχίαν γρά‖[ψας] ἐξ Αἰθέρος φηϲ‖[ίν] (scil. τὰ πάντα), Ἀκουϲί[λ]αος (*F. Gr. Hist.* 2 F 5 = 8 B 1 DK) ‖[δ' ἐκ] Χάους πρώτου ‖[τἆ]λλα.

2 Procl. *Chrestom.* = *T 1 supra

διαλαμβάνει δὲ καὶ περὶ τοῦ λεγομένου Ἐπικοῦ Κύκλου, ὃς ἄρχεται μὲν ἐκ τῆς Οὐρανοῦ καὶ Γῆς μυθολογουμένης μίξεως, ἐξ ἧς αὐτῶι (αὐτοὶ Heyne) καὶ τρεῖς παῖδας Ἑκατοντάχειρας καὶ τρεῖς γεννῶϲι Κύκλωπας.

haec ad ‚Theogoniam cyclicam' potius pertinere credunt quidam, perperam ut opinor.

3 Σ Ap. Rhod. 1.1165 (p.105 sq. Wendel)

τὸν δὲ Αἰγαίωνα Ἡϲίοδός (Th. 149) φηϲιν Οὐρανοῦ καὶ Γῆς· Βριάρεως δὲ καὶ Αἰγαίων καὶ Γύγης (Γύης Keil) ὁ αὐτὸς λέγεται ϲυνωνύμως. Εὔμηλος δὲ ἐν τῆι Τιτανομαχίαι τὸν Αἰγαίωνα Γῆς καὶ Πόντου φηϲὶ παῖδα, κατοικοῦντα δὲ ἐν τῆι θαλάϲϲηι τοῖς Τιτᾶϲι ϲυμμαχεῖν.

4ᴬ Σ T *Il.* 23.295 (5.415 Erbse)

καὶ ὁ τὴν Τιτανομαχίαν δὲ γράψας δύο ἄρρενάς φηϲιν Ἡλίου καὶ δύο θηλείας.

4ᴮ Hygin. *fab.* 183 equorum Solis et Horarum nomina (p.128 Rose)

Eous (Micyllus: *Eos*): per hunc caelum verti solet; Aethops (Schmidt, Severyns: *Aethiops*) quasi flammeus est, concoquit fruges. hi funales sunt mares. feminae iugariae (Salmasius: *locarie*): Bronte quae nos tonitrua appellamus, Sterope quae fulgitrua. huic rei auctor est Eumelus Corinthius.

5 Athen. 1.22^C (1.49 Kaibel) unde Eustath. *Od.* 1602.26

Εὔμηλος δὲ ὁ Κορίνθιος ἢ Ἀρκτῖνος τὸν Δία ὀρχούμενόν που παράγει λέγων·
    μέccοιcιν δ' ὠρχεῖτο πατὴρ ἀνδρῶν τε θεῶν τε.

μέcοιcι CE: corr. Musurus

6 Clem. Alexandr. *Strom.* 1.73.3 (2.47 Stählin)

ὁ δὲ Βηρύτιος Ἕρμιππος (cf. Müller, *FHG* 3.54) Χείρωνα τὸν Κένταυρον cοφὸν καλεῖ, ἐφ' οὗ καὶ ὁ τὴν Τιτανομαχίαν γράψας φηcὶν ὡς πρῶτος οὗτος
    εἴς τε δικαιοςύνην θνητῶν γένος ἤγαγε δείξας
    ὅρκους καὶ θυcίας ἱλαρὰς καὶ cχήματ' Ὀλύμπου.

cf. F 9 infra

2 ἱλαρὰc def. Kranz: ἱερὰc Köchly   cχήματ': cήματ' voluerunt quidam

7 Athen. 11.470^B sq. (3.33 Kaibel) de Solis poculo

Θεόλυτος δ' ἐν δευτέρωι Ὥρων (*F. Gr. Hist.* 478 F 1) ἐπὶ λέβητός φηcιν αὐτὸν (scil. Ἥλιον) διαπλεῦcαι, τοῦτο πρώτου εἰπόντος τοῦ τὴν Τιτανομαχίαν ποιήcαντος.

8 Athen. 7.277^D (2.114 Kaibel) = Soph. *Tr. G. F.* 4 T 136 Radt

οἶδα ὅτι ὁ τὴν Τιτανομαχίαν ποιήcας, εἴτ' Εὔμηλός ἐcτιν ὁ Κορίνθιος ἢ Ἀρκτῖνος ἢ ὅcτις δήποτε χαίρει ὀνομαζόμενος, ἐν τῶι δευτέρωι οὕτως εἴρηκεν·
    ἐν δ' αὐτῆι πλωτοὶ χρυσώπιδες ἰχθύες ἐλλοὶ
    νήχοντες παίζουσι δι' ὕδατος ἀμβροσίοιο.

[sequitur *T 4 supr.]

2 παίζοντεc νήχοντο coni. Bergk sec. Eust. *Od.* 1389.8 sq., qui, ut Nauck recte dixit, ‚neglegenter Athenaei loco usus est', παρὰ Σοφοκλεῖ τὸ ‚χρυcώπιδεc ἐλλοὶ νήχοντο': cf. *T 4 (ἔχαιρε δὲ Σοφοκλῆc τῶι ἐπικῶι Κύκλωι κτλ.)

9 Σ Apoll. Rhod. 1.554 (p. 47 sq. Wendel)

Σουίδαc δὲ ἐν Θεccαλικοῖc (*F. Gr. Hist.* 602 F 1) φηcιν Ἰξίονος υἱὸν εἶναι Χείρωνα ὥσπερ καὶ τοὺς λοιποὺς τῶν Κενταύρων. ὁ δὲ τὴν Τιτανομαχίαν (sic edd. complures: Γιγαντο-) ποιήcας φηcίν, ὅτι Κρόνος μεταμορφωθεὶς εἰς ἵππον ἐμίγη Φιλύραι τῆι Ὠκεανοῦ, διόπερ καὶ ἱπποκένταυρος ἐγεννήθη Χείρων.

cf. F 6 supra

10 Philodem. *de piet.* N 1088 VII 24 seqq. (p. 43 Gomperz)
τὰc Ἁρπυίαc τὰ [μῆλα φ]υλάττειν Ἀκο[υcίλ]αοc (*F. Gr. Hist.* 2 F 10
= 9 B 5 DK), Ἐπιμεν|ίδηc (*F. Gr. Hist.* 457 F 6ᴮ = 3 B 9 DK) δὲ καὶ
τοῦτο | καὶ τὰc αὐτὰc εἶναι | ταῖc Ἑcπερίcιν, ὁ δὲ | τὴν Τι[τα]νομαχίαν
[τὰ] | μὲν μῆλα φυλάτ[τειν

in Titanomachia fort. locandum fragmentum incerti auctoris ap. Σ
Pind. *Nem.* 2.17 (3.34 sq. Drachmann) = Hes. fr. 169 MW

ὀρειᾶν γε Πελειάδων· ζητεῖται δὲ διὰ τί ὀρείαc εἶπε τὰc Πλειάδαc·
καὶ τινὲc μὲν ἔφαcαν, ὅτι νύμφαι ἦcαν, ὧν (ὡc pars codicum) οἱ ἀcτέ-
ρεc οὗτοι·

Τηϋγέτη τ' ἐρόεccα καὶ Ἠλέκτρη κυανῶπιc
Ἀλκυόνη τε καὶ Ἀcτερόπη διή τε Κελαινὼ
Μαῖά τε καὶ Μερόπη, τὰc γείνατο φαίδιμοc Ἄτλαc.

‚de Hesiodo cogitaverunt plerique, imprimis de Astronomia; de Musaeo Sittl'
comm. Merkelbach et West ad loc.; addendum ‚de Titanomachia cogitat Seve-
ryns, *Le Cycle Epique dans l'Ecole d'Aristarque* (1928) p. 172; de „Atlantide" Ro-
bert, *Hermes* 52 (1917) 477: vid. contra Wilamowitz, ib. 61 (1926) 277 = *Kl.
Schr.* 4.404'.

pergit ΣPind. sup. cit. = Hes. fr. 170 MW

Cιμωνίδηc (fr. 555.2 P) δὲ μίαν τῶν Πλειάδων Μαῖαν ὀρείαν
προcηγόρευcεν εἰπών· ‚Μαιάδοc οὐρείαc ἑλικοβλεφάρου'· κατὰ λό-
γον· αὕτη γὰρ

Κυλλήνηc ἐν ὄρεccι θεῶν κήρυκα τέχ' Ἑρμῆν.

eadem exscripsit Tzetz. in Lycophr. 219 (2.102 Scheer)

alterum fragmentum incerti auctoris: hic quoque de Titanomachia cogitat Seve-
ryns sup. cit.
notandum est pro κατὰ λόγον· αὕτη γὰρ: αὕτη γὰρ κατὰ τὸν ᾱ Κατάλογον con-
iecisse Bergk (‚debuit γ̄ vel δ̄' Merkelbach et West ad loc.)

Hesych. s. v. Ἴθαc (2.354 Latte)· Ἰ. ὁ τῶν Τιτήνων κῆρυξ Προμηθεύc e nostro car-
mine derivari coniecit Pohlenz, *Neue Jhb.* 1 (1916) p. 588 n. 2

P. Harr. 3 (ed. pr. J. E. Powell, *The Rendel Harris Papyri of Woodbrooke College,
Birmingham* (Cambridge 1936) p. 7) saec. i–ii p. C. (= Pack² 1772)

```
        ]νεκ[ ].ο.[                    ]φα ου κρατοc[
        ]c νεφεληγε[ρέτα Ζεύc           ]c θ' ἵcταται .[
        ].τιτηναμε[                10  δρι]μὺν χόλον[
        ]βαλέοντι ἐο[ικώc              ]τα γε cθεν.[
5       ]c μέγα φρεcὶν ᾗcιν             ]ενει.απε .[
        μάχηc ἐπαμύ]ντορα Φοῖβον[       ]εc ἔργον δ α[
        π]ροcέφη.ευ[                    ]πάντεc δ[
```

15]αντη[   ]ν αδικο[
    ]νωνυ[20   ]cεν.[
    ].γαπα[   ].ανα̣[
    ]cπλη[

Titanomachiae tribuit Maas ap. B. Snell, *Gnomon* 11 (1937) 579: de Catalogo Hesiodeo cogitat Snell (fr. 97 Traversa: non receperunt Merkelbach et West: vid. Merkelbach, *Gnomon* 27 (1955) 5)   omnia suppl. ed. pr.
3 Τιτῆνα μέ[γιcτον (vel ἐτίτηνα) tent. Snell   **5** suppl. ed. pr. ἔχαιρ]ε tent. Snell
6 suppl. Snell (μάχηc ἀπαμύ]ντορα iam ed. pr.)   **7** π]ροcέφη δ' εὖ [tent. Snell

OEDIPODIA

ΟΙΔΙΠΟΔΕΙΑ

T

Tabula Borgiana (Nap. Mus. Naz. Inv. 2408) = *I. G.* XIV 1292 ii 11 (p. 341 Kaibel) = Jahn-Michaelis K = Sadurska, *Les Tables Iliaques* 10 K (p. 60) L 3 (Pl. XI)

τ]ὴν Οἰδιπόδειαν τὴν ὑπὸ Κιναίθωνος τοῦ
]τεc ἐπῶν οὖcαν Ϝχ´

καὶ τ]ὴν Οἰδιπόδειαν τὴν ὑπὸ Κιναίθωνος τοῦ ǁ[Λακεδαιμονίου λεγομένην πεποιῆcθαι παραλιπόν]τεc ἐπῶν οὖcαν Ϝχ´ suppl. Wilamowitz exempli gratia; cf. W. McLeod, *TAPA* 115 (1985) 159 et 162.

F

1 Σ(MAB) Eur. *Phoen.* 1760 (1.414 sq. Schwartz)

οἱ τὴν Οἰδιποδίαν γράφοντες †οὐδεὶς οὕτω φηcὶ περὶ τῆς Σφιγγός†.
ἀλλ' ἔτι κάλλιcτόν τε καὶ ἱμεροέcτατον ἄλλων
παῖδα φίλον Κρείοντος ἀμύμονος Αἵμονα δῖον

οὐδεὶς – Σφιγγός del. Schwartz, alii alia coniecerunt (ex. gr. ⟨ἄλλος δ⟩ post γράφοντες add. Allen, οἱ τὴν Οἰδ. γράφοντες, οἵτινές εἰcιν, οὕτω φαcὶ tent. Vian); recte iudicavit Marckscheffel: ‚ex hoc loco misere corrupto nihil licet colligere. ne id quidem constat, utrum uersus ex Oedipodia sumpti sint, an, quod mihi quidem minus uerisimile uidetur, alius carminis nomen exciderit'.

2 Pausan. 9.5.10 (3.10 sq. Rocha-Pereira)

ὁ δὲ (scil. Οἰδίπους) καὶ τὸν πατέρα ἀποκτενεῖν ἔμελλεν, ὡς ηὐξήθη, καὶ τὴν μητέρα ἔγημε, παῖδας δὲ ἐξ αὐτῆς οὐ δοκῶ οἱ γενέcθαι, μάρτυρι Ὁμήρωι χρώμενος, ὃς ἐποίηcεν ἐν Ὀδυccείαι (*Od.*

11.271 sqq.)· μητέρα τ' Οἰδιπόδαο ἴδον, καλὴν Ἐπικάστην, | ἣ μέγα ἔργον ἔρεξεν ἀϊδρείηισι νόοιο | γημαμένη ὧι υἱεῖ· ὁ δ' ὃν πατέρ' ἐξεναρίξας | γῆμεν· ἄφαρ δ' ἀνάπυστα θεοὶ θέcαν ἀνθρώποιcιν. | πῶc οὖν ἐποίηcαν ἀνάπυcτα ἄφαρ, εἰ δὴ τέccαρεc ἐκ τῆc Ἐπικάcτηc ἐγένοντο παῖδεc τῶι Οἰδίποδι; ἐξ Εὐρυγανείαc ⟨δὲ⟩ τῆc Ὑπέρφαντοc ἐγεγόνεδηλοῖ δὲ καὶ ὁ τὰ ἔπη ποιήcαc ἃ Οἰδιπόδια (Οἰδιπόδειαν Porson, Οἰδιποδίαν Marckscheffel) ὀνομάζουcι· καὶ Ὀναcίαc Πλαταιᾶcιν ἔγραψε κατηφῆ τὴν Εὐρυγάνειαν ἐπὶ τῆι μάχηι τῶν παίδων.

THEBAIS
ΘΗΒΑΙΣ

T

de Homero auctore

(sec. Hdt. 5.67 Κλειcθένηc ... ῥαψωιδοὺc ἔπαυcε ἐν Cικυῶνι ἀγωνίζεcθαι τῶν Ὁμηρείων ἐπέων εἵνεκα, ὅτι Ἀργεῖοί τε καὶ Ἄργοc τὰ πολλὰ πάντα ὑμνέαται. haec ad Thebaida pertinere coniecerunt Wilamowitz, alii, haud scio an recte.)

1 Pausan. 9.9.1 et 5 (3.17 sq. Rocha-Pereira)

τὸν δὲ πόλεμον τοῦτον, ὃν ἐπολέμηcαν Ἀργεῖοι, νομίζω πάντων, ὅcοι πρὸc Ἕλληναc ἐπὶ τῶν καλουμένων ἡρώων ἐπολεμήθηcαν ὑπὸ Ἑλλήνων, γενέcθαι λόγου μάλιcτα ἄξιον. [sequuntur septem contra Thebas, epigoni] ... τῶν δὲ Θηβαίων οἱ μὲν αὐτίκα ὡc ἡττήθηcαν ὁμοῦ Λαοδάμαντι ἐκδιδράcκουcιν, οἱ δὲ ὑπολειφθέντεc πολιορκίαι παρέcτηcαν. ἐποιήθη δὲ ἐc τὸν πόλεμον τοῦτον καὶ ἔπη Θηβαΐc (Hemsterhuis: Θηβαίοιc codd.)· τὰ δὲ ἔπη ταῦτα Καλλῖνοc (Sylburg: Καλαῖνοc codd.) ἀφικόμενοc αὐτῶν ἐc μνήμην ἔφηcεν Ὅμηρον τὸν ποιήcαντα εἶναι (fr. 6 W), Καλλίνωι (Sylburg: Καλαίνωι codd.) δὲ πολλοί τε καὶ ἄξιοι λόγου κατὰ ταὐτὰ ἔγνωcαν· ἐγὼ δὲ τὴν ποίηcιν ταύτην μετά γε Ἰλιάδα καὶ τὰ ἔπη τὰ ἐc Ὀδυccέα ἐπαινῶ μάλιcτα.

2 *Certamen Hom. et Hes.* 265 sqq. Allen = 15.42 sq. Wilamowitz

ὁ δὲ Ὅμηροc ἀποτυχὼν τῆc νίκηc περιερχόμενοc ἔλεγε τὰ ποιήματα, πρῶτον μὲν τὴν Θηβαΐδα, ἔπη ζ, ἧc ἡ ἀρχή· (F 1 infra) ... εἶτα Ἐπιγόνουc ἔπη ζ (Epig. T 2) ὧν ἡ ἀρχή (Epig. F 1) ... φαcὶ γάρ τινεc καὶ ταῦτα Ὁμήρου εἶναι.

3 Tabula Borgiana (Nap. Mus. Naz. Inv. 2408) = *I. G.* XIV 1292 ii 12 (p. 341 Kaibel) = Jahn-Michaelis K = Sadurska, *Les Tables Iliaques* 10 K (p. 60) L 4 sq. (Pl. XI)

ὑποθήcομεν Θηβαΐδα

]ν τὸν Μιλήcιον λέγουcιν ἐπῶν ὄντα ͵θφ´
ὑποθήcομεν Θηβαΐδα ‖[Ὁμήρου ἐπῶν ... καὶ τὰ κατ᾽ Ἐπιγόνουc ἃ ποιῆcαι ...]‖ τὸν Μιλήcιον λέγουcιν ἐπῶν ὄντα ͵θφ´ suppl. Wilamowitz ex. gratia; cf. W. McLeod, *TAPA* 115 (1985) 160.

4 Tzetz. *vita Hes.* p. 49. 27 sq. Wilamowitz = Hes. T 80 Jacoby (p. 113)

τὸν παλαιὸν δ᾽ Ὅμηρον Διονύcιοc ὁ κυκλογράφοc (*F. Gr. Hist.* 15 F 8) φηcὶν ἐπ᾽ ἀμφοτέρων ὑπάρχειν τῶν Θηβαικῶν cτρατειῶν καὶ τῆc Ἰλίου ἁλώcεωc.

F

1 *Certamen Hom. et Hes.* = T 1 supra cit.

τὴν Θηβαΐδα, ... ἧc ἡ ἀρχή·
Ἄργοc ἄειδε θεὰ πολυδίψιον ἔνθεν ἄνακτεc ...

2 Athen. 14.465ᴱ (3.14 Kaibel)

ὁ δὲ Οἰδίπουc δι᾽ ἐκπώματα τοῖc υἱοῖc κατηράcατο, ὡc ὁ τὴν κυκλικὴν Θηβαΐδα πεποιηκὼc φηcιν, ὅτι αὐτῶι παρέθηκαν ἔκπωμα ὃ ἀπηγορεύκει, λέγων οὕτωc·

αὐτὰρ ὁ διογενὴc ἥρωc ξανθὸc Πολυνείκηc
πρῶτα μὲν Οἰδιπόδηι καλὴν παρέθηκε τράπεζαν
ἀργυρέην Κάδμοιο θεόφρονοc· αὐτὰρ ἔπειτα
χρύcεον ἔμπληcεν καλὸν δέπαc ἡδέοc οἴνου.
5 αὐτὰρ ὅ γ᾽ ὡc φράcθη παρακείμενα πατρὸc ἑοῖο
τιμήεντα γέρα, μέγα οἱ κακὸν ἔμπεcε θυμῶι,
αἶψα δὲ παιcὶν ἑοῖcι μεταμφοτέροιcιν ἐπαρὰc
ἀργαλέαc ἠρᾶτο (θεῶν δ᾽ οὐ λάνθαν᾽ ἐρινύν)
ὡc οὔ οἱ †πατρωΐαν εἴη φιλότητι†
10 δάccοντ᾽, ἀμφοτέροιcι δ᾽ ἀεὶ πόλεμοί τε μάχαι τε ...

hinc pendet Eust. *Od.* 1796.3:

ὧν (scil. αἱ τοῦ πατρὸc ἀραί) αἴτιον κατά τιναc ὅτι παρέθεντο ἐκεῖνοι τῶι πατρὶ ἐκπώματα ἅπερ ἐκεῖνοc ἀπηγορεύκει. ἦcαν δὲ ἐκεῖνα κατὰ τὸν πεποιηκότα τὴν κυκλικὴν Θηβαΐδα πατρὸc ἑοῖο τιμήεντα γέρα, τουτέcτι τοῦ Λαίου. ἐλύπηcε γὰρ ὡc ἔοικε τὸν γερόντα οὐ μόνον ἡ τῶν τέκνων παρακοὴ ἀλλὰ καὶ ἡ ἀνάμνηcιc τοῦ πατρικοῦ φόνου.

δι' ἐκπώματα del. Kaibel, def. Robert
7 μεταμφοτέροιcιν Meineke: μετ' ἀμφοτέροιcιν complures 8 θεῶν Meineke: θεόν 9 locus vexatus: fortasse πατρῴϊ' ἐνηέι ⟨ἐν⟩ φιλότητι (W. Ribbeck: πατρῴϊ' ἐνηείηι φιλότητοc iam Hermann) legendum 10 δάccοντ' Wackernagel (δάccαιντ' iam Hermann): δάcαντο

3 Σ Soph. *O. C.* 1375 (p. 54 sq. de Marco; cf. eundem ap. *Reale Accad. Naz. dei Lincei* 6 (p. 111))

τοῦτο ἅπαξ ἅπαντεc οἱ πρὸ ἡμῶν παραλελοίπαcιν, ἔχει δὲ τὰ ἀπὸ τῆc ἱcτορίαc οὕτωc· οἱ περὶ Ἐτεοκλέα καὶ Πολυνείκην δι' ἔθουc ἔχοντεc τῶι πατρὶ Οἰδίποδι πέμπειν ἐξ ἑκάcτου ἱερείου μοῖραν τὸν ὦμον, ἐκλαθόμενοί ποτε εἴτε κατὰ ῥαιcτώνην εἴτε ἐξ ὁτουοῦν ἰcχίον αὐτῶι ἔπεμψαν· ὁ δὲ μικροψύχωc (μὲν add. Nauck) καὶ τελέωc ἀγεννῶc ὅμωc δ' οὖν (Nauck: γοῦν) ἀρὰc ἔθετο (L: ἄρα τίθετο M, ἀνατέθετο R) κατ' αὐτῶν δόξαc κατολιγωρεῖcθαι· ταῦτα ὁ τὴν κυκλικὴν Θηβαΐδα ποιήcαc (L: ταῦτα ὁ ποιητὴc RM) ἱcτορεῖ οὕτωc· (LRM)

ἰcχίον ὡc ἐνόηcε χαμαὶ βάλε εἶπέ τε μῦθον·
‚ὤμοι ἐγώ, παῖδεc μέγ' ὀνείδειον τόδ' ἔπεμψαν.'
εὖκτο δὲ Δὶ βαcιλῆι καὶ ἄλλοιc ἀθανάτοιcι
χερcὶν ὑπ' ἀλλήλων καταβήμεναι Ἄιδοc εἴcω.

τὰ δὲ παραπλήcια τῶι ἐποποιῶι καὶ Αἰcχύλοc ἐν τοῖc Ἑπτὰ ἐπὶ Θήβαc (785 sqq.). LR

cf. Zenob. Ath. 2.88 = vulg. 5.43 (1.138 Leutsch-Schneidewin)

ἱcτορεῖται δὲ ὅτι Ἐτεοκλῆc καὶ Πολυνείκηc, δι' ἔθουc ἔχοντεc πέμπειν τῶι Οἰδίποδι ἑκάcτου ἱερείου τὸν ὦμον, ἐπιλαθόμενοι ἰcχίον (-ία codd.) ἔπεμψαν· ὁ δὲ νομίcαc ὑβρίcθαι κατηράcατο αὐτοῖc.

Eust. *Od.* 1684.9

ἄλλοι δέ γε βρωμάτων τινῶν χάριν τὸν Οἰδίπουν καταράcαcθαι τοῖc τέκνοιc ἱcτόρηcαν.

fragmentum valde corruptum alios secutus sanavi
1 ἰcχίον om. R 2 παῖδεc μέγ' Schneidewin: παῖδεc (παῖδε R) μέν   ὀνείδειον τόδ' Buttmann: ὀνειδείοντεc   post ἔπεμψαν lacunam posuerunt complures Hermannium secuti; post hoc verbum ‚signum diacriticum (:-) quo scholii finem indicare solet habet Rᶜ, litteram ζ ÷ (id est ζήτει) ‚fortasse ob vocem ὀνειδείοντεc' habet L teste de Marco 3 εὖκτο δὲ Δὶ Buttmann: εὖκτο δὲ Δυὶ (ex Δυὶ) R, εὖκτο Δυὶ L   βαcιλῆι Triclinius: - ιλεῖ codd.   καταβήμεναι R (quod coniecerat Lascaris): καταβῆναι L

4 Pausan. 9.18.6 (3.34 Rocha-Pereira)

πρὸς δὲ τῆι πηγῆι τάφος ἐστὶν Ἀσφοδίκου· καὶ ὁ Ἀσφόδικος οὗτος ἀπέκτεινεν ἐν τῆι μάχηι τῆι πρὸς Ἀργείους Παρθενοπαῖον τὸν Ταλαοῦ, καθὰ οἱ Θηβαῖοι λέγουσιν, ἐπεὶ τά γε ἐν Θηβαΐδι ἔπη τὰ ἐς τὴν Παρθενοπαίου τελευτὴν Περικλύμενον τὸν ἀνελόντα φησὶν εἶναι.

5 Σ D *Il.* 5.126 unde ΣGen. manu rec. (2.63 Nicole: cf. 2.22 Erbse)

Τυδεὺς ὁ Οἰνέως ἐν τῶι Θηβαϊκῶι πολέμωι ὑπὸ Μελανίππου τοῦ Ἀστακοῦ ἐτρώθη· Ἀμφιάρεως δὲ κτείνας τὸν Μελάνιππον τὴν κεφαλὴν ἐκόμισε ⟨Τυδεῖ⟩ καὶ ἀνοίξας αὐτὴν ὁ Τυδεὺς τὸν ἐγκέφαλον ἐρρόφει ἀπὸ θυμοῦ. Ἀθηνᾶ δὲ κομίζουσα Τυδεῖ ἀθανασίαν ἰδοῦσα τὸ μίασμα ἀπεστράφη αὐτόν. Τυδεὺς δὲ γνοὺς ἐδεήθη τῆς θεοῦ ἵνα κἂν τῶι παιδὶ αὐτοῦ παράσχηι τὴν ἀθανασίαν. ἡ ἱστορία παρὰ τοῖς Κυκλικοῖς.

ad Thebaida referunt complures

6A Pausan. 8.25.7 sq. (2.273 Rocha-Pereira)

τὴν δὲ Δήμητρα τεκεῖν φασιν (scil. τινες) ἐκ τοῦ Ποσειδῶνος θυγατέρα ἧς τὸ ὄνομα ἐς ἀτελέστους λέγειν οὐ νομίζουσι, καὶ ἵππον τὸν Ἀρίονα· ἐπὶ τούτωι δὲ παρὰ σφίσιν Ἀρκάδων πρώτοις Ἵππιον Ποσειδῶνα ὀνομασθῆναι. ἐπάγονται δὲ ἐξ Ἰλιάδος ἔπη καὶ ἐκ Θηβαΐδος μαρτύριά σφισιν εἶναι τῶι λόγωι, ἐν μὲν Ἰλιάδι ἐς αὐτὸν Ἀρίονα πεποιῆσθαι (*Il.* 23.346 sq.) ἐν δὲ τῆι Θηβαΐδι ὡς Ἄδραστος ἔφευγεν ἐκ Θηβῶν

εἵματα λυγρὰ φέρων σὺν Ἀρίονι κυανοχαίτηι.

αἰνίσσεσθαι οὖν ἐθέλουσι τὰ ἔπη Ποσειδῶνα Ἀρίονι εἶναι πατέρα.

φέρων (R¹Pa Vb: φερίων β) suspectum: fort. φορῶν scribendum

6B Σ T *Il.* 23.347 (5.424 sq. Erbse)

(ὃς ἐκ θεόφιν γένος ἦεν·) Ὅμηρος μὲν ἁπλῶς ὅτι θειοτέρας ἦν φύσεως (scil. Ἀρίων), οἱ δὲ νεώτεροι Ποσειδῶνος καὶ Ἁρπυίας αὐτὸν γενεαλογοῦσιν, οἱ δὲ ἐν τῶι Κύκλωι Ποσειδῶνος καὶ Ἐρινύος.

pergit Σ idem

καὶ Ποσειδῶν μὲν αὐτὸν Κοπρεῖ τῶι Ἁλιαρτίωι δίδωσιν. ὁ δὲ Κοπρεὺς Ἡρακλεῖ, ⟨ὃς⟩ καὶ Κύκνον ἀνεῖλεν ἐν Παγασαῖς ἐπ' αὐτοῦ μαχόμενος. ἔπειτα αὐτὸν δίδωσιν Ἀδράστωι.

6ᶜ Σ ABD Gen. *Il.* 23.346 (cf. 5.424 Erbse, 2.205 Nicole; Janko, *CQ* 36 (1986) 51 sq.)

Ποσειδῶν ἐρασθεὶς Ἐρινύος, καὶ μεταβαλὼν τὴν αὑτοῦ μορφὴν εἰς ἵππον, ἐμίγη κατὰ Βοιωτίαν παρὰ τῆι Τιλφούσηι κρήνηι. ἡ δὲ ἔγκυος γενομένη ἵππον ἐγέννησεν, ὃς διὰ τὸ κρατιστεύειν Ἀρίων ἐκλήθη. Κοπρεὺς δὲ Ἁλιάρτου βασιλεύων [πόλεως Βοιωτίας] ἔλαβε δῶρον αὐτὸν παρὰ Ποσειδῶνος. οὗτος δὲ αὐτὸν Ἡρακλεῖ ἐχαρίσατο γενομένωι πρὸς αὐτόν. τούτωι δὲ ἀγωνισάμενος Ἡρακλῆς πρὸς Κύκνον Ἄρεως υἱὸν καθ᾽ ἱπποδρομίαν ἐνίκησεν ἐν τῶι τοῦ Πηγασαίου Ἀπόλλωνος ἱερῶι, [ὅ ἐστι πρὸς Τροιζῆνι]. εἶθ᾽ ὕστερον αὖθις Ἡρακλῆς Ἀδράστωι τὸν πῶλον παρέσχεν· ὑφ᾽ οὗ μόνος ὁ Ἄδραστος ἐκ τοῦ Θηβαϊκοῦ πολέμου διεσώθη, τῶν ἄλλων ἀπολομένων. ἡ ἱστορία παρὰ τοῖς Κυκλικοῖς.

πόλεως Βοιωτίας del. Janko p. 52 n. 75   ὅ ... Τροιζῆνι del. van der Valk, prob. Janko ib.: deest ap. ΣB sec. Dindorf (4.317)

7 Pind. *Ol.* 6.15 sqq.
    ἑπτὰ δ᾽ ἔπειτα πυρᾶν νεκρῶν τελεσθέντων Ταλαϊονίδας |
    εἶπεν ἐν Θήβαισι τοιοῦτόν τι ἔπος· ποθέω στρατιᾶς ὀφθαλ-
    μὸν ἐμᾶς | ἀμφότερον μάντιν τ᾽ ἀγαθὸν καὶ δουρὶ μάρ-
    νασθαι.

ad haec ΣA (1.160 Dr.): ποθέω· ὁ Ἀσκληπιάδης (scil. ὁ Μυρλεανός) φησὶ ταῦτα εἰληφέναι ἐκ τῆς κυκλικῆς Θηβαΐδος.

quid dixerit poeta noster incertum

8 Apollod. 1.8.4 (p. 26 Wagner)

Ἀλθαίας δὲ ἀποθανούσης ἔγημεν Οἰνεὺς Περίβοιαν τὴν Ἱππονόου. ταύτην δὲ ὁ μὲν γράψας τὴν Θηβαΐδα πολεμηθείσης Ὠλένου λέγει λαβεῖν Οἰνέα γέρας (sequitur Hes. fr. 12 MW).

etiam inter Thebaidos fragmenta numerandum, ut credunt complures

9 *Vita Homeri Herodotea* 9 (p. 197 Allen = p. 7.8 sqq. Wilamowitz)

(Ὅμηρος ... ἀπικνέεται ἐς Νέον τεῖχος) καθήμενος δὲ ἐν τῶι σκυτείωι παρεόντων καὶ ἄλλων τήν τε ποίησιν αὐτοῖς ἐπεδείκνυτο, Ἀμφιάρεώ τε τὴν ἐξελασίαν τὴν ἐς Θήβας καὶ τοὺς ὕμνους τοὺς ἐς θεοὺς πεποιημένους αὐτῶι.

Suda s.v. Ὅμηρος (3.526 Adler = Homeri T 1)
ἀναφέρεται δὲ εἰς αὐτὸν καὶ ἄλλα τινὰ ποιήματα· Ἀμαζονιά ... Ἀμφιαράου Ἐξέλασις.

Ἀμφ. Ἐξ. partem fuisse nostri carminis potius quam carmen diversum intellegunt complures

EPIGONI
ΕΠΙΓΟΝΟΙ

T

de Homero auctore

1 Herodot. 4.32 = F 2 infra

ἔστι δὲ καὶ Ὁμήρωι ἐν Ἐπιγόνοισι, εἰ δὴ τῶι ἐόντι γε Ὅμηρος ταῦτα τὰ ἔπεα ἐποίησε.

2 *Certamen Hom. et Hes.* 265 sqq. Allen = 15 p. 42 sq. Wilamowitz

ὁ δὲ Ὅμηρος ἀποτυχὼν τῆς νίκης περιερχόμενος ἔλεγε τὰ ποιήματα, πρῶτον μὲν τὴν Θηβαΐδα (*Theb.* T 2) ... εἶτα Ἐπιγόνους (Barnes: ἐπειγομένου) ἔπη ζ ἧς ἡ ἀρχή (F 1 infra) ... φασὶ γάρ τινες καὶ ταῦτα Ὁμήρου εἶναι.

cf. Tabulam Borgianam (Nap. Mus. Naz. Inv. 2408) = *I. G.* XIV 1292 ii 12 (p. 341 Kaibel) = Jahn-Michaelis K = Sadurska, *Les Tables Iliaques* 10 K (p. 60) L 4 (Pl. XI) ubi Θηβαΐδα ‖[Ὁμήρου ἐπῶν ... καὶ τὰ κατ' Ἐπιγόνους ἃ ποιῆσαι ...]‖ τὸν Μιλήσιον λέγουσιν ἐπῶν ὄντα ͵φ´ suppl. Wilamowitz exempli gratia; cf. W. McLeod, *TAPA* 115 (1985) 158 et 162

F

1 *Certamen Hom. et Hes.* = T 2 supra cit.

Ἐπιγόνους ... ἧς ἡ ἀρχή·
        νῦν αὖθ' ὁπλοτέρων ἀνδρῶν ἀρχώμεθα Μοῦσαι.

hunc versum παρωιδεῖ Aristophanes (*Pax* 1270 sq.):

(παιδίον ά)·   νῦν αὖθ' ὁπλοτέρων ἀνδρῶν ἀρχώμεθα -
(Τρυγαῖος)·   παῦσαι
        ὁπλοτέρους ἄιδων.

haec Antimacho Colophonio perperam trib. Σ ad loc. (*Schol. Ar.* II.2 p. 178 Holwerda): ἀρχὴ τῶν Ἐπιγόνων Ἀντιμάχου.

2 Herodot. 4.32 = T 1 supra

ἀλλ' Ἡςιόδωι μέν ἐςτι περὶ Ὑπερβορέων εἰρημένα (fr. 209 Rz.: cf. fr. 150.21 MW), ἔςτι δὲ καὶ Ὁμήρωι ἐν Ἐπιγόνοιςι, εἰ δὴ τῶι ἐόντι γε Ὅμηρος ταῦτα τὰ ἔπεα ἐποίηςε.

3 Σ Ap. Rhod. 1.308^B (p. 35 Wendel) = Delph. orac. 20 Parke-Wormell (2.9)

οἱ δὲ τὴν Θηβαΐδα (sic) γεγραφότες φαςὶν ὅτι ὑπὸ τῶν Ἐπιγόνων ἀκροθίνιον ἀνετέθη Μαντὼ ἡ Τειρεςίου θυγάτηρ εἰς Δελφοὺς πεμφθεῖςα, καὶ κατὰ χρηςμὸν Ἀπόλλωνος ἐξερχομένη περιέπεςε Ῥακίωι τῶι Λέβητος υἱῶι Μυκηναίωι τὸ γένος. καὶ γημαμένη αὐτῶι – τοῦτο γὰρ περιεῖχε τὸ λόγιον, γαμεῖςθαι ὧι ἂν ςυναντήςηι – ἐλθοῦςα εἰς Κολοφῶνα καὶ ἐκεῖ δυςθυμήςαςα ἐδάκρυςε διὰ τὴν τῆς πατρίδος πόρθηςιν. διόπερ ὠνομάςθη Κλάρος ἀπὸ τῶν δακρύων.

fragmentum spurium

Σ Soph. O. C. 378 (p. 25 de Marco) κοῖλον Ἄργος· πολλαχοῦ τὸ Ἄργος κοῖλόν φηςι, καθάπερ καὶ ἐν Ἐπιγόνοις (Soph. Tr.G.F. 4 F 190 Radt)· ‚τὸ κοῖλον Ἄργος οὐ κατοικήςαντ' ἔτι' καὶ ἐν Θαμύραι (Soph. Tr.G.F. 4 F 242 Radt)· ‚ἐκ μὲν Ἐριχθονίου ποτιμάςτιον ἔςχεθε κοῦρον | Αὐτόλυκον, πολέων κτεάνων ςίνιν Ἀργεΐ κοίλωι.' Ὅμηρος· (Od. 4.1).

titulos sic transposuit Kirchhoff: καθάπερ καὶ ἐν Θαμύραι· τὸ κοῖλον κτλ. ... καὶ ἐν Ἐπιγόνοις· ἐκ μὲν κτλ. qui duos hexametros ad carmen nostrum retulit; vid. contra Radt ad locc. (pp. 186 et 237). duos versus nostro epico aliter vindicant Pearson (Soph. Frag. 1.182) qui post Θαμύραι verba excidisse quae versus Sophocleos continerent coni. et Powell (Coll. Alex. p. 247) qui lacunam propositam sic ex gr. suppl.: ⟨... καὶ ὁ τοὺς Ἐπιγόνους ποιήςας⟩· ἐκ μὲν ἄρα κτλ. sed de hexametri usu apud tragicos vid. Radt supra cit. p. 237.

CYPRIA

ΚΥΠΡΙΑ

T

de Homero auctore

1 Aelian. *var. hist.* 9.15

λέγεται δὲ κἀκεῖνο πρὸς τούτοις, ὅτι ἄρα ἀπορῶν (scil. Ὅμηρος) ἐκδοῦναι τὴν θυγατέρα, ἔδωκεν αὐτῆι προῖκα ἔχειν τὰ ἔπη τὰ Κύπρια. καὶ ὁμολογεῖ τοῦτο Πίνδαρος (fr. 265 Sn.).

2 Suda s. v. Ὅμηρος (3.526 Adler)

ἀναφέρεται δ' εἰς αὐτὸν καὶ ἄλλα τινὰ ποιήματα ... Κύκλος, ὕμνοι, Κύπρια.

3 Procl. *Chrestom.* (= Cypr. enarratio infra p. 33) ap. Phot. *Bibl.* 319ᴬ (5.157 Henry)

λέγει δὲ καὶ τὰ ὀνόματα καὶ τὰς πατρίδας τῶν πραγματευσαμένων τὸν ἐπικὸν Κύκλον (*T 1). λέγει δὲ καὶ περί τινων Κυπρίων ποιημάτων, καὶ ὡς οἱ μὲν ταῦτα εἰς Στασῖνον ἀναφέρουσι Κύπριον, ... οἱ δὲ Ὅμηρον γράψαι (scil. λέγουσιν) δοῦναι δὲ ὑπὲρ τῆς θυγατρὸς Στασίνωι.

4 Tzetz. *Chil.* 13.633 sq. Leone (praecedit T 7 infra)

ἅπερ (scil. τὰ Κύπρια) οἱ πλείους λέγουσιν Ὁμήρου πεφυκέναι, εἰς προῖκα δὲ σὺν χρήμασι δοθῆναι τῶι Στασίνωι.

contra Homerum auctorem

5 Herodot. 2.117

οὐκ Ὁμήρου τὰ Κύπρια ἔπεά ἐστι ἀλλ' ἄλλου τινός (sequitur F 11 infra)

6 Σ Dion. Thr. Gr. Gr. 1.3 p. 471, 35 Hilgard

πολλὰ γὰρ νοθευόμενά ἐστιν, ὡς ἡ Σοφοκλέους Ἀντιγόνη (λέγεται γὰρ εἶναι Ἰοφῶντος τοῦ Σοφοκλέους υἱοῦ (*Tr. G.F.* 4 T 160 Radt)), Ὁμήρου τὰ Κυπριακὰ καὶ ὁ Μαργίτης (West, *Iambi et Elegi Graeci* 2.70) κτλ.

de Stasino auctore

7 Tzetz. *Chil.* 13.630 sqq. Leone

Σερίφων καὶ Θεόλαος υἱοὶ δὲ τοῦ Ὁμήρου
θυγάτηρ Ἀρσιφόνη δέ, ἣν ἔγημε Στασῖνος,
Στασῖνος ὁ τὰ Κύπρια συγγράμματα ποιήσας
(sequitur T 4 supr.)

8 Procl. *Chrestom.* infra cit. (p. 33)

οἱ μὲν ταῦτα (scil. τὰ Κύπρια) εἰς Στασῖνον ἀναφέρουσι Κύπριον

cf. Suda s.v. Ὅμηρος (3.525 Adl.): γῆμας δ' ἐν Χίωι Ἀρησιφόνην τὴν Γνώτορος τοῦ Κυμαίου θυγατέρα ἔσχεν υἱεῖς δύο καὶ θυγατέρα ἣν ἔγημεν Στασῖνος ὁ Κύπριος. Stasino nostrum carmen tribuunt etiam Σ A *Il.* 1.5 (F 1 infr.) et Tzetz. *Chil.* 2.711 sqq. (F 13); cf. Athen. 15.682[D] (F 4): ὁ μὲν τὰ Κύπρια ἔπη πεποιηκώς, Ἡγησίας ἢ Στασῖνος et eundem 334[B] (F 7): ὁ τὰ Κύπρια ποιήσας ἔπη, εἴτε Κύπριός τις ἔστιν ἢ Στασῖνος κτλ. (vid. ad loc.); Stasino nostrum carmen tribuitur etiam ap. Cramer, *Anecd. Oxon.* 3.189.

9 Procl. *Chrestom.* supra cit. = Hegesinus *F.Gr.Hist.* 331 T 2

οἱ μὲν ταῦτα (scil. τὰ Κύπρια) εἰς Στασῖνον ἀναφέρουσι ... οἱ δὲ Ἡγησῖνον τὸν Σαλαμίνιον αὐτοῖς ἐπιγράφουσιν.

Hegesinum eundem esse atque Hegesian (Athen. 682[D] (F 4 infra cit.)) suspicantur complures

10 Σ Clem. Alexandr. *Protr.* 22.22 (1.305 Stählin)

Κύπρια ποιήματά εἰσι τὰ τοῦ Κύκλου (sequitur T 14 inf. = F 11) ... ὁ δὲ ποιητὴς αὐτῶν ἄδηλος· εἷς γάρ ἐστι τῶν Κυκλικῶν (sequitur *T 6). nostrum carmen ἀνωνύμως citant fontes omnes Athenaeo, Tzetza, Σ A *Il.* supra cit. exceptis.

11 Procl. *Chrestom.* supra cit.

διὰ τὴν αὐτοῦ (scil. Στασίνου) πατρίδα τὸν πόνον ἐπικληθῆναι (scil. λέγει), ἀλλ' οὐ τίθεται ὁ συγγραφεὺς ταύτηι τῆι αἰτίαι· μηδὲ γὰρ Κύπρια παροξυτόνως ἐπιγράφεσθαι τὰ ποιήματα.

de Cyprio auctore

12 Athen. 15.682[D] = F 4 infra

Δημοδάμας δ' ὁ Ἁλικαρνασσεὺς ἢ Μιλήσιος ἐν τῶι περὶ Ἁλικαρνασσοῦ (*F.Gr.Hist.* 428 F 1) Κυπρία Ἁλικαρνασσέως αὐτὰ εἶναί φησι ποιήματα.

vid. etiam ad F 7 et T dub. infra.

de carminis argumento

13 Arist. *Poet.* 23.1459^A 37 sqq. (p. 39 sq. Kassel)

οἱ δ' ἄλλοι (scil. praeter Homerum) περὶ ἕνα ποιοῦϲι καὶ περὶ ἕνα χρόνον καὶ μίαν πρᾶξιν πολυμερῆ, οἷον ὁ τὰ Κύπρια ποιήϲαϲ καὶ τὴν μικρὰν Ἰλιάδα (Τ 5). τοιγαροῦν ἐκ μὲν Ἰλιάδοϲ καὶ Ὀδυϲϲείαϲ μία τραγωιδία ποιεῖται ἑκατέραϲ ἢ δύο μόναι, ἐκ δὲ Κυπρίων πολλαί κτλ.

14 Σ Clem. supr. cit. = F 11 infra.

Κύπρια ποιήματα ... περιέχει ἁρπαγὴν Ἑλένηϲ.

PROCLI CYPRIORVM ENARRATIO

F   *Neapolitanus* Taccone (deperditus)
*F codicis F *lectiones secundum editionem Gargiullianam* (1812)
  f consensus omnium codicum
G   *Ottobonianus* 58 f° 23^v
  g consensus GHIKL(M)N(O)
H   *Ottobonianus* 58 f° 13^r
I   *Escorialensis*
  i consensus IKL(M)N(O)
K   *Holkhamicus*
  k consensus KL(M)N(O)
L   *Parmensis*
  l consensus L(M)N(O)
    [M apographum codicis L *Monacensis*]
N   *Perusinus*
    [O apographum codicis N *Harleianus*]

in huius carminis aliorumque epicorum Troicorum enarratione textum et sigla dedi secundum librum illum quem scripsit A. Severyns, vir doctissimus et de cyclo epico optime meritus (*Recherches sur la Chrestomathie de Proclos* 4 (1963)); apparatum autem criticum eius uberiorem et pleniorem contraxi.

. . . .

Τοῦ αὐτοῦ περὶ τῶν Κυπρίων λεγομένων ποιημάτων

Ἐπιβάλλει τούτοις τὰ λεγόμενα Κύπρια ἐν βιβλίοιϲ φερόμενα ἕνδεκα, ὧν περὶ τῆς γραφῆϲ ὕϲτερον ἐροῦμεν, ἵνα μὴ τὸν ἑξῆc λόγον νῦν ἐμποδίζωμεν. τὰ δὲ περιέχοντά ἐcτι ταῦτα.

Ζεὺc βουλεύεται μετὰ τῆc Θέμιδοc περὶ τοῦ Τρωϊκοῦ πολέμου.

παραγενομένη δὲ Ἔριc εὐωχουμένων τῶν θεῶν ἐν τοῖc Πηλέωc γάμοιc νεῖκοc περὶ κάλλουc ἀνίcτηcιν Ἀθηνᾶι, Ἥραι καὶ Ἀφροδίτηι αἳ πρὸc Ἀλέξανδρον ἐν Ἴδηι κατὰ Διὸc προcταγὴν ὑφ᾽ Ἑρμοῦ πρὸc τὴν κρίcιν ἄγονται· καὶ προκρίνει τὴν Ἀφροδίτην ἐπαρθεὶc τοῖc Ἑλένηc γάμοιc Ἀλέξανδροc.

ἔπειτα δὲ Ἀφροδίτηc ὑποθεμένηc ναυπηγεῖται, καὶ Ἕλενοc περὶ τῶν μελλόντων αὐτοῖc προθεcπίζει, καὶ ἡ Ἀφροδίτη Αἰνείαν cυμπλεῖν αὐτῶι κελεύει. καὶ Καccάνδρα περὶ τῶν μελλόντων προδηλοῖ.

ἐπιβὰc δὲ τῆι Λακεδαιμονίαι Ἀλέξανδροc ξενίζεται παρὰ τοῖc Τυνδαρίδαιc, καὶ μετὰ ταῦτα ἐν τῆι Cπάρτηι παρὰ Μενελάωι· καὶ Ἑλένηι παρὰ τὴν εὐωχίαν δίδωcι δῶρα ὁ Ἀλέξανδροc. καὶ μετὰ ταῦτα Μενέλαοc εἰc Κρήτην ἐκπλεῖ, κελεύcαc τὴν Ἑλένην τοῖc ξένοιc τὰ ἐπιτήδεια παρέχειν, ἕωc ἂν ἀπαλλαγῶcιν. ἐν τούτωι δὲ Ἀφροδίτη cυνάγει τὴν Ἑλένην τῶι Ἀλεξάνδρωι καὶ μετὰ τὴν μῖξιν τὰ πλεῖcτα κτήματα ἐνθέμενοι νυκτὸc ἀποπλέουcι.

χειμῶνα δὲ αὐτοῖc ἐφίcτηcιν Ἥρα. καὶ προcενεχθεὶc Cιδῶνι ὁ Ἀλέξανδροc αἱρεῖ τὴν πόλιν. καὶ ἀποπλεύcαc εἰc Ἴλιον γάμουc τῆc Ἑλένηc ἐπετέλεcεν.

ἐν τούτωι δὲ Κάcτωρ μετὰ Πολυδεύκουc τὰc Ἴδα καὶ Λυγκέωc βοῦc ὑφαιρούμενοι ἐφωράθηcαν. καὶ Κάcτωρ μὲν ὑπὸ τοῦ Ἴδα ἀναιρεῖται, Λυγκεὺc δὲ καὶ Ἴδαc ὑπὸ Πολυδεύκουc. καὶ Ζεὺc αὐτοῖc ἑτερήμερον νέμει τὴν ἀθαναcίαν.

καὶ μετὰ ταῦτα Ἶριc ἀγγέλλει τῶι Μενελάωι τὰ γεγονότα κατὰ τὸν οἶκον. ὁ δὲ παραγενόμενοc περὶ τῆc ἐπ᾽ Ἴλιον cτρατείαc βουλεύεται μετὰ τοῦ ἀδελφοῦ, καὶ πρὸc Νέcτορα παραγίνεται Μενέλαοc.

Νέcτωρ δὲ ἐν παρεκβάcει διηγεῖται αὐτῶι ὡc Ἐπωπεὺc φθείραc τὴν Λυκούργου θυγατέρα ἐξεπορθήθη, καὶ τὰ περὶ Οἰδίπουν καὶ τὴν Ἡρακλέουc μανίαν καὶ τὰ περὶ Θηcέα καὶ Ἀριάδνην.

ἔπειτα τοὺc ἡγεμόναc ἀθροίζουcιν ἐπελθόντεc τὴν Ἑλλάδα. καὶ μαίνεcθαι προcποιηcάμενον Ὀδυccέα ἐπὶ τῶι μὴ θέλειν cυcτρατεύεcθαι ἐφώραcαν, Παλαμήδουc ὑποθεμένου τὸν υἱὸν Τηλέμαχον ἐπὶ κόλαcιν ἐξαρπάcαντεc.

καὶ μετὰ ταῦτα συνελθόντες εἰς Αὐλίδα θύουσι. καὶ τὰ περὶ
τὸν δράκοντα καὶ τοὺς στρουθοὺς γενόμενα δείκνυται καὶ
Κάλχας περὶ τῶν ἀποβησομένων προλέγει αὐτοῖς.

ἔπειτα ἀναχθέντες Τευθρανίαι προσίσχουσι καὶ ταύτην ὡς
Ἴλιον ἐπόρθουν. Τήλεφος δὲ ἐκβοηθεῖ Θέρσανδρόν τε τὸν
Πολυνείκους κτείνει καὶ αὐτὸς ὑπὸ Ἀχιλλέως τιτρώσκεται.

ἀποπλέουσι δὲ αὐτοῖς ἐκ τῆς Μυσίας χειμὼν ἐπιπίπτει καὶ
διασκεδάννυνται. Ἀχιλλεὺς δὲ Σκύρωι προσσχὼν γαμεῖ τὴν
Λυκομήδους θυγατέρα Δηϊδάμειαν.

ἔπειτα Τήλεφον κατὰ μαντείαν παραγενόμενον εἰς Ἄργος
ἰᾶται Ἀχιλλεὺς ὡς ἡγεμόνα γενησόμενον τοῦ ἐπ᾽ Ἴλιον πλοῦ.

καὶ τὸ δεύτερον ἠθροισμένου τοῦ στόλου ἐν Αὐλίδι Ἀγαμέμνων
ἐπὶ θηρῶν βαλὼν ἔλαφον ὑπερβάλλειν ἔφησε καὶ τὴν
Ἄρτεμιν. μηνίσασα δὲ ἡ θεὸς ἐπέσχεν αὐτοὺς τοῦ πλοῦ
χειμῶνας ἐπιπέμπουσα. Κάλχαντος δὲ εἰπόντος τὴν τῆς θεοῦ
μῆνιν καὶ Ἰφιγένειαν κελεύσαντος θύειν τῆι Ἀρτέμιδι, ὡς ἐπὶ
γάμον αὐτὴν Ἀχιλλεῖ μεταπεμψάμενοι θύειν ἐπιχειροῦσιν.
Ἄρτεμις δὲ αὐτὴν ἐξαρπάσασα εἰς Ταύρους μετακομίζει καὶ
ἀθάνατον ποιεῖ, ἔλαφον δὲ ἀντὶ τῆς κόρης παρίστησι τῶι
βωμῶι.

ἔπειτα καταπλέουσιν εἰς Τένεδον. καὶ εὐωχουμένων αὐτῶν
Φιλοκτήτης ὑφ᾽ ὕδρου πληγεὶς διὰ τὴν δυσοσμίαν ἐν Λήμνωι
κατελείφθη, καὶ Ἀχιλλεὺς ὕστερος κληθεὶς διαφέρεται πρὸς
Ἀγαμέμνονα.

ἔπειτα ἀποβαίνοντας αὐτοὺς εἰς Ἴλιον εἴργουσιν οἱ Τρῶες,
καὶ θνήισκει Πρωτεσίλαος ὑφ᾽ Ἕκτορος. ἔπειτα Ἀχιλλεὺς αὐτοὺς
τρέπεται ἀνελὼν Κύκνον τὸν Ποσειδῶνος. καὶ τοὺς νεκροὺς
ἀναιροῦνται.

καὶ διαπρεσβεύονται πρὸς τοὺς Τρῶας, τὴν Ἑλένην καὶ τὰ
κτήματα ἀπαιτοῦντες. ὡς δὲ οὐχ ὑπήκουσαν ἐκεῖνοι, ἐνταῦθα
δὴ τειχομαχοῦσιν.

ἔπειτα τὴν χώραν ἐπεξελθόντες πορθοῦσι καὶ τὰς περιοίκους
πόλεις.

καὶ μετὰ ταῦτα Ἀχιλλεὺς Ἑλένην ἐπιθυμεῖ θεάσασθαι, καὶ
συνήγαγεν αὐτοὺς εἰς τὸ αὐτὸ Ἀφροδίτη καὶ Θέτις.

εἶτα ἀπονοστεῖν ὡρμημένους τοὺς Ἀχαιοὺς Ἀχιλλεὺς κατέχει.
κἄπειτα ἀπελαύνει τὰς Αἰνείου βοῦς, καὶ Λυρνησσὸν
καὶ Πήδασον πορθεῖ καὶ συχνὰς τῶν περιοικίδων πόλεων, καὶ
Τρωΐλον φονεύει.

Λυκάονά τε Πάτροκλος εἰς Λῆμνον ἀγαγὼν ἀπεμπολεῖ.

καὶ ἐκ τῶν λαφύρων Ἀχιλλεὺς μὲν Βρισηίδα γέρας λαμβά-
85 νει, Χρυσηίδα δὲ Ἀγαμέμνων.
ἔπειτά ἐστι Παλαμήδους θάνατος.
καὶ Διὸς βουλὴ ὅπως ἐπικουφίσηι τοὺς Τρῶας Ἀχιλλέα
τῆς συμμαχίας τῆς Ἑλλήνων ἀποστήσας.
καὶ κατάλογος τῶν τοῖς Τρωσὶ συμμαχησάντων.

Testimonia: 3 ἐμποδίζωμεν] Photius *Bibl.* 319ᴬ 21 (5.157 Henry) λέγει (Proclus) δὲ καὶ περί τινων Κυπρίων ποιημάτων, καὶ ὡς οἱ μὲν ταῦτα εἰς Στασῖνον ἀναφέρουσι Κύπριον, οἱ δὲ Ἡγησῖνον τὸν Σαλαμίνιον αὐτοῖς ἐπιγράφουσιν, οἱ δὲ Ὅμηρον γράψαι, δοῦναι δὲ ὑπὲρ τῆς θυγατρὸς Στασίνῳ καὶ διὰ τὴν αὐτοῦ πατρίδα Κύπρια τὸν πόνον ἐπικληθῆναι. 23 ἀλλ᾽ οὔ τίθεται ταύτηι τῆι αἰτίαι· μηδὲ γὰρ Κύπρια προπαροξυτόνως ἐπιγράφεσθαι τὰ ποιήματα. 1–4 ὁ τρωϊκὸς πόλεμος ἐξ αἰτίας τοιαύτης συνέστη G 5 sq.] Διὸς βουλευομένου περὶ τοῦ Τρωϊκοῦ πολέμου μετὰ τῆς Θέτιδος G 8 γάμοις] καὶ τῶν θεῶν εὐωχουμένων ἐν τοῖς Πηλέως γάμοις κατὰ τὸ Πήλιον Θεταλίας ὄρος ἡ Ἔρις ἄκλητος κατελείφθη (G¹ ex -θει) ὡς μὴ ταράττοι τούτους παροῦσα· μηχανᾶται οὖν τοιοῦτόν τι· λαβοῦσα χρυσοῦν μῆλον ἐπιγράφει ἐν αὐτῷ τῇ καλῇ τὸ μῆλον καὶ κομίσασα εἰς μέσον ῥίπτει τὸ συμπόσιον G 8 νεῖκος – 10 ἄγονται] καὶ νεῖκος ἐνέστηει περὶ κάλλους (G¹ ex κάλους) Ἀθηνᾶ καὶ Ἥρα καὶ Ἀφροδίτη. ἐκεῖναι δὲ τοῦ Διὸς ἐδεήθησαν κρῖναι αὐτάς. ὁ δὲ προστάξας Ἑρμῇ δι᾽ αὐτοῦ πρὸς Ἀλέξανδρον τὸν ἐπάριν (G: leg. καὶ Πάριν) ὠνομασμένον υἱὸν ὄντα Πριάμου βασιλέως τῶν Τρώων καὶ ἐν Ἴδηι διατρίβοντα παραπέμπει κριθῆναι αὐτάς. ἔνθα ἑκάστη δῶρον τῶι νεανίσκωι προέτεινεν, Ἥρα μὲν βασιλείαν τὴν μεγίστην ὑποσχομένη δοῦναι, Ἀθηνᾶ δὲ τὸ ἐν φρονήσει καὶ πολέμοις κράτος, Ἀφροδίτη δὲ τὴν καλλίστην γυναικῶν (G¹ ex γου-) Ἑλένην G 10 καὶ – 12 Ἀλέξανδρος] δι᾽ ὃ προκρίνει τὴν Ἀφροδίτην, καλλίω τῶν ἄλλων εἶναι εἰπὼν λαβεῖν τὸ μῆλον τοῖς (G¹ ex τῆς) τῆς Ἑλένης γάμοις ἐπ᾽ ἀρθεὶς (G: leg. ἐπαρθεὶς) G 13–16] καὶ εὐθὺς ὑποθεμένης τῆς Ἀφροδίτης ⟨ναυπηγεῖται suppl.⟩ καὶ Ἑλένου περὶ τῶν μελλόντων προθεσπίσαντος πρὸς δὲ καὶ τῆς Κασάνδρας ἀδελφῶν ὄντων Πάριδος σὺν Αἰνείαι ἐκπλεῖ G

Tituli: 8 Τοῦ αὐτοῦ περὶ τῶν Κυπρίων ποιημάτων F*i*: om. H: ὅπως προέβη ὁ τρωϊκὸς πόλεμος G

Marginalia: 13 sq. (Ἔλ)ενος H 15 κασάνδρα H 20 πλους Μενελάου εἰς Κρήτην H 36 Νέστωρ H 41 προσποιησαμένου Ὀδυσσέως H 45 εἰς Αὐλίδα H 46 Κάλχας H 48 Τήλεφος H 51 Ἀχιλλεὺς H 55 Ἀγαμέμνων H 66 κατελήφθη Lᵗ] γρ. κατεβλήθη L κατεβλήθη Nᵗ] γρ. κατελήφθη N²

Correctiones: 8 ἐνίστησιν scripsit L sed addidit α supra spirit. velut si de var. lect. ἀνίστησιν cogitaret. Cf. 43 56 θήραν L¹ ex θήραν

Critica: 1–4 H*i*: eadem fuerunt in F, sed Gargiulli non recepit in *F: alia G
4 ταῦτα HI*l*: τοιαῦτα K 5 βουλεύεται *F(G)I: βούλεται H*k* Θέμιδος Heyne: θέτιδος *f* 8 ἀνίστησιν FLˢᵛ: ἐνίστησιν H*i*: ἐνέστησε G Ἥραι *FH*i*: καὶ ἥρα G

9 ἐν Ἴδηι *FH*i*: ἐν ἴδη διατρίβοντα G. Fort. supplendum ἐν Ἴδηι (κατοικοῦντα) *f*   11 τοῖc HI: τῆc F*k*: τοῖc τῆc G   13 ἔπειτα δὲ *FHI: ἔπειτα καὶ *k*: καὶ εὐθὺc G   ναυπηγεῖται *FHI*l*: -γῆται Κ: om. G   14 αὐτοῖc FH*i*: om. G   17 ἐπιβὰc – Λακεδαιμονίαι *FH*i*: καὶ τῇ λακεδαιμονία προcεπιβὰc (G¹ ex πρὸc-) G   18 παρὰ *g*: om. *F   19 Ἑλένηι *FH*i*: ἐλένη καὶ G   παρὰ *FGI: περὶ H*k*   δίδωcι *FH*i*: δίδωcιν αὐτοῖc G   ὁ Ἀλέξανδροc *F*i*: Ἀλέξανδροc Η: om. G   20 Μενέλαοc *FH*i*: μενέλαοc μὲν G   23 κτήματα *FH*i*: τῶν κτημάτων καὶ κάλλιcτα G   ἐνθέμενοι *F*i*: ἐκ- Η: cυcκευαcάμενοι G   27 ἐπετέλεcεν *FHI: ἀπετέλεcεν *k*   28–31 *FH*i*: om. G   28 sq. Λυγκέωc Heyne: λυγγ- *FH: λυγ- *i*   βοῦc *FHIK: βᾶc L: βᾱc N   30 Λυγκεὺc Heyne: λυγγ- *F: λυγ- H*i*   32 Ἶριc *g*: εριc *F   34 βουλεύεται *FG*i*: βούλεται Η   36–39 *FH*i*: om. G   37 Λυκούργου *FH*i*: Λύκου coni. Heyne   38 Θηcέα *FHIK: θυcέα *l*   39 καὶ τούτω cυμβούλω χρηcάμενοc (G: leg. -οι) πρὸc δὲ καὶ cυνεργῷ G   40 ἡγεμόναc *FH*i*: ἡγεμόναc τῶν ἑλλήνων G   ἀθροίζουcιν   40 sq. Ἑλλάδα *FH*i*: ἀθροίζουcι τὴν ἐλάδα περιελθόντεc G   42 cυcτρατεύεcθαι *FGH*k*: cυνcτρ- I   ἐφώραcαν *FHI: ἐφό- *l*: ἐφόρεcαν Κ: ἐφώραcαν καὶ G   ὑποθεμένου *FH*i*: -μένον G   41 sqq. ἐπὶ – ἐξαρπάcαντεc *FH*i*: ἁρπάcαντεc ὡc ἐπίκλαοιν παρώρμηcαν καὶ τὸν ὀδυccέα cὺν αὐτοῖc cυcτρατεύεcθαι G   ἐπὶ *FH*i*: ὡc ἐπὶ G   ἐξαρπάcαντεc *FH*i*: ἁρπάcαντεc G   45 γενόμενα *FGHIK: γένημα *l*   47 προcίcχουcι *FGHIK: -έcχουcι *l*   48 Τήλεφοc δὲ *FG*i*: καὶ τήλεφοc Η   ἐκβοηθεῖ F: ἐκ βοηθείαc H*i*: ὡc ἐκβοηθείαc G   50 τῆc *FG*i*: om. Η   51 προccχὼν Bekker: προcχὼν *f*   53 εἰc Ἄργοc *FG*i*: om. Η   54 τοῦ *FG: τοῦτ᾽ H*i*   56 θηρῶν scripsit Severyns θήραν FH*i*: θήραν ἐξιὼν καὶ G   ἔφηcε G*i*: ἔφηcεν *F: ἔφη Η   57 Ἄρτεμιν *FHI*l*: ἄρτεμην Κ: ἄρτεμιν τῇ τοξία G   μηνίcαcα *FGHI: μηνύ- *k*   58 χειμῶναc *FIK: χειμων᾽ Η: χειμόναc *l*: χειμῶναc cυνεχεῖc G   ἐπιπέμπουcα *FH*i*: ἐπιπέμψαcα G   59 Ἰφιγένειαν *FH*i*: ἰφιγένειαν τὴν θυγατέρα ἀγαμέμνονοc G   κελεύcαντοc *FH*i*: ὑποθεμένου G   θύειν *FGHIK: θύει *l*   60 γάμον *FH*i*: γάμοι G   αὐτὴν *F: αὐτῆι H*i*: ταύτην quod post Ἀχιλλεῖ transposuit G   61 ἐξαρπάcαcα *FG*i*: -caσαν Η   Ταύρουc *FH*i*: ταύρουc ἐν cκυθία G   ἀθάνατον ποιεῖ *FH*i*: ξενοκτονεῖν καθίcτηcιν G   62 τῆc κόρηc *FH*i*: ταύτηc G   66 κατελείφθη FHI: -ελήφθη KLNʳᵉ: -εβλήθη Lʳᵉ N: παρεπέμφθη G   καὶ Ἀχιλλεὺc 67 Ἀγαμέμνονα *FH*i*: om. G   68 ἀποβαίνονταc – Ἴλιον *FH*i*: εἰc Ἴλιον ἐκ τῶν νηῶν ἀποβαίνονταc G   69 θνήιcκει *FH*i*: θνήcκει πρῶτοc πάντων G   70 τοὺc *g*: om. *F   73 δὲ *FG*i*: om. Η   74 δὴ *g*: δὲ *F   75 ἐπεξελθόντεc *FG*i*: ὑπεξ- Η   77 Ἑλένην   Ἀχιλλεὺc *FGHIK: om. *l*   θεάcαcθαι GHIK: -caσται *F   78 εἰc *FGIK: ἐπὶ Η   80 Λυρνηccὸν scripsit Severyns: λυρνεccον *F: λυρνηcὸν *g*   πορθεῖ *FGHL: ποθεῖ IKN   84 Βριcηΐδα – λαμβάνει *FH*i*: γέραc λαμβάνει τὴν βριcηίδα G   85 Ἀγαμέμνων *FH*i*: ἀγαμέμνων. ἐντεῦθεν τὰ κατὰ τὴν ἰλιάδα ὁμήρου πεπραγμένα G   86–89 *FH*i*: om. G   86 ἐcτι *F*i*: om. Η   88 Ἑλλήνων *F: ἑλληνικῆc H*i*

F

1 Σ A *Il.* 1.5

Διὸc δ᾽ ἐτελείετο βουλή· Διὸc βουλὴν οἱ μὲν τὴν εἱμαρμένην ἀπέδοcαν ... ἄλλοι δὲ ἀπὸ ἱcτορίαc τινὸc εἶπον εἰρηκέναι τὸν Ὅμηρον· φαcὶ γὰρ τὴν Γῆν βαρουμένην ὑπὸ ἀνθρώπων πολυπληθίαc, μηδεμιᾶc ἀνθρώπων οὔcηc εὐcεβείαc, αἰτῆcαι τὸν Δία κουφιcθῆναι τοῦ ἄχθουc· τὸν δὲ Δία πρῶτον μὲν εὐθὺc ποιῆcαι τὸν Θηβαϊκὸν πόλεμον, δι' οὗ πολλοὺc πάνυ ἀπώλεcεν. ὕcτερον δὲ πάλιν τὸν Ἰλιακόν, cυμβούλωι τῶι Μώμωι χρηcάμενοc, ἣν Διὸc βουλὴν Ὅμηρόc φηcιν – ἐπειδὴ οἷόc τε ἦν κεραυνοῖc ἢ κατακλυcμοῖc πάνταc διαφθείρειν, ὅπερ τοῦ Μώμου κωλύcαντοc, ὑποθεμένου δὲ αὐτῶι γνώμαc δύο, τὴν Θέτιδοc θνητογαμίαν καὶ θυγατρὸc καλὴν γένναν, ἐξ ὧν ἀμφοτέρων πόλεμοc Ἕλληcί τε καὶ βαρβάροιc ἐγένετο, ἀφ' οὗ cυνέβη κουφιcθῆναι τὴν Γῆν, πολλῶν ἀναιρεθέντων. ἡ δὲ ἱcτορία παρὰ Cταcίνωι τῶι τὰ Κύπρια πεποιηκότι εἰπόντι οὕτωc·

    ἦν ὅτε μυρία φῦλα κατὰ χθόνα † πλαζόμενα
    ⟨   ⟩ βαθυcτέρνου πλάτοc αἴηc.
    Ζεὺc δὲ ἰδὼν ἐλέηcε καὶ ἐν πυκιναῖc πραπίδεccι
    † cύνθετο κουφίcαι παμβώτορα γαίηc ἀνθρώπων †
5   ῥιπίccαc πολέμου μεγάλην ἔριν Ἰλιακοῖο
    ὄφρα κενώcειεν † θανάτου βάροc· οἱ δ' ἐνὶ Τροίηι
    ἥρωεc κτείνοντο· Διὸc δ' ἐτελείετο βουλή.

καὶ τὰ μὲν παρὰ τοῖc νεωτέροιc ἱcτορούμενα περὶ τῆc τοῦ Διὸc βουλῆc ἐcτι τάδε.

cf. Σ Eur. *Or.* 1641 (1.236 Schwartz) ἱcτορεῖται ὅτι ἡ Γῆ βαρουμένη τῶι πλήθει τῶν ἀνθρώπων ἠξίωcε τὸν Δία ἐλαφρῦναι αὐτῆc τὸ βάροc· τὸν δὲ Δία εἰc χάριν αὐτῆc cυγκροτῆcαι τόν τε Θηβαϊκὸν πόλεμον καὶ τὸν Ἰλιακόν, ἵνα τῶν πολλῶν ἀναιρεθέντων κουφιcμὸc γένηται.
cf. etiam Chrysippi fr. 117 von Arnim (*S. V. F.* II. 338) ap. Plut. *de stoic. repugn.* 32 (1049^B) (p. 39 Pohlenz): τὸν Εὐριπίδην μάρτυρα καὶ τοὺc ἄλλουc προcάγεται τοὺc λέγονταc ὡc ὁ Τρωϊκὸc πόλεμοc ὑπὸ τῶν θεῶν ἀναπλήcεωc χάριν τοῦ πλήθουc τοῦ τῶν ἀνθρώπων γένουc γένοιτο.
et Chrysippi fr. 937 (*S. V. F.* II. 269) ap. Plut. ibid. 34 (1050^B) (p. 41 Pohlenz): πανταχοῦ γὰρ ταῦτα θρυλεῖται ὑπ' αὐτῶν· καὶ τὸ ‚Διὸc δ' ἐτελείετο βουλή' τὸν Ὅμηρον εἰρηκέναι φηcὶν ὀρθῶc ἐπὶ τὴν εἱμαρμένην ἀναφέροντα καὶ τὴν τῶν ὅλων φύcιν, καθ' ἣν πάντα διολεῖται.

fragmentum misere corruptum atque lacunosum: sigla codicum dedi secundum A. Ludwich, *Textkr. Untersuch. über die mythol. Scholien zu Homers Ilias I* (1900), qui etiam coniecturas virorum doctorum exscripsit (pp. 12 sqq.); quisquilias omisi

παρὰ Cταcίνωι: nomen poetae varii codd. varie (παρὰ ταcίνωι, π. τεραcίνωι vel sim.) deformant; corr. Barnes
1 πλαζόμενα codd. omnes praeter F^q qui πλαζόμενα περ praebet, unde πλαζομένων περ | ἀνθρώπων (vel δυccεβέων) coni. Ludwich (πλαζομέν' ἀνδρῶν iam Barnes) 2 lacunam aliter supplent alii: | ἄχθει εὐρὺ βάρυνε Boissonade,

| ἀνθρώπων ἐβάρυνε Ludwich   βαθυςτέρνου: βαρυςτέρνου codd. omnes nisi βαρυςτόνου AJ: corr. Lascaris   3 δὲ om. J, δέ τε praebet F^q   ἐλέηςε: ἐλέηςεν A ἠλέηςε JY^b, ἄλγηςε W^b, ὤκτειρ' ἄρα F^q   ἐν om. D^cF^rY   πυκιναῖς: πυκναῖς JR^A πυκίναιςι F^q   4 sic RAV (paulum moramur si codd. alii γαίην, γαῖαν, vel παμβότειραν exhibent): κουφίςαι ἀνθρώπων παμβώτορα ςύνθετο γαῖαν coni. W. Ribbeck, alii   5 ῥιπίςας R^aY^b ῥιπίςαι codd. cett. (ῥιπίςαι τε A) corr. Wolf   6 κενώςειεν (R?)Y^b: κενώςειε codd. cett. θανάτου: θανάτ F^q, θανάτωι coni. Lascaris, θανάτοις Wassenbergh, θάνατος tent. Ludwich   δ' ἐνὶ R^a δὲ ἐν codd. cett. (δὲ ἐν τῇ J)   7 Διὸς ... βουλή om. D^cF^rY

2 Philodem. *de piet.* in Hercul. voll. coll. alt. VIII 105 7 sqq. (vid. W. Luppe, *Mus. Helv.* 43 (1986) 61 sqq.)

ὁ τ]ὰ Κύπ[ρια γράψας | τῆι ῞Η]ραι χαρ[ιζομέ|νη]ν φεύγειν αὐ[τὴν | τὸ]ν γάμον Δ[ιός. τὸν | δ' | ὀ]μόςαι χολω[θέ|ντ]α, διότι θνη[τῶι | ⟨αὐτὴν⟩ | cυ]νοικίςει κ[αὶ πα|ρ' Ἡ]ςιόδωι (fr. 210 MW) δὲ κε[ῖται | τ]ὸ παραπλήςι[ον

de supplementis consulendus Luppe

3 Σ ADB *Il.* 16.140 (cf. 4.194 Erbse)

κατὰ γὰρ τὸν Πηλέως καὶ Θέτιδος γάμον οἱ θεοὶ ςυναχθέντες εἰς τὸ Πήλιον ἐπ' εὐωχίαι ἐκόμιζον Πηλεῖ δῶρα, Χίρων δὲ μελίαν εὐθαλῆ τεμὼν εἰς δόρυ παρέςχεν. φαςὶ δὲ Ἀθηνᾶν μὲν ξέςαι αὐτό, Ἥφαιςτον δὲ καταςκευάςαι. τούτωι δὲ τῶι δόρατι καὶ Πηλεὺς ἐν ταῖς μάχαις ἠρίςτευςε καὶ μετὰ ταῦτα Ἀχιλλεύς. ἡ ἱςτορία παρὰ τῶι τὰ Κύπρια ποιήςαντι (πεποιηκότι D).

4 Athen. 15.682^{D-E} (3.509 sq. Kaibel)

ἀνθῶν δὲ ςτεφανωτικῶν μέμνηται ὁ μὲν τὰ Κύπρια ἔπη πεποιηκώς, Ἡγηςίας ἢ Σταςῖνος· Δημοδάμας δ' (Hecker: γὰρ A) ὁ Ἁλικαρναςςεὺς ἢ Μιλήςιος ἐν τῶι περὶ Ἁλικαρναςςοῦ (*F. Gr. Hist.* 428 F 1) Κυπρία Ἁλικαρναςςέως (Hecker: κύπρια Ἁλ. δ' A) αὐτὰ εἶναί φηςι ποιήματα. λέγει δ' οὖν ὅςτις ἐςτὶν ὁ ποιήςας αὐτὰ ἐν τῶι *α* οὑτωςί·

εἵματα μὲν χροῒ ἕςτο τά οἱ Χάριτές τε καὶ Ὧραι
ποίηςαν καὶ ἔβαψαν ἐν ἄνθεςιν εἰαρινοῖςιν
οἷα φοροῦς' Ὧραι, ἔν τε κρόκωι ἔν θ' ὑακίνθωι
ἔν τε ἴωι θαλέθοντι ῥόδου τ' ἐνὶ ἄνθεϊ καλῶι,
5 ἡδέϊ νεκταρέωι, ἔν τ' ἀμβροςίαις καλύκεςςιν
ἄνθεςι ναρκίςςου καὶ λειρίου †δ' οἷα Ἀφροδίτη†
ὥραις παντοίαις τεθυωμένα εἵματα ἕςτο.

lacunam post Στασῖνος posuit Welcker, ubi ⟨ἢ Κύπριος⟩ suppl. Wilamowitz Κυπρία Ἁλικαρνασσέων: ⟨οὐ⟩ Κυπρίου, Ἀλ. δ᾽ Hemsterhuys, Κύπρια ⟨μὲν ἐπιγράφεσθαι⟩ Ἀλ. δ᾽ Sengebusch
1 ἱμάρια A: corr. Canter   χροιᾶς τότε αἱ A: corr. Meineke   3 οἷα: ὅσσα Hekker   φοροῦς᾽: φορεῦς᾽ Schneidewin   6–7 vexati: ante hos versus lacunam posuit Meineke ἄνθεσι susp. Kaibel, alii   καὶ λειρίου Meineke: καλλιρρόου A   et ante et post καὶ λειρίου nonnulla excidisse putat Köchly   δ᾽ οἷα A: τοῖ᾽ Meineke olim   δῖ᾽ Ἀφροδίτῃ Casaubon   ὥραις παντοίαις susp. Meineke, alii

5 pergit Athen.

οὗτος ὁ ποιητὴς καὶ τὴν τῶν στεφάνων χρῆσιν εἰδὼς φαίνεται δι᾽ ὧν λέγει·

    ἣ δὲ σὺν ἀμφιπόλοισι φιλομμειδὴς Ἀφροδίτη
    ⟨   ⟩
    πλεξάμεναι στεφάνους εὐώδεας, ἄνθεα γαίης,
    ἃν κεφαλαῖσιν ἔθεντο θεαὶ λιπαροκρήδεμνοι,
    Νύμφαι καὶ Χάριτες, ἅμα δὲ χρυσῆ Ἀφροδίτη,
    5 καλὸν ἀείδουσαι κατ᾽ ὄρος πολυπιδάκου Ἴδης.

lacunam post v. 1 posuit Kaibel (lacunam post v. 2 iam posuit Meineke, Athenaeum ibi πλεξάμενη tradidisse ratus): obloquitur Braswell, Glotta 60 (1982) 221   2 γαίης: ποίης Hecker   3 ἐν κεφαλῇσιν Meineke

6 Clem. Alexandr. *Protrept.* 2.30.4 sq. (1.22 Stählin)

ἀνθρώπω τινὲ τούτω τὼ Διοσκούρω ἐπικήρω ἐγενέσθην, εἴ τωι ἱκανὸς πιστώσασθαι Ὅμηρος τὸ λελεγμένον· (*Il.* 3.24 sq.) ... προσίτω δὲ καὶ ὁ τὰ Κυπριακὰ ποιήματα γράψας·

    Κάστωρ μὲν θνητός, θανάτου δέ οἱ αἶσα πέπρωται·
    αὐτὰρ ὅ γ᾽ ἀθάνατος Πολυδεύκης, ὄζος Ἄρηος.

7 Athen. 8.334ᴮ⁻ᴰ (2.235 Kaibel)

οὐ λανθάνει δέ με καὶ ὅτι κοινῶς πάντες οἱ ἰχθύες καμασῆνες ὑπὸ Ἐμπεδοκλέους (31 B 72 et 74 DK) ἐλέχθησαν τοῦ φυσικοῦ οὕτως καὶ ὅτι ὁ τὰ Κύπρια ποιήσας ἔπη, εἴτε Κύπριός τις ἐστιν ἢ Στασῖνος ἢ ὅστις δή ποτε χαίρει ὀνομαζόμενος, τὴν Νέμεσιν ποιεῖ διωκομένην ὑπὸ Διὸς καὶ εἰς ἰχθὺν μεταμορφουμένην διὰ τούτων·

    τοὺς δὲ μέτα τριτάτην Ἑλένην τέκε, θαῦμα βροτοῖσι
    ⟨   ⟩
    τήν ποτε καλλίκομος Νέμεσις φιλότητι μιγεῖσα
    Ζηνὶ θεῶν βασιλῆι τέκεν κρατερῆς ὑπ᾽ ἀνάγκης.

φεῦγε γὰρ οὐδ' ἔθελεν μιχθήμεναι ἐν φιλότητι
5 πατρὶ Διὶ Κρονίωνι· ἐτείρετο γὰρ φρένας αἰδοῖ
καὶ νεμέσει· κατὰ γῆν δὲ καὶ ἀτρύγετον μέλαν ὕδωρ
φεῦγεν, Ζεὺς δ' ἐδίωκε· λαβεῖν δ' ἐλιλαίετο θυμῶι.
ἄλλοτε μὲν κατὰ κῦμα πολυφλοίσβοιο θαλάσσης
ἰχθύι εἰδομένην, πόντον πολὺν ἐξορόθυνεν,
10 ἄλλοτ' ἂν' Ὠκεανὸν ποταμὸν καὶ πείρατα γαίης,
ἄλλοτ' ἂν' ἤπειρον πολυβώλακα. γίγνετο δ' αἰεὶ
θηρί' ὅσσ' ἤπειρος αἰνὰ τρέφει, ὄφρα φύγοι νιν.

hinc pendet Eust. *Il.* 1321.38 sqq. (4.804 van der Valk): τὸ δὲ ζητεῖν ἐξ ὁποίου ὠιοῦ οἱ Διόσκουροι ... μῦθος ἂν φιλοίη, ὃς οὐδὲ τὴν Λήδαν ἀφίησιν εἶναι αὐτοῖς μητέρα λέγων διὰ τοῦ ποιήσαντος τὰ Κύπρια, ὅτι Διοσκούρους καὶ Ἑλένην ἡ Νέμεσις ἔτεκεν, ἡ διωκομένη, φησίν, ὑπὸ τοῦ Διὸς μετεμορφοῦτο.

ὁ τὰ Κύπρια ποιήσας ἔπη, εἴτε Κύπριός τις ἐστιν ἢ Στασῖνος: ὁ τὰ Κύπρια ποιήσας Κύπριος vel sim. (cf. F 15) fort. voluit Athen.; aliter iudicat West, qui aut Κυπρίας pro Κύπριος scribendum (cf. F 4) aut ἢ ante Στασῖνος delendum censet.

1 τοὺς δὲ Meineke: τοῖς δὲ A   post h. versum lacunam statuit Welcker, recte nisi τέκε corruptum (ἔχε Hecker, τρέφε Ahrens, Schneidewin)   6 κατὰ γῆν Iunius: καταπην A   9 ἐξοροθύνων tent. Kaibel   12 θηρί' ὅσσ' A   αἰνὰ: γ' αἰνὰ Düntzer, δεινὰ Welcker; ἀδινὰ tent. Kaibel, θηρίον ὅσσ' ἤπειρος ἀνατρέφει Schneidewin

8 Philodem. fr. incerti loci (P. Herc. sine numero in apographis Oxoniensibus asservata (*Photographs of the Oxford Facsimiles of Herculanean Papyri* (Londinii 1890) Vol. VI 1573): edidit W. Crönert, *Archiv für Papyrusforschung* 1 (1901) p. 109 n. 1, iterum A. Henrichs, *ZPE* 15 (1974) 302 sq. et W. Luppe, *Philol.* 118 (1974) 196 sqq. (cf. ibid. 119 (1975) 143 sq.)) 2 sqq.

|φη]σίν τ' ὁ τὰ Κύ[πρια | γ]ράψας ὁμοιωθέ[ν|τ]α χηνὶ καὶ αὐτ[ὸν] ||
διώκειν καὶ μιγέν|- [...] ὠιὸν τεκεῖν ‖[ἐξ] οὗ γενέσθαι τὴν ‖[Ἑ]λένην ὡς
δὲ‖[Λή]δας ἐρασθεὶς ‖[ἐγ]ένετο κύκνος, ‖[Εὐ]ρώπης δὲ ταῦ‖[ρος κτλ.

hinc oriuntur Lycophr. 88 sqq. et Σ ad loc. (2.50 Scheer), Apollod. 3.127 = Tzetz. ad Lycophr. loc. cit. (2.48 sq. Scheer), [Eratosth.] *Catast.* 25 (p. 142 Robert = *Mythogr. Graec.* 3 (1) p. 31 Olivieri), Σ *Od.* 11.28; cf. Hor. *A. P.* 147 et Brink ad loc. (*Horace on Poetry* 2.220).

2 suppl. Crönert   τ' suspectum: del. Crönert, γ' Luppe   3 init. suppl. Crönert 3–4 suppl. Luppe, prob. Henrichs (αὐτ[ήν Crönert)   4 καὶ Luppe: KN   5 διώκειν leg. Crönert   μιγέν|τος Henrichs, μιγέν|τας Luppe: ΜΙΓΟΝ   7 suppl. et leg. Crönert: KEN   8 init. suppl. Crönert   ὡς δὲ Luppe, ὡς δ' ἔν[ιοι]| Henrichs: Θ   9 sqq. suppl. Crönert

9 Pausan. 3.16.1 (1.239 Rocha-Pereira) de templis Laconicis
πληcίον δὲ Ἰλαείραc καὶ Φοίβηc ἐcτὶν ἱερόν· ὁ δὲ ποιήcαc τὰ ἔπη τὰ Κύπρια θυγατέραc αὐτὰc Ἀπόλλωνόc φηcιν εἶναι.

10 Σ (MNOA) Eur. *Andr.* 898 (2.305 sq. Schwartz)
Λυcίμαχοc (*F.Gr.Hist.* 382 F 12) καὶ ἄλλοι τινὲc ἱcτοροῦcιν γενέcθαι ἐξ Ἑλένηc καὶ Νικόcτρατον (- cτράτεον N, - cτράταιον O). ὁ δὲ τὰc Κυπριακὰc ἱcτορίαc (*F.Gr.Hist.* 758 F 6) cυντάξαc (cυγγράψαc A) Πλειcθένην (- cθένει NO) φηcί, μεθ' οὗ εἰc Κύπρον ἀφῖχθαι καὶ τὸν ἐξ αὐτῆc τεχθέντα Ἀλεξάνδρωι Ἄγανον (Ἀγανόν N, unde Ἀγαυόν coni. Cobet, Ἀγλαόν Schwartz).

11 Herodot. 2.117
κατὰ ταῦτα δὲ τὰ ἔπεα καὶ τόδε τὸ χωρίον [*Il.* 6.289 sqq., *Od.* 4.227 sqq., ibid. 351 sq.] οὐχ ἥκιcτα ἀλλὰ μάλιcτα δηλοῖ [T 5 supra] ὅτι οὐκ Ὁμήρου τὰ Κύπρια ἔπεά ἐcτι ἀλλ' ἄλλου τινόc. ἐν μὲν γὰρ τοῖcι Κυπρίοιcι εἴρηται ὡc τριταῖοc ἐκ Cπάρτηc Ἀλέξανδροc ἀπίκετο ἐc τὸ Ἴλιον ἄγων Ἑλένην, εὐαέι τε πνεύματι χρηcάμενοc καὶ θαλάccηι λείηι· ἐν δὲ Ἰλιάδι (6 supra cit.) λέγει ὡc ἐπλάζετο ἄγων αὐτήν. Eustath. *Il.* 643.1 sqq. (2.315 van der Valk): ὁ δὲ τὰ Κύπρια ποιήcαc λέγει eadem. cf. Σ Clem. *Protr.* 22.22 (= T 10 supr.): Κύπρια ποιήματα ... περιέχει ἁρπαγὴν Ἑλένηc.

12 Σ AD *Il.* 3.242
Ἑλένη ἁρπαcθεῖcα ὑπὸ Ἀλεξάνδρου ἀγνοοῦcα τὸ cυμβεβηκὸc μεταξὺ τοῖc ἀδελφοῖc Διοcκούροιc κακόν, ὑπολαμβάνει δι' αἰcχύνηc αὐτῆc μὴ πεπορεῦcθαι τούτουc εἰc Ἴλιον, ἐπειδὴ προτέρωc ὑπὸ Θηcέωc ἡρπάcθη, καθὼc προείρηται· διὰ γὰρ τὴν τότε γενομένην ἁρπαγὴν Ἄφιδνα πόλιc Ἀττικῆc πορθεῖται, καὶ τιτρώcκεται Κάcτωρ ὑπὸ Ἀφίδνου τοῦ τότε βαcιλέωc κατὰ τὸν δεξιὸν μηρόν. οἱ δὲ Διόcκουροι Θηcέωc μὴ τυχόντεc λαφυραγωγοῦcι τὰc Ἀθήναc (A: Ἀφίδναc D).

ἡ ἱcτορία παρὰ τοῖc Πολεμωνίοιc ἢ τοῖc (A: ἤτοι D) Κυκλικοῖc, καὶ ἀπὸ μέρουc παρὰ Ἀλκμᾶνι (fr. 21 P) τῶι λυρικῶι. (ἡ ἱcτορία παρὰ Κυκλικοῖc cod. Leidensis Voss 64 Valckenaer, Τελαμωνίοιc pro Πολεμωνίοιc cod. Vat. 915 (vid. Baumeister, *Philol.* 11 (1856) 168)).

ad nostrum carmen referunt complures, prob. Wentzel, *ΕΠΙΘΑΛΑ-ΜΙΟΝ Wolfgang Passow und Helene Passow* 1 (Göttingen 1890) pp. XXII sqq.

13 Σ Pind. *Nem.* 10.110 (61) (3.179 sq. Drachmann) = Didymi Ὑπομνήματα Πινδάρου fr. 53 Schmidt (p. 236)

„ἀπὸ Ταϋγέτου πεδαυγάζων ἴδε Λυγκεὺς δρυὸς ἐν ϲτελέχει ἥμενος·" ὁ μὲν Ἀρίϲταρχοϲ ἀξιοῖ γράφειν ἥμενον, ἀκολούθωϲ τῆι ἐν τοῖϲ Κυπρίοιϲ λεγομένηι ἱϲτορίαι· ὁ γὰρ τὰ Κύπρια ϲυγγράψαϲ φηϲὶ τὸν Κάϲτορα ἐν τῆι δρυῒ κρυφθέντα ὀφθῆναι ὑπὸ Λυγκέωϲ· τῆι δὲ αὐτῆι γραφῆι καὶ Ἀπολλόδωροϲ (*F.Gr.Hist.* 244 F 148) κατηκολούθηϲε. πρὸϲ οὕϲ φηϲι Δίδυμοϲ· ἀμφοτέρων ὑπὸ τῆι δρυῒ λοχώντων, τοῦ τε Κάϲτοροϲ καὶ τοῦ Πολυδεύκουϲ, ⟨πῶϲ suppl. Wilamowitz⟩ μόνον ὁ Λυγκεὺϲ τὸν Κάϲτορα εἶδε; μήποτε οὖν, φηϲι, δεῖ ἀναγινώϲκειν τὴν παραλήγουϲαν ϲυλλαβὴν ὀξυτόνωϲ τοῦ ἡμένοϲ †ὡϲ ἡρμένοϲ†, ἵνα κατ' ἀμφοῖν ἀκούηται· ἴδε Λυγκεὺϲ δρυὸϲ ἐν ϲτελέχει ἡμένοϲ, ἀντὶ τοῦ ἡμένουϲ, δηλονότι τοὺϲ Διοϲκούρουϲ· ὡϲ ἀελλόποϲ καὶ τρίποϲ· „οὐχ ἕδοϲ ἐϲτι, γεραιέ" (*Il.* 11.648) ἀντὶ τοῦ οὐχ ἕδουϲ. παρατίθενται δὲ καὶ τὸν τὰ Κύπρια γράψαντα οὕτω λέγοντα·

αἶψα δὲ Λυγκεὺϲ
Τηΰγετον προϲέβαινε ποϲὶν ταχέεϲϲι πεποιθώϲ.
ἀκρότατον δ' ἀναβὰϲ διεδέρκετο νῆϲον ἅπαϲαν
Τανταλίδεω Πέλοποϲ, τάχα δ' εἴϲιδε κύδιμοϲ ἥρωϲ
5 δεινοῖϲ ὀφθαλμοῖϲιν ἔϲω κοίληϲ δρυὸϲ ἄμφω
Κάϲτορά θ' ἱππόδαμον καὶ ἀεθλοφόρον Πολυδεύκεα.
νύξε δ' ἄρ' ἄγχι ϲτὰϲ μεγάλην δρῦν ...

καὶ τὰ ἑξῆϲ.

cf. Tzetz. *Chil.* 2.713 sqq. Leone

καί γε Σταϲῖνοϲ ... οὕτω τὰ ἔπη γράφων ἡρωικοῖϲ ἐν ἔπεϲι λέγων· αἶψα – Πολ.

⟨πῶϲ⟩ μόνον ὁ Λυγκεὺϲ τὸν Κάϲτορα εἶδε: valde arridet supplementum Wilamowitzii (⟨μῶν⟩ μόνον iam Mommsen, ⟨πῶϲ τούτωι τῶι τρόπωι λοχήϲαντα⟩ μόνον M. Schmidt, qui et ἀνεῖλε pro εἶδε coni.) ὡϲ ἡρμένοϲ aut corrigendum (ἀρμένοϲ Bergk) aut delendum (Drachmann) παρατίθενται codd., def. Severyns: παρατίθεται Bergk

2 Τηΰγετον Tzetzes: Ταϋγ- Σ Pind. ῥαχέεϲϲι Tzetzes ταχέϲϲι B, ταχέεϲι D 4 Τανταλίδεω Schneidewin: Τανταλίδου codd. κύδιμοϲ: ὄ(μ)βριμοϲ Tzetzes 5 δεινοῖϲ D, Tzetzes: εἰν B ὀφθαλμοῖϲιν: ὀφθαλμοῖϲ D κοίληϲ δρυὸϲ ἄμφω coni. Gerhard (ὀφθαλμοῖϲιν ἔϲω κοίληϲ δρυὸϲ ἡμένω ἄμφω iam Heyne): δρυὸϲ ἄμφω κοίληϲ codd. 6 post h. versum lacunam posuit W. Ribbeck, fort. recte 7 ἄγχι ϲτὰϲ Heyne: ἄγχιϲτα D, ἀγχίϲτωρ B unde ἄγχι ϲτὰϲ τὸν Κάϲτορα coni. Heyne

14 Philodem. *de piet.* N 247 V^a 23 + 242 V^a 24 sqq. + 247^b 1 sqq. (vid. A. Henrichs, *Cron. Erc.* 5 (1975) 10 sq.)

τοὺς |²⁴ [δὲ Δι]οςκούρους |[καὶ τ]ὸν Ἡρακλέα |[καὶ] τετελευτη|[κέ]γαι φηcί. Κάcτο|²⁸[ρα δ]ὲ ὑπὸ Εἴδα τοῦ |[Ἀφα]ρέως κατη{ι}[κοντ]ίcθαι γέ-γρα|¹φεν ὁ [τὰ Κύπρια] |ποήcα[c καὶ Φερεκύ]|δης ὁ Ἀ[θηναῖος (*F.Gr.Hist.* 3 F 165) κτλ.

N 242 V^a 24–6 suppl. Schober, 27–30 Bücheler; N 247 V^b 1 suppl. Dietze, 2–3 Nauck

15 Athen. 2.35^C (1.81 Kaibel)

οἶνόν τοι, Μενέλαε, θεοὶ ποίηcαν ἄριcτον
θνητοῖc ἀνθρώποιcιν ἀποcκεδάcαι μελεδώναc.

ὁ τῶν Κυπρίων τοῦτό φηcι ποιητής, ὅcτιc ἂν εἴη (ὁ - εἴη om. E, add. in margine C)   ὁ Κύπριος ποιητὴc φηcιν eadem ap. Sudam s. v. οἶνοc (4.624 Adl.)   ὁ ποιήcαc τὰ Κυπριακά eadem ap. Eust. *Od.* 1623.44

16 Pausan. 10.26.4 (3.151 Rocha-Pereira)

τοῦ δὲ Ἀχιλλέως τῶι παιδὶ Ὅμηρος μὲν Νεοπτόλεμον ὄνομα ἐν ἁπάcηι οἱ τίθεται τῆι ποιήcει· τὰ δὲ Κύπρια ἔπη φηcὶν ὑπὸ Λυκομήδους μὲν Πύρρον, Νεοπτόλεμον δὲ ὄνομα ὑπὸ Φοίνικος αὐτῶι τεθῆναι, ὅτι Ἀχιλλεὺς ἡλικίαι ἔτι νέος πολεμεῖν ἤρξατο.
cf. F 4 incerti loci intra cyclum infra

17 Σ Soph. *El.* 157 (p. 110 Papageorg.)

οἷα Χρυcόθεμιc ζώει καὶ Ἰφιάναccα· ἢ Ὁμήρωι (*Il.* 9.144 = 286) ἀκολουθεῖ (scil. Σοφοκλῆς) εἰρηκότι (ζῆν add. Laur. 2725) τὰς τρεῖς θυγατέρας τοῦ Ἀγαμέμνονος, ἢ ὡς ⟨ὁ⟩ τὰ Κύπρια δ' (διαφόρους Elmsley) φηcίν, Ἰφιγένειαν καὶ Ἰφιάναccαν.

18 Pausan. 4.2.7 (1.275 Rocha-Pereira)

Λυγκέως μὲν δὴ παῖδα οὐκ ἴσμεν γενόμενον, Ἴδα δὲ Κλεοπάτραν θυγατέρα ἐκ Μαρπήccης, ἣ Μελεάγρωι cυνώικηcεν. ὁ δὲ τὰ ἔπη ποιήcας τὰ Κύπρια Πρωτεcιλάου φηcίν, ὃς ὅτε κατὰ τὴν Τρωιάδα ἔcχον Ἕλληνες ἀποβῆναι πρῶτος ἐτόλμηcε, Πρωτεcιλάου τούτου τὴν γυναῖκα Πολυδώραν μὲν τὸ ὄνομα, θυγατέρα δὲ Μελεάγρου φηcὶν εἶναι τοῦ Οἰνέως. εἰ τοίνυν ἐcτὶν ἀληθές, αἱ γυναῖκες αὗται τρεῖς οὖcαι τὸν ἀριθμὸν ἀπὸ Μαρπήccης ἀρξάμεναι προαποθανοῦcι πᾶcαι τοῖς ἀνδράcιν ἑαυτὰς ἐπικατέcφαξαν.

19 Σ Lycophr. 570 (2.197 sq. Scheer)

Σταφύλου τοῦ υἱοῦ Διονύcου θυγάτηρ γίνεται Ῥοιώ. ταύτηι ἐμίγη Ἀπόλλων. αἰcθόμενος δὲ ὁ Στάφυλος ἔβαλεν αὐτὴν εἰς λάρνακα καὶ ἀφῆκε κατὰ τὴν θάλαccαν. ἡ δὲ προcεπελάcθη τῆι Εὐβοίαι καὶ ἐγέννηcεν αὐτόθι περί τι ἄντρον παῖδα, ὃν Ἄνιον ἐκάλεcε διὰ τὸ ἀνιαθῆναι δι' αὐτόν. τοῦτον δὲ Ἀπόλλων ἤνεγκεν εἰς Δῆλον, ὃς γήμας Δωρίππην ἐγέννηcε τὰς Οἰνοτρόπους (-οτρόφους fort. scribendum) Οἰνώ, Σπερμώ, Ἐλαΐδα· αἷς ὁ Διόνυcος ἐχαρίcατο ὁπότε βούλονται cπέρμα λαμβάνειν. Φερεκύδης δὲ (F.Gr.Hist. 3 F 140) φηcιν ὅτι Ἄνιος ἔπειθε (ἔπειcε codd. praeter S) τοὺς Ἕλληνας παραγενομένους πρὸς αὐτὸν αὐτοῦ μένειν τὰ θ' ἔτη· δεδόcθαι δὲ αὐτοῖς παρὰ τῶν θεῶν τῶι δεκάτωι ἔτει πορθῆναι τὴν Ἴλιον. ὑπέcχετο δὲ αὐτοῖς ὑπὸ τῶν θυγατέρων αὐτοῦ τραφήcεcθαι.

ἔcτι δὲ τοῦτο καὶ παρὰ τῶι τὰ Κύπρια πεποιηκότι.

20 Pausan. 10.31.1 sq. (3.162 Rocha-Pereira) de Polygnoti Necyia

εἰ δὲ ἀπίδοις πάλιν ἐς τὸ ἄνω τῆς γραφῆς, ἔcτιν ἐφεξῆς τῶι Ἀκταίωνι Αἴας ὁ ἐκ Σαλαμῖνος καὶ Παλαμήδης τε καὶ Θερcίτης κύβοις χρώμενοι παιδιᾶι, τοῦ Παλαμήδους τῶι εὑρήματι ... ἐς δὲ τὸ αὐτὸ ἐπίτηδες τοῦ Ὀδυccέως τοὺς ἐχθροὺς ἤγαγεν ὁ Πολύγνωτος ... Παλαμήδην δὲ ἀποπνιγῆναι προελθόντα ἐπὶ ἰχθύων θήραν, Διομήδην δὲ τὸν ἀποκτείναντα εἶναι καὶ Ὀδυccέα ἐπιλεξάμενος ἐν ἔπεcιν οἶδα τοῖς Κυπρίοις.

21 Σ T *Il.* 16.57 (4.172 Erbse)

⟨πόλιν εὐτείχεα πέρcας (scil. unde Achilles Briseida cepit)⟩· τὴν Πήδαcον οἱ τῶν Κυπρίων ποιηταί, αὐτὸς δὲ (cf. *Il.* 2.690 sq.) Λυρνηc⟨c⟩όν (suppl. Allen). cημειωτέον δὲ τοῦτο πρὸς τὸ „δῶιcι πόλιν Τροίην εὐτειχέα", ὅτι οὐ μόνον Τροία εὔτειχος.

eadem dicunt τινες ap. Eust. *Il.* 77.30 sqq. (1.123 van der Valk)

22 Eustath. *Il.* 119.4 (1.184 van der Valk)

ἱcτοροῦcι δέ τινες ὅτι ἐκ τῶν Ὑποπλακίων Θηβῶν ἡ Χρυcηὶς ἐλήφθη, οὔτε καταφυγοῦcα ἐκεῖ, οὔτ' ἐπὶ θυcίαν Ἀρτέμιδος ἐλθοῦcα, ὡς ὁ τὰ Κύπρια γράψας ἔφη, ἀλλὰ πολῖτις ἤτοι cυμπολῖτις Ἀνδρομάχης οὖcα.

cf. Sb T *Il.* 1.365 (1.109 Erbse): εἰς Θήβας δὲ ἤκουcα ἡ Χρυcηὶς πρὸς Ἰφινόην τὴν Ἠετίωνος ἀδελφὴν, Ἄκτορος δὲ θυγατέρα, θύουcαν Ἀρτέμιδι, ἥλω ὑπὸ Ἀχιλλέως.

23 Pausan. 10.26.1 (3.150 Rocha-Pereira) de Polygnoti Iliuperside

ἐπὶ δὲ τῆι Κρεούсηι λέγουсιν ὡс ἡ θεῶν μήτηρ καὶ Ἀφροδίτη δουλείαс ἀπὸ Ἑλλήνων αὐτὴν ἐρρύсαντο· εἶναι γὰρ δὴ καὶ Αἰνείου τὴν Κρέουсαν γυναῖκα· Λέсχεωс (Il. Parv. F 22) δὲ καὶ ἔπη τὰ Κύπρια διδόαсιν Εὐρυδίκην γυναῖκα Αἰνείαι.

24 Plato *Euthyphr.* 12^A

λέγω γὰρ δὴ τὸ ἐναντίον ἢ ὁ ποιητὴс ἐποίηсεν ὁ ποιήсαс·
    Ζῆνα δὲ τὸν ἔρξαντα καὶ ὃс τάδε πάντ' ἐφύτευсεν
    οὐκ ἐθέλειс εἰπεῖν· ἵνα γὰρ δέοс ἔνθα καὶ αἰδώс.
ἐγὼ οὖν τούτωι διαφέρομαι τῶι ποιητῆι.

Σ T ad loc. (p. 3 Greene)
ἐπὶ τῶν κατὰ φόβον ἐπιεικῶν. εἴρηται δὲ ἐκ τῶν Σταсίνου Κυπρίων· Ζῆνα κτλ.

Stob. *ecl.* 3.31.12 (3.671 Hense)
Σταсίνου ἐκ τῶν Κυπρίων· Ζῆνα κτλ.

ἵνα – αἰδώс sine auctoris nomine afferunt Plut. *de cohib. ira* 459^D (ὡс ὁ ποιητὴс εἶπεν), *vit. Ag. et Cleom.* 30; Diogenian. *Cent.* 5.30 (1.257 L–S), Apostol. *Cent.* 9.6 (2.463 L–S); vid. etiam Mantiss. *Prov. Cent.* 1.71 (2.755; cf. 2 XV L–S): ἵνα – αἰδώс· Σταсίνου (Σταсίμου cod.)· ἡ γνώμη τοῦ ποιητοῦ ὃс οὕτω φηсί· Ζῆνα κτλ.

1 ἔρξαντα W. Ribbeck: θ' ἔρξ- Platonis codd. BW cτερξ- T, BW v. l., unde τ' ἔρξαντα coni. Merkelbach ῥέξαντα Stob., Mantiss. Prov.   2 ἐθέλειс εἰπεῖν Stob., ἐθέλειν εἰπεῖν Plato ἐθέλεινείκεссιν Σ T Plat. ἐθέλειν εἴκειν Σ Plat. ap. Cramer, *Anecd. Par.* 1.399 sq. unde ἐθέλει νεικεῖν Burnet ἐθέλειν ἀκούειν cod. Marcianus teste Siebenkees   ἵνα γὰρ: ἵνα περ Kaibel

25 Clem. Alexandr. *Strom.* 6.19.1 (2.437 Stählin)

πάλιν Σταсίνου ποιήсαντοс·
    νήπιοс ὃс πατέρα κτείνων παῖδαс καταλείπει.

versum hunc ut παροιμίαν citat Arist. *Rhet.* 1.15.1376^A 6 sq. (p. 70 Kassel) cum v. l. υἱοὺс pro παῖδαс et ibid. 2.21.1395^A 16 sq. (p. 120 Kassel) cum v. l. κτείναс pro κτείνων; etiam citant (cum κτείναс et υἱοὺс) Polyb. 23.10.10 et 15 et ex eo Suda s. v. νήπιος (3.462 Adl.) cum v. l. ἀπο- pro καταλείπει et s. v. Φίλιππος ὁ Μακεδών (4.725 Adl.)

26 Herodian. περὶ μον. λέξ. 1. (*Gr. Gr.* III. 2.914,15 Lentz)

καὶ ἡ νῆcoc (Cαρπηδών) ἰδίωc ἐν Ὠκεανῶι Γοργόνων οἰκητήριον οὖcα, ὡc ὁ τὰ Κύπρια φηcί·
τῶι δ' ὑποκυcαμένη τέκε Γοργόναc, αἰνὰ πέλωρα,
αἳ Cαρπηδόνα ναῖον ἐπ' Ὠκεανῶι βαθυδίνηι,
νῆcον πετρήεccαν.

1 ὑποκυcc- et δεινά cod., corr. Dindorf   2 αἳ Heinrichsen: καὶ   pro ἐπ' tent. Lehrs ἐν   3 ἦ ante νῆcον del. Dindorf

27 Σ MA Eur. *Hec.* 41 (1.17 Schwartz)

τύμβωι φίλον πρόcφαγμα· ὑπὸ Νεοπτολέμου φαcὶν αὐτὴν (scil. Πολυξένην) cφαγιαcθῆναι Εὐριπίδηc καὶ Ἴβυκοc (fr. 307 P). ὁ δὲ τὰ Κυπριακὰ ποιήcαc φηcὶν ὑπὸ Ὀδυccέωc καὶ Διομήδουc ἐν τῆι τῆc πόλεωc ἁλώcει τραυματιcθεῖcαν ἀπολέcθαι, ταφῆναι δὲ ὑπὸ Νεοπτολέμου, ὡc Γλαῦκοc (fort. ὁ Ῥηγῖνοc: vid. E. Hiller, *Rh. Mus.* 41 (1886) 429 sq.) γράφει. ἄλλοι δέ φαcι cυνθέμενον Πριάμωι τὸν Ἀχιλλέα περὶ τοῦ Πολυξένηc γάμου ἀναιρεθῆναι ἐν τῶι τοῦ Θυμβραίου Ἀπόλλωνοc ἄλcει.

P.Oxy. 2513 (de Iphigeniae caede?) ad nostrum carmen dubitanter refert R. Janko, *ZPE* 49 (1982) 28 sqq.: e P.Oxy. 3698 apparet carmen Argonauticum fuisse (vid. M. Haslam, *Oxy. Pap.* 53 (1986) 10 sqq.).

DUBIA

T

de carminis auctore

„Cyprium" inter poetas quibus carmen nostrum tribuitur nominat Athenaeus (334^B = T 8 = F 7 supr.; cf. Sudam s. v. οἶνοc = F I 5 supra); quem in tali re erraviсse nomenque proprium pro ethnico scripsisso veri simile est, nisi „Cypriam" (cf. F 4) voluit: vid. quae ad F 7 adnotavi

F

duo fragmenta apud grammaticos Latinos latere credidit Morel:

1 Charisius (184.16 Barwick): cf. Morel, *Fragmenta Poetarum Latinorum* p. 51

  Naevius (Morel: *Nevius; Ninnius* coni. Scriverius, *Laevius* coni. Vossius) Cypriae Iliadis libro I:
  collum marmoreum torques gemmata coronat.

sec. Morel ad loc., „ab Iliade, quam transtulisse Ninnium constat [cf. FPL ibid.], alienus hic versus ... agitur de Venere pulchre ornata ad subeundum Paridis iudicium": cf. F 4 sq. supra.

2 Priscianus (1.502 Hertz): cf. Morel, *FPL* p. 51 sq.

  Naevius (*Ninnius* coni. Scriverius) in Iliadis secundo:
  penetrat penitus thalamoque potitur

de Iliade cogitant complures, Scriverium secuti; „de Paridis adulterio cum Helena commisso" Morel ad loc., qui ad Cypriam Iliadem refert.

AETHIOPIS
ΑΙΘΙΟΠΙΣ

T

de Arctino auctore

1 Tabula Capitolina (316) = *I. G.* XIV. 1284 p. 332 Kaibel = Jahn-Michaelis A 151 = Sadurska, *Les Tables Iliaques* 1 A (p. 29) a 6 sq. (Pl. I)

  Αἰθιοπὶς κατὰ Ἀρκτῖ-
  νον τὸν Μιλήcιον.

2 Euseb. (Hieron.) *Chron. Ol.* 5.2 (anno 759) p. 87[A] 21 Helm (cf. eundem *Chron.* (Armen.) *Ol.* 4.4 (anno 761) p. 181 Karst)

  Arctinus qui Aethiopida conposuit et Ilii persin agnoscitur.

cf. Procl. *Chrestom.* infra cit. (p. 47) et Arctin. Miles. T 1

fort. de Homero auctore cogitat
  Suda s. v. Ὅμηροc (= Homerus T 1 infra): ἀναφέρεται ... εἰc αὐτὸν ... Ἀμαζονία, Ἰλιὰc Μικρά, Νόcτοι.

3 *de carminis argumento*

(i) Tabula Capitolina supra cit. [T 1] = Sadurska, *Les Tables Iliaques* p. 30 d 1 sqq.

 Ποδάρ]κης, Πενθεςίλεια,
 Ἀχιλλεύς.
 Ἀχιλλεύς,
 Θερςίτης.
5 Ἀχιλλεύς, Μέμνων, Ἀντίλοχος.
 Ἀχιλλεύς, Αἴας, Ὀδυςςεύς.
 Ἀχιλλέως cῶμα, Μοῦςα, Θέτις, Ἀχιλλ[έως ---
 Αἴας
 [μανι]ώδης.

1 Ποδάρ]κης suppl. Fabretti   7 Ἀχιλλ[έως τάφος suppl. Michaelis, Ἀχιλλ[έως εἴδωλον Jahn

hae res et personae delineantur (Sadurska p. 27): Achilles necat Penthesileam (*LIMC* 1.1 p. 166 (748)); idem necat Thersiten (ibid. p. 172 (795)); Memnon necat Antilochum, Memnona Achilles (ibid. p. 179 sq. (845^A)); Achilles interficitur (ibid. p. 183 (854)); Achillis corpus Aiax e proelio evehit (ibid. p. 191 (894)); Thetis et Musa Achillem (?) mortuum deplorant (ibid. p. 194 sq. (898)); Aiax se interficit

(ii) Tabula Veronensis II (Paris Cab. Méd. 3319) = *I. G.* XIV. 1285 p. 33,6 Kaibel = Sadurska, *Les Tables Iliaques* 9 D a (p. 57) 1 sqq. (Pl. XI)

 Πεν|θεςί|ληα Ἀμαζ|ὼν παραγί|νεται. Ἀχιλ|λεὺς| Πενθ|εςίλη|αν ἀπ|οκτεί|νει.| Μέμ|νων Ἀν|τίλοχ|ον ἀπ|οκτε|ίνει. Ἀχιλ|λεὺς| Μέμ|νονα| ἀποκ|τείν|ει.| ἐν τα|ῖς Σκ|αιαῖς πύλα|ις Ἀχι|λλεὺ|ς ὑπὸ [Πάριδος ἀναιρεῖται]

hae res et personae delineantur (Sadurska p. 56): Achilles necat Penthesileam (*LIMC* 1.1 p. 166 (748^A)); Antilochum necat Memnon (ibid. p. 835 (126)), Memnona Achilles (ibid. p. 179 (845)); Achillen necat Paris (ibid. p. 183 (854^A))

(iii) Tabula Iliaca „Thierry"
Sadurska 7 Ti. (p. 52) b 1 sqq. (Pl. X)

 Πενθεςίληα Ἀμαζών | [Μ]έμνων | [φόνο]ς Ἀχιλλέως
 res et personae delineantur sim. atque in (ii) supra

PROCLI AETHIOPIDOS ENARRATIO
Codex unus: Venetus A

Τοῦ αὐτοῦ περὶ Αἰθιοπίδος

Ἐπιβάλλει δὲ τοῖϲ προειρημένοιϲ [ἐν τῆι πρὸ ταύτηϲ βίβλωι] Ἰλιὰϲ Ὁμήρου· μεθ' ἥν ἐστιν Αἰθιοπίδοϲ βιβλία πέντε Ἀρκτίνου Μιληϲίου περιέχοντα τάδε.

Ἀμαζὼν Πενθεϲίλεια παραγίνεται Τρωϲὶ ϲυμμαχήϲουϲα, Ἄρεωϲ μὲν θυγάτηρ, Θρᾶιϲϲα δὲ τὸ γένοϲ· καὶ κτείνει αὐτὴν ἀριστεύουϲαν Ἀχιλλεύϲ, οἱ δὲ Τρῶεϲ αὐτὴν θάπτουϲι.

καὶ Ἀχιλλεὺϲ Θερϲίτην ἀναιρεῖ λοιδορηθεὶϲ πρὸϲ αὐτοῦ καὶ ὀνειδιϲθεὶϲ τὸν ἐπὶ τῆι Πενθεϲιλείαι λεγόμενον ἔρωτα· καὶ ἐκ τούτου ϲτάϲιϲ γίνεται τοῖϲ Ἀχαιοῖϲ περὶ τοῦ Θερϲίτου φόνου.

μετὰ δὲ ταῦτα Ἀχιλλεὺϲ εἰϲ Λέϲβον πλεῖ, καὶ θύϲαϲ Ἀπόλλωνι καὶ Ἀρτέμιδι καὶ Λητοῖ καθαίρεται τοῦ φόνου ὑπ' Ὀδυϲϲέωϲ.

Μέμνων δὲ ὁ Ἠοῦϲ υἱὸϲ ἔχων ἡφαιστότευκτον πανοπλίαν παραγίνεται τοῖϲ Τρωϲὶ βοηθήϲων· καὶ Θέτιϲ τῶι παιδὶ τὰ κατὰ τὸν Μέμνονα προλέγει.

καὶ ϲυμβολῆϲ γενομένηϲ Ἀντίλοχοϲ ὑπὸ Μέμνονοϲ ἀναιρεῖται, ἔπειτα Ἀχιλλεὺϲ Μέμνονα κτείνει· καὶ τούτωι μὲν Ἠὼϲ παρὰ Διὸϲ αἰτηϲαμένη ἀθαναϲίαν δίδωϲι.

τρεψάμενοϲ δ' Ἀχιλλεὺϲ τοὺϲ Τρῶαϲ καὶ εἰϲ τὴν πόλιν ϲυνειϲπεϲὼν ὑπὸ Πάριδοϲ ἀναιρεῖται καὶ Ἀπόλλωνοϲ· καὶ περὶ τοῦ πτώματοϲ γενομένηϲ ἰϲχυρᾶϲ μάχηϲ Αἴαϲ ἀνελόμενοϲ ἐπὶ τὰϲ ναῦϲ κομίζει, Ὀδυϲϲέωϲ ἀπομαχομένου τοῖϲ Τρωϲίν.

ἔπειτα Ἀντίλοχόν τε θάπτουϲι καὶ τὸν νεκρὸν τοῦ Ἀχιλλέωϲ προτίθενται.

καὶ Θέτιϲ ἀφικομένη ϲὺν Μούϲαιϲ καὶ ταῖϲ ἀδελφαῖϲ θρηνεῖ τὸν παῖδα· καὶ μετὰ ταῦτα ἐκ τῆϲ πυρᾶϲ ἡ Θέτιϲ ἀναρπάϲαϲα τὸν παῖδα εἰϲ τὴν Λευκὴν νῆϲον διακομίζει.

οἱ δὲ Ἀχαιοὶ τὸν τάφον χώϲαντεϲ ἀγῶνα τιθέαϲι, καὶ περὶ τῶν Ἀχιλλέωϲ ὅπλων Ὀδυϲϲεῖ καὶ Αἴαντι ϲτάϲιϲ ἐμπίπτει.

Tituli: πρόκλου χρηϲτομαθίαϲ γραμματικῆϲ τὸ δεύτερ(ον) A τοῦ ... Αἰθιοπίδοϲ ex. gr. dedit Severyns: αιθιοπίδοϲ ε̄ ἀρκτίνου A

Critica: 1 sq. ἐν τῆι πρὸ ταύτηϲ βίβλωι uncis seclusit W. Dunn (*Zeitschr. f. d. Alterthumsw.* 2 (1844), col. 781) 2 πέντε Bekker: ε' A 5 θρᾶιϲϲα Heyne: θρᾶϲα A

F

1 Σ Pind. *Isthm.* 4.58 (3.230 sq. Drachmann)

„ἴϲτε μὰν Αἴαντοϲ ἀλκὰν, φοίνιον τὰν ὀψίαι ἐν νυκτὶ ταμών κτλ. ...": τὸ δὲ ὀψίαι ἐν νυκτὶ τριχῶϲ νοεῖται· ἢ γὰρ τὴν ὀψίαν τῆϲ ἡμέραϲ· ὅτε γὰρ ὀψὲ τῆϲ ἡμέραϲ ἐϲτί, τότε ἀρχὴ τῆϲ νυκτόϲ· οἷον ἀφ' ἑϲπέραϲ· ἢ κατὰ τὸ ὀψὲ τῆϲ νυκτόϲ, οἷον τὸ μεϲονύκτιον, μετὰ τὴν ὀψίαν ὥραν τῆϲ νυκτόϲ, ὥϲτε ὅλον ὅμοιον εἶναι τῶι ἐν νυκτὸϲ ἀμολγῶι, ὅτε ἀμέλγουϲι πρὸϲ ἑϲπέραϲ· ἢ τὸ πρὸϲ ἕω, ὅτε ἐϲτὶ τῆϲ νυκτὸϲ ὀψὲ πρὸ τοῦ ὄρθρου. τοῖϲ δὲ τὸν ὄρθρον ἀκούουϲι καὶ τὰ ἀπὸ τῆϲ ἱϲτορίαϲ ϲυνάιδει· ὁ γὰρ τὴν Αἰθιοπίδα γράφων περὶ τὸν ὄρθρον φηϲὶ τὸν Αἴαντα ἑαυτὸν ἀνελεῖν.

fragmentum dubium

P. Oxy. 1611 (13.135 Grenfell-Hunt) saec. iii p. C.
fr. 3:
(135) ...μ̣[/ ον πατ[/ ο δε θα[/ μεγαλ[/ (coronis)
πενθε̣[/ (140) ποϲ ποτ̣[/ θαρϲει π̣[/ οϲ εμ[/ ο̣ εξε̣[

fr. 4:
(145) δρ[..]τ̣[/ „ϲύ, γύναι, τίνοϲ ἔκγον[οϲ / εὔχ[ε]αι εἶναι;"
καὶ τ[ὰ ἑ/]ξῆϲ καὶ ὡϲ ἐκτίθετ[αι /]γοϲ ὅλον
αὐτῆ[ϲ / (150) τὸν] θάνατον καὶ ο̣../...δηϲ δε τον τρ[/
[ἐν] τ[ω] ε [.] ι̣α [/ γ[

fr. 3: 136 sq. ον πατ[έρα κλῄϲαϲ(α)]| ὁ δὲ θα[tent. Allen Πενθε[ϲίλεια (139) et 'θάρϲει, Π[ενθεϲίλεια (141) suppl. idem et ad Aethiopidem refert; obstat οϲ εμ[(ὃϲ ἐμ[veri sim.) (142) de connexione inter fr. 3 et fr. 4 valde dubitatur fr. 4: 146 ἔγγονοϲ Π 149 Ἀρ[ι]κτῖ]γοϲ suppl. Allen et ad Aethiopidem refert; sed displicet divisio Ἀρ[ικτ (Ἀ|ρκτ exspectes) et]γοϲ dubium (etiam]α̣ιοϲ vel]λ̣ιοϲ possis)

fragmentum spurium

Σ T *Il.* 24.804 (5.642 Erbse)

„ὣϲ οἵ γ' ἀμφίεπον τάφον Ἕκτοροϲ ἱπποδάμοιο"· τινὲϲ γράφουϲιν·
 ὣϲ οἵ γ' ἀμφίεπον τάφον Ἕκτοροϲ· ἦλθε δ' Ἀμαζὼν
 Ἄρηοϲ θυγάτηρ μεγαλήτοροϲ ἀνδροφόνοιο.

his versibus incepisse Aethiopidem credunt multi, nullis testimoniis adductis; vehementer obloquitur Wilamowitz (*Hom. Unt.* p. 373), recte ut opinor.
similia invenies ap. P. Lit. Lond. 6 (inv. 1873: saec. i p. C.) in H. J. M. Milne, *Catalogue of the Literary Papyri in the British Museum* ((Londinii, 1927) p. 19) 42 sq. ὣϲ οἵ γ' - Ἀμαζὼν | Ὀτρήρ[η](ϲ) (suppl. Croenert) θυγάτηρ ἐϋειδὴϲ Πενθεϲίλ(ε)ια (suppl. Milne)

ILIAS PARVA
ΙΛΙΑΣ ΜΙΚΡΑ

T
DE AUCTORE

de Homero auctore

1 *Vita Hom. Herodot.* 192 sqq. Allen = 15-16 p. 9.21 sqq. Wilamowitz

ἀπικόμενος δὲ ἐς Φωκαίην (scil. Ὅμηρος) τῶι αὐτῶι τρόπωι ἐβιότευεν, ἔπεα ἐνδεικνύμενος ἐν ταῖς λέςχαις κατίζων. ἐν δὲ τῆι Φωκαίηι τοῦτον τὸν χρόνον Θεςτορίδης τις ἦν γράμματα διδάςκων τοὺς παῖδας, ἀνὴρ οὐ κρήγυος· κατανοήςας δὲ τοῦ Ὁμήρου τὴν ποίηςιν λόγους τοιούςδε αὐτῶι προςήνεγκε, φὰς ἕτοιμος εἶναι θεραπεύειν καὶ τρέφειν αὐτὸν ἀναλαβών, εἰ ἐθέλοι ἅ τε πεποιημένα εἴη αὐτῶι τῶν ἐπέων ἀναγράψαςθαι καὶ ἄλλα ποιῶν πρὸς ἑωυτὸν ἀναφέρειν αἰεί. (16) τῶι δὲ Ὁμήρωι ἀκούςαντι ἔδοξε ποιητέα εἶναι ταῦτα· ἐνδεὴς γὰρ ἦν τῶν ἀναγκαίων καὶ θεραπείης. διατρίβων δὲ παρὰ τῶι Θεςτορίδηι ποιεῖ Ἰλιάδα τὴν ἐλάςςω, ἧς ἐςτιν ἀρχή [F 1 infra cit.] καὶ τὴν καλουμένην Φωκαΐδα (Τ) ἥν φαςιν οἱ Φωκαεῖς Ὅμηρον παρ' αὐτοῖςι ποιῆςαι. ἐπεὶ δὲ τήν τε Φωκαΐδα καὶ τἆλλα πάντα παρὰ τοῦ Ὁμήρου ὁ Θεςτορίδης ἐγράψατο, διενοήθη ἐκ τῆς Φωκαίης ἀπαλλάςςεςθαι, τὴν ποίηςιν θέλων τοῦ Ὁμήρου ἐξιδιώςαςθαι· καὶ οὐκέτι ὁμοίως ἐν ἐπιμελείαι εἶχε τὸν Ὅμηρον. ὁ δὲ λέγει αὐτῶι τὰ ἔπεα τάδε (Hom. epigr. 8 Markwald)·

Θεςτορίδη θνητοῖςιν ἀνωΐςτων πολέων περ
οὐδὲν ἀφραςτότερον πέλεται νόου ἀνθρώποιο.

ὁ μὲν δὴ Θεςτορίδης ἐκ τῆς Φωκαίης ἀπηλλάγη ἐς τὴν Χίον καὶ διδαςκαλεῖον κατεςκευάςατο καὶ τὰ ἔπεα ἐπιδεικνύμενος ὡς ἑωυτοῦ ἐόντα ἔπαινόν τε πολλὸν εἶχε καὶ ὠφελεῖτο· ὁ δὲ Ὅμηρος πάλιν τὸν αὐτὸν τρόπον διηιτᾶτο ἐν τῆι Φωκαίηι ἀπὸ τῆς ποιήςιος τὴν βιοτὴν ἔχων.

vid. etiam Sudam s.v. Ὅμηρος (= Homeri T 1): ἀναφέρεται δὲ εἰς αὐτὸν καὶ ἄλλα τινὰ ποιήματα· ... Ἰλιὰς μικρά.

de Thestoride aliisque auctoribus

2 Σ A Eur. *Troad.* 822 (2.365 Schwartz)

„Λαομέδοντιε παῖ"· τὸν Γανυμήδην καθ' Ὅμηρον (*Il.* 5.265, 20.231) Τρωὸς ὄντα παῖδα Λαομέδοντος νῦν εἶπεν ἀκολουθήςας τῶι τὴν μικρὰν Ἰλιάδα πεποιηκότι, ὃν οἱ μὲν Θεςτορίδην Φωκαιέα (Schwartz: Φωκέα) φαcίν, οἱ δὲ Κιναίθωνα Λακεδαιμόνιον ὡς Ἑλλάνικος (Hermann: Μελάν-; ,fort. grammaticus' sec. Jacoby), οἱ δὲ Διόδωρον Ἐρυθραῖον (sequitur F 6 infra cit.).

Tzetz. exeg. in *Il.*

Ἰλιὰς ἡ παροῦcα ποίηcιc ἐπιγέγραπται· Ὁμήρου δὲ πρὸς ἀντιδιαcτολὴν τῶν μικρῶν Ἰλιάδων. καὶ γὰρ Λέcχης Πυρραῖος, Κιναίθων τέ τις Λακεδαιμόνιος καὶ ὁ Ἐρυθραῖος Διόδωρος ... καὶ ἕτεροι Ἰλιάδας συγγεγραφήκεcαν.

de Lesche auctore

3 Tabula Capitolina (316) = *I. G.* XIV. 1284 p. 332 Kaibel = Jahn-Michaelis A 151 = Sadurska, *Les Tables Iliaques* 1^A (p. 29) a 8 sqq. (Pl. I)

Ἰλιὰς ἡ μικρὰ λε-
γομένη κατὰ
Λέcχην Πυρραῖον.

cf. Tabulam Iliacam ,Thierry' Sadurska 7 Ti. (p. 52) a (Pl. X)

Ἰλιὰς μεικρὰ κα[τὰ Λέcχην Πυρραῖον]

cf. et Tzetz. exeg. in Il. supra cit. (T 2), F 12 infra cit.

4^A Euseb. (Hieron.) *Chron. Ol.* 30.1 (anno 660) p. 94^B, 25 Helm (cf. eundem (Armen.) *Chron. Ol.* 30.2 (anno 659) p. 185 Karst)

Alcmaeon clarus habetur et Lesches Lesbius qui parvam fecit Iliadem.

4^B Syncelli *Eclog. Chronogr.* 402 sine anno (p. 253 Mosshammer)

Λέcχης Λέcβιος ὁ τὴν μικρὰν Ἰλιάδα ποιήcας ... ἤκμαζεν.

similiter pocula Homerica et Procli enarratio infra cit. (pp. 51 sqq.)

de carminis argumento

5 Arist. *Poet.* 23.1459^A 37 sqq. (p. 39 sq. Kassel)

οἱ δ' ἄλλοι (scil. praeter Homerum) περὶ ἕνα ποιοῦcι καὶ περὶ ἕνα χρόνον καὶ μίαν πρᾶξιν πολυμερῆ, οἷον ὁ τὰ Κύπρια ποιήcας (T 13) καὶ τὴν μικρὰν Ἰλιάδα. τοιγαροῦν ἐκ μὲν Ἰλιάδος καὶ Ὀδυccείας μία τραγωιδία ποιεῖται ἑκατέρας ἢ δύο μόναι, ἐκ δὲ Κυπρίων πολλαὶ καὶ τῆς μικρᾶς Ἰλιάδος { { πλέον } ὀκτώ, οἷον Ὅπλων Κρίςις, Φιλοκτήτης, λοκτήτης, Νεοπτόλεμος, Εὐρύπυλος, πτωχεία, Λάκαιναι, Ἰλίου Πέρςις καὶ ἀπόπλους καὶ Σίνων καὶ Τρωιάδες }.

πλέον ... Τρωιάδες interpolatori tribuunt Else, Kassel (πλέον et καὶ Σίνων καὶ Τρωιάδες alteri interpolatori tribuunt idem, Hermanno praeeunte); cf. West, *ZPE* 48 (1982) 86

6 Tabula Capitolina supra cit. [T 3] = Sadurska, *Les Tables Iliaques* p. 30 e 1 sqq.

---] Εὐρύπυλος, Νεοπτόλεμος.
Ὀδυςςεύς, Διομήδης, Παλ(λ)άς.
Δούρηος ἵππος, Τρωιάδες καὶ Φρύγες ἀνάγουςι τὸν ἵππον. Πρίαμος, Σίνων, Καςςάνδρα', Σκαιὰ πύλη.

hae res et personae delineantur (Sadurska p. 27 sq.): Paris (?) vulneratus moritur (*LIMC* 1.1 p. 520 (S 103)); Eurypylus (?) sollemnia facit et Priamo (?) fidem dat; Eurypylus cum Neoptolemo pugnat; Diomedes et Ulysses Palladium rapiunt; equum ligneum Troiani in arcem ducunt Priamo, Sinone, Cassandra praesentibus

7 pocula quae ‚Homerica' vocantur
vid. U. Sinn, *Die Homerischen Becher* (Berol. 1979) pp. 94 sqq.

(i) MB 27 (prius in Staatl. Mus. Berol. (Inv. 3371) conservatum): Sinn p. 94 sq.

κατὰ ποιητὴν Λέςχην | ἐκ τῆς μικρᾶς Ἰλιάδος·| καταφυγόντος τοῦ | Πριάμου ἐπὶ τὸν βωμὸν|ν τοῦ Ἑρκείου Διὸς ἀ|ποςπάςας Νεοπτό|λεμος ἀπὸ τοῦ βω|μοῦ πρὸς τῆι οἰκί|αι κατέςφαξεν.
οἰκία Πριάμο[υ], Νεοπτόλεμος, Διὸς Ἑρκείου, βωμός, Πρίαμος [Νεο]πτό[λεμ]ος, Πρ[ία]μος, Ἑ[κά]βη.
hae res et personae delineantur: Priamus fugit ad Iovis aram, Neoptolemo insectante; Neoptolemus Priamum necat ad Iovis aram, Hecuba adstante

(ii) MB 31 (prius in Staatl. Mus. Berol. (Inv. 3161 l.) conservatum): Sinn p. 97 (et p. 95)
κατὰ ποιητὴν Λέςχην | ἐκ τῆς μικρᾶς Ἰλιάδος·| ἐν τῶι Ἰλίωι οἱ ςύμμα[χοι]| μείξαντες πρὸς | τοὺς Ἀχαιοὺς | μάχην.
res et personae: pugna Graecorum et Troianorum

(iii) MB 32 (prius in Staatl. Mus. Berol. (Inv. 3161 m) conservatum):
Sinn p. 97
[κατὰ ποιητὴν Λέςχην]| ἐκ τῆς μικρᾶς Ἰλιάδος· | Ἕκτωρ καὶ οἱ
ςύμμα[χοι]| μείξαντες πρὸς | τοὺς Ἀχαιοὺς | μάχην.
res et personae: ut in (ii) supra
similia (sed sine Leschis nomine) in MB 28–30 (Sinn p. 94 sqq.)

PROCLI ILIADIS PARVAE ENARRATIO

Codex unus: Venetus A

Τοῦ αὐτοῦ περὶ Ἰλιάδος μικρᾶς

Ἑξῆς δ' ἐςτὶν Ἰλιάδος μικρᾶς βιβλία τέςςαρα Λέςχεω Μυτιληναίου περιέχοντα τάδε.

Ἡ τῶν ὅπλων κρίςις γίνεται καὶ Ὀδυςςεὺς κατὰ βούληςιν Ἀθηνᾶς λαμβάνει, Αἴας δ' ἐμμανὴς γενόμενος τήν τε λείαν
5 τῶν Ἀχαιῶν λυμαίνεται καὶ ἑαυτὸν ἀναιρεῖ.

μετὰ ταῦτα Ὀδυςςεὺς λοχήςας Ἕλενον λαμβάνει, καὶ χρήςαντος περὶ τῆς ἁλώςεως τούτου Διομήδης ἐκ Λήμνου Φιλοκτήτην ἀνάγει. ἰαθεὶς δὲ οὗτος ὑπὸ Μαχάονος καὶ μονομαχήςας Ἀλεξάνδρωι κτείνει· καὶ τὸν νεκρὸν ὑπὸ Μενελάου
10 καταικιςθέντα ἀνελόμενοι θάπτουςιν οἱ Τρῶες.

μετὰ δὲ ταῦτα Δηΐφοβος Ἑλένην γαμεῖ.

καὶ Νεοπτόλεμον Ὀδυςςεὺς ἐκ Σκύρου ἀγαγὼν τὰ ὅπλα δίδωςι τὰ τοῦ πατρός· καὶ Ἀχιλλεὺς αὐτῶι φαντάζεται.

Εὐρύπυλος δὲ ὁ Τηλέφου ἐπίκουρος τοῖς Τρωςὶ παραγίνε-
15 ται, καὶ ἀριστεύοντα αὐτὸν ἀποκτείνει Νεοπτόλεμος.

καὶ οἱ Τρῶες πολιορκοῦνται.

καὶ Ἐπειὸς κατ' Ἀθηνᾶς προαίρεςιν τὸν δούρειον ἵππον καταςκευάζει.

Ὀδυςςεύς τε αἰκιςάμενος ἑαυτὸν κατάςκοπος εἰς Ἴλιον πα-
20 ραγίνεται, καὶ ἀναγνωριςθεὶς ὑφ' Ἑλένης περὶ τῆς ἁλώςεως τῆς πόλεως ςυντίθεται κτείνας τέ τινας τῶν Τρώων ἐπὶ τὰς ναῦς ἀφικνεῖται.

καὶ μετὰ ταῦτα ςὺν Διομήδει τὸ παλλάδιον ἐκκομίζει ἐκ τῆς Ἰλίου.
25 ἔπειτα εἰς τὸν δούρειον ἵππον τοὺς ἀρίςτους ἐμβιβάςαντες τάς τε ςκηνὰς καταφλέξαντες οἱ λοιποὶ τῶν Ἑλλήνων εἰς Τένεδον ἀνάγονται.

οἱ δὲ Τρῶες τῶν κακῶν ὑπολαβόντες ἀπηλλάχθαι τόν τε
δούρειον ἵππον εἰς τὴν πόλιν εἰςδέχονται, διελόντες μέρος τι
30 τοῦ τείχους, καὶ εὐωχοῦνται ὡς νενικηκότες τοὺς Ἕλληνας.

Tituli: τοῦ ... μικρᾶς ex. gr. dedit Severyns: ἰλιάδος μικρᾶς δ̄ λέςχεω A
Critica: 1sq. Μυτιληναίου Heyne: μιτυ- A   περιέχοντα τάδε Heyne: περιέ-
χοντάδε A   4 τήν τε λείαν Heyne: τὴν τελείαν A   7 sq. Φιλοκτήτην Heyne: φι-
λόκτητον A   11 Δηΐφοβος Heyne: διήφοβος A

epitomam illam in Pap. Rylands 22 servatam quae de Palladio Neoptolemo Eurypylo hoc ordine agit e nostro carmine ductam esse putat Severyns, *Serta Leodensia* ((Mélanges de philologie classiques publiés à l'occasion du centenaire de l'indépendance de la Belgique) Bibl. de la Fac. de Philos. et Lettres de l'Univ. de Liège 44 (1930)) pp. 305 sqq., in primis 319 sqq.

F

1 Vit. Hom. Herodotea = T 1 supra cit.

Ἰλιάδα τὴν ἐλάςςω ἧς ἡ ἀρχή·
 Ἴλιον ἀείδω καὶ Δαρδανίην εὔπωλον
 ἧς πέρι πολλὰ πάθον Δαναοὶ θεράποντες Ἄρηος.

Ἴλιον – Δαρδανίην exhibet ostracon Olbiae repertum, saec. V a. C.
(ed. Vinogradov, *Vestnik Drevnej Istorii* 3 (109) (1969) 142 sqq.)

2ᴬ ΣArist. *Eq.* 1056 (I.2.233 sq. Jones-Wilson)

(I) „καί κε γυνὴ φέροι" ἡ ἱςτορία τοῦτον τὸν τρόπον ἔχει. ὅτι διεφέροντο περὶ τῶν ἀριςτείων ὅ τε Αἴας καὶ ὁ Ὀδυςςεύς, ὥς φηςιν ὁ τὴν μικρὰν Ἰλιάδα πεποιηκώς· τὸν Νέςτορα δὲ ςυμβουλεῦςαι τοῖς Ἕλληςι πέμψαι τινὰς ἐξ αὐτῶν ὑπὸ τὰ τείχη τῶν Τρώων, ὠτακουςτήςοντας περὶ τῆς ἀνδρείας τῶν προειρημένων ἡρώων. τοὺς δὲ πεμφθέντας ἀκοῦςαι παρθένων διαφερομένων πρὸς ἀλλήλας, ὧν τὴν μὲν λέγειν ὡς ὁ Αἴας πολὺ κρείττων ἐςτὶ τοῦ Ὀδυςςέως, διερχομένην οὕτως·
 Αἴας μὲν γὰρ ἄειρε καὶ ἔκφερε δηϊοτῆτος
 ἥρω Πηλεΐδην οὐδ' ἤθελε δῖος Ὀδυςςεύς
τὴν δ' ἑτέραν ἀντειπεῖν Ἀθηνᾶς προνοίαι·
 πῶς ἐπεφώνηςω; πῶς οὐ κατὰ κόςμον ἔειπες;
 {ψεῦδος}
 ⟨καί κε γυνὴ φέροι ἄχθος ἐπεί κεν ἀνὴρ ἀναθείη·
 ἀλλ' οὐκ ἂν μαχέςαιτο⟩
τοῦτο δὲ ἵνα δείξηι ὡς Δημοςθένους οὐ τοῦ Κλέωνος τὸ κατόρθωμα.

ψεῦδος ut glossema ad οὐ κατὰ κόςμον adscriptum del. Hermann και κε γυνὴ ... μαχέςαιτο ex Aristophanis *Eq.* 1056 sq. post ἔειπες suppl. idem („alioqui carmen nullo modo ad Aristophanis locum spectat") χέςαιτο γὰρ εἰ μαχέςαιτο pergit Aristophanes loc. cit., unde χάςαιτο γὰρ εἰ μαχέςαιτο tempt. von Blumenthal ut hexametrum suppleret

(II) ἄλλως· τοῦτο ἐκ τοῦ Κύκλου ἀφείλκυςται. λέγεται δὲ ἀπὸ τῶν Τρωιάδων κρινουςῶν τὸν Αἴαντα καὶ τὸν Ὀδυςςέα. λέγεται δὲ ὅτι οὐ τὸ τοῦ Αἴαντος ἔργον ἀλλὰ τὸ τοῦ Ὀδυςςέως.

2B ΣH *Od.* 11.547

„παῖδες Τρώων δίκαςαν καὶ Παλλὰς Ἀθήνη" (scil. de Achillis armis)· οἱ φονευθέντες ὑπὸ Ὀδυςςέως ὅτε Αἴας τὸ πτῶμα Ἀχιλλέως ἐβάςταζεν. ἀθετεῖ Ἀρίςταρχος. ἡ δὲ ἱςτορία ἐκ τῶν Κυκλικῶν.

3 Porphyrii *Paralipomena* fr. 4 Schrader (*Hermes* 14 (1879) 235) ap. Eustath. 285.34 sqq. (1.439 van der Valk)

(ἱςτορεῖ δὲ ὁ Πορφύριος ...) καὶ ὅτι ὁ τὴν μικρὰν Ἰλιάδα γράψας ἱςτορεῖ μηδὲ καυθῆναι ςυνήθως τὸν Αἴαντα, τεθῆναι δὲ οὕτως (αὕτως coni. Schrader) ἐν ςορῶι διὰ τὴν ὀργὴν τοῦ βαςιλέως.

4A ΣΤ *Il.* 19.326 (4.635 Erbse)

„ὃς Σκύρωι μοι ἐνὶ τρέφεται ⟨φίλος υἱός⟩·" τινὲς μὲν ἐκεῖ ἐκτεθῆναι αὐτὸν (scil. Ἀχιλλέα) ὑπὸ Θέτιδος. ὁ δὲ τὴν μικρὰν Ἰλιάδα ἀναζευγνύντα αὐτὸν ἀπὸ Τηλέφου προςορμιςθῆναι ἐκεῖ·

Πηλείδην δ' Ἀχιλῆα φέρεν Σκῦρόνδε θύελλα
ἔνθα γ' ἐς ἀργαλέον λιμέν' ἵκετο νυκτὸς ἐκείνης.

ἔςτι δὲ νῆςος ἐν τῆι Εὐβοίαι λιμένας ἔχουςα Ἀχίλλειον καὶ Κρήςιον. Eustath. 1187.16 sqq. (4.339 van der Valk)

ὁ δὲ τὴν μικρὰν Ἰλιάδα γράψας φηςὶ τὸν Ἀχιλῆα ἐκ Τηλέφου τοῦ Μυςοῦ ἀναζευγνύντα προςορμιςθῆναι ἐκεῖ. γράφει γὰρ οὕτω· Πηλείδην – ἐκείνης.

4B cf. Σ b *Il.* 19.326 (4.636 Erbse) = Cramer, *Anecd. Gr. Par.* 3.26

φαςὶν Ἀχιλλέα ἀπὸ τῆς πρὸς Τήλεφον ἀναζευγνύντα μάχης προςορμιςθῆναι ἐκεῖ· Πηλείδην – θύελλα. ἔςτι δὲ κτλ.

1 φέρεν: φέρε Eust. Σκῦρόνδε: Σκῦρονδε Σ E⁴ Σκύρονδε ΣBCE³ Σκῦρον δέ Eust. οὔρωνδε ΣΤ   2 ἔνθα γ': ἔνθ' ὅ γ' Eust.   ἐς: εἰς ΣΤ   ἐς ἀργαλέον suspectum habuerunt Peppmüller (qui ἄρ' ὅ γ' ἀςπάςιος coni.), Weil (qui ἐς ἁρπαλίον): def. Severyns   ἵκετο Eust. V^corr. (V^c?): ἄκετο ΣΤ   ἐκείνης: ἀμολγῶι Schneidewin

5 ΣΤ *Il.* 16.142 (4.195 Erbse)

„ἀλλά μιν οἶος ἐπίςτατο πῆλαι"... οἱ δὲ πλάττονται λέγοντες ὡς Πηλεὺς μὲν παρὰ Χείρωνος ἔμαθε τὴν χρῆςιν αὐτῆς, Ἀχιλλεὺς δὲ παρὰ Πηλέως, ὁ δὲ οὐδένα ἐδίδαξεν. καὶ ὁ τῆς μικρᾶς Ἰλιάδος ποιητής·

<blockquote>
ἀμφὶ δὲ πόρκης
χρύςεος ἀςτράπτει καὶ ἐπ' αὐτῶι δίκροος αἰχμή
</blockquote>

ΣPind. *Nem.* 6.55 (3.112 Drachmann)

(ἔγχεος ζακότοιο)· οὐκ ἐκ παραδρομῆς δὲ ζάκοτον εἶπε τὸ δόρυ τοῦ Ἀχιλλέως, ... ἀλλ ὅτι ἰδιαίτερον παρὰ (B: περὶ D) τὰ ἄλλα κατεςκεύαςτο. δίκρουν γὰρ, ὥςτε δύο ἀκμὰς (αἰχμὰς Hermann) ἔχειν (B: ἔχει D) καὶ μιᾶι βολῆι {ὥςτε del. Brunck, Bauck} διςςὰ τὰ τραύματα ἀπεργάζεςθαι. καὶ Αἰςχύλος ἐν Νηρεΐcι (*Tr. G. F.* 3 F 148 (Radt)) ... καὶ Σοφοκλῆς ἐν Ἀχιλλέως ἐραςταῖς (*Tr. G. F.* 4 F 152 (Radt): cf. fr. mel. adesp. 1015 P) ... μετάγουςι δὲ τὴν ἱςτορίαν ἀπὸ τῆς Λέςχου μικρᾶς Ἰλιάδος λέγοντος (Beck: -ντες codd.) οὕτως· ἀμφὶ δέ κτλ.

1 πόρκης Σ*Il.*: πόρκις vel πόρκος ΣPind. 2 ἀςτράπτει: fort. ἄςτραπτεν (West) ἐπ' αὐτῶι ΣPind.: ἐπ' αὐτῶν Σ *Il.* δίκροος αἰχμή coni. Heyne: δίκρος αἰχμῆς Σ *Il.*, δίκροος vel δίκρυος δίη Σ Pind., unde δίκροος ἄρδις coni. Scaliger

6 ΣA Eur. *Troad.* 822 (2.365 Schwartz)

„Λαομεδόντιε παῖ"· τὸν Γανυμήδην καθ' Ὅμηρον (*Il.* 5.265, 20.231) Τρωὸς ὄντα παῖδα Λαομέδοντος νῦν εἶπεν ἀκολουθήςας τῶι τὴν μικρὰν Ἰλιάδα πεποιηκότι, ὃν οἱ μὲν Θεςτορίδην Φωκαιέα (Schwartz: Φωκέα) φαςίν, οἱ δὲ Κιναίθωνα Λακεδαιμόνιον ὡς Ἑλλάνικος (Hermann: Μελάνικος; ‚fort. grammaticus' sec. Jacoby) οἱ δὲ Διόδωρον Ἐρυθραῖον. φηςὶ δὲ οὕτως·

<blockquote>
ἄμπελον ἣν Κρονίδης ἔπορεν οὗ παιδὸς ἄποινα
χρυςείοις φύλλοιςιν † ἀγανοῖςι κομόωςαν
βότρυςί θ' οὓς Ἥφαιςτος ἐπαςκήςας Διὶ πατρὶ
δῶχ', ὁ δὲ Λαομέδοντι πόρεν Γανυμήδεος ἀντί.
</blockquote>

Σ Eur. *Or.* 1391 (1.222 sq. Schwartz)

„Γανυμήδεος ἱπποςύνα"... τινὲς δὲ οὐχ' ἵππους, ἀλλὰ χρυςῆν ἄμπελόν φαςι δεδόςθαι ὑπὲρ Γανυμήδους, καθάπερ ἐν Κύκλωι λέγεται· ἄμπελον – ἀντί.

1 οὗ codd. omnes: οἱ Nitzsch ἄποινα: ἄπεινα Σ *Or.* T 2 χρυςείην φύλλοιςιν Σ *Or.* ἀγανοῖςι (ἀγανοῖς Σ *Or.* M) valde suspectum: ἀγαννοῖςι Barnes, ἀγαυοῖςι

Jortin, ἀγαυροῖϲι Osann ἀγανοῖϲιν φύλλοιϲιν tempt. Müller κομόωϲαν: κυμ- Σ Or. T **3** βότρυϲί θ': βότρυϲι τοὺϲ Σ Or. MTB **3 sq.** Διὶ πατρὶ | δῶχ', ὁ δέ: πατρὶ δῶκεν | αὐτὰρ (ἀτὰρ Σ Or. MT) ὁ Σ Or.

7 Pausan. 3.26.9 (1.270 Rocha-Pereira)

Μαχάονα δὲ ὑπὸ Εὐρυπύλου τοῦ Τηλέφου τελευτῆϲαί φηϲιν ὁ τὰ ἔπη ποιήϲαϲ τὴν μικρὰν Ἰλιάδα.

8 ΣLycophr. 780 (2.246 Scheer)

ὁ τὴν μικρὰν Ἰλιάδα γράψαϲ φηϲὶ τρωθῆναι τὸν Ὀδυϲϲέα ὑπὸ Θόαντοϲ ὅτε εἰϲ Τροίαν ἀνήρχοντο.

9 Hesych. s. v. Διομήδειοϲ ἀνάγκη (1.460 Latte)

παροιμία· Κλέαρχοϲ (fr. 68 Wehrli (3².29)) μέν φηϲι Διομήδουϲ θυγατέραϲ γενέϲθαι πάνυ μοχθηράϲ, αἷϲ ἀναγκάζειν πληϲιάζειν τινὰϲ καὶ εὐθὺϲ αὐτοὺϲ φονεύειν. ὁ δὲ τὴν μικρὰν Ἰλιάδα φηϲὶν ἐπὶ τῆϲ τοῦ Παλλαδίου κλοπῆϲ γενέϲθαι.
cf. Pausan. δ 14 Erbse (*Untersuch. z. d. Attizistischen Lexica ADAW Berlin* phil.-hist. Kl. (1950) p. 172) et Erbse ad loc.

10 Apollod. *ep.* 5.14 (p. 208 Wagner)

ὕϲτερον δὲ ἐπινοεῖ δουρείου ἵππου καταϲκευὴν (scil. Ὀδυϲϲεύϲ) καὶ ὑποτίθεται Ἐπειῶι ὃϲ ἦν ἀρχιτέκτων. οὗτοϲ ἀπὸ τῆϲ (E: ἐπὶ τῶν) Ἴδηϲ ξύλα τεμὼν ἵππον καταϲκευάζει κοῖλον, ἔνδοθεν εἰϲ τὰϲ πλευρὰϲ ἀνεωιγμένον. εἰϲ τοῦτο Ὀδυϲϲεὺϲ εἰϲελθεῖν πείθει πεντήκοντα τοὺϲ ἀρίϲτουϲ, ὡϲ δὲ ὁ τὴν μικρὰν γράψαϲ Ἰλιάδα φηϲὶ ιγ (Severyns: .γ Apollod. *ep.*).

11ᴬ ΣMB Eur. *Hec.* 910 (1.71 sq. Schwartz)

Καλλιϲθένηϲ ἐν β' τῶν Ἑλληνικῶν (*F.Gr.Hist.* 124 F 10ᴬ) οὕτωϲ γράφει ,ἑάλω μὲν ἡ Τροία Θαργηλιῶνοϲ μηνόϲ, ὡϲ μέν τινεϲ τῶν ἱϲτορικῶν, ιβ' (Schwartz: ν' M, η' B) ἱϲταμένου, ὡϲ δὲ ὁ τὴν μικρὰν Ἰλιάδα η' (B: ὀγδόην M) φθίνοντοϲ. διορίζει γὰρ αὐτὸϲ τὴν ἅλωϲιν φάϲκων ϲυμβῆναι τότε τὴν κατάληψιν, ἡνίκα

νὺξ μὲν ἔην μέϲϲη, λαμπρὰ δ' ἐπέτελλε ϲελήνη.

μεϲονύκτιοϲ δὲ μόνον τῆι ὀγδόηι φθίνοντοϲ ἀνατέλλει, ἐν ἄλληι (Schwartz: ἀνατέλειεν ἄλλη M, ἀνατέλλει ἄλλα B) δ' οὔ.'

11^B Clem. Alexandr. *Strom.* 1.104.1 (1.67 Stählin) = Euseb. *Praep. Evang.* 10.12.2 (1.603 sq. Mras)

κατὰ δὲ τὸ ὀκτωκαιδέκατον ἔτος τῆς Ἀγαμέμνονος βασιλείας Ἴλιον ἑάλω. Δημοφῶντος τοῦ Θηςέως βασιλεύοντος Ἀθήνηςι τῶι πρώτωι ἔτει, Θαργηλιῶνος μηνὸς δευτέραι ἐπὶ δέκα, ὥς φηςι Διονύςιος ὁ Ἀργεῖος (*F.Gr.Hist.* 308 F 1: Δεινίας ὁ Ἀργεῖος (*F.Gr.Hist.* 306) coni. Valckenaer)· Ἀγίας ((Valckenaer: Αἰγίας Clem., Ἆγις Euseb.) *F.Gr. Hist.* 305 F 2) δὲ καὶ Δερκύλος (*F.Gr.Hist.* ib.) ἐν τῆι τρίτηι μηνὸς Πανήμου ὀγδόηι φθίνοντος. Ἑλλάνικος (*F.Gr.Hist.* 4 F 152^A/323^A F 21^B) δὲ (Jacoby: γὰρ Clem.; om. Euseb., del. Tannery) δωδεκάτηι Θαργηλιῶνος μηνός· καί τινες τῶν τὰ Ἀττικὰ ςυγγραψαμένων (*F.Gr.Hist.* 329 F 3) ὀγδόηι φθίνοντος, βασιλεύοντος τὸ τελευταῖον ἔτος Μενεςθέως, πληθυούςης ςελήνης. ‚νὺξ μὲν ἔην', φηςὶν ὁ τὴν μικρὰν Ἰλιάδα πεποιηκὼς ‚μέςατα, λαμπρὰ δ' ἐπέτελλε ςελάνα.' ἕτεροι δὲ Σκιροφοριῶνος τῆι αὐτῆι ἡμέραι.

11^C Tzetz. in Lycophr. 344 (2.134 Scheer)

ὁ Σίνων ὡς ἦν αὐτῶι ςυντεθειμένον, φρυκτὸν ὑποδείξας τοῖς Ἕλληςιν ὡς ὁ Λέςχης φηςὶν ἡνίκα ‚νὺξ μὲν' κτλ.
cf. Tzetz. *Posthom.* 720, 773

μέςςη: μέςη Σ Eur. MB, μεςςάτα Clemens, Euseb.   ἐπέτελλε: ἐπέςτελλε Σ Eur. M   ςελήνη: ςελάνα Clemens, Euseb.   hi quare h. versum dialecto Dorica scriptum praeberent nemo adhuc naviter explicavit

F 12–18; 21–23 Polygnoti Iliupersin describunt

12 Pausan. 10.25.5 (3.148 Rocha-Pereira)

πληςίον δὲ τοῦ Ἑλένου Μέγης ἐςτί· τέτρωται δὲ τὸν βραχίονα ὁ Μέγης, καθὰ δὴ καὶ Λέςχεως (sic codd. R^sv Pa Vb: Λέςχης β) ὁ Αἰςχυλίνου (Dindorf: Αἰςχυλήνου β) Πυρραῖος ἐν Ἰλίου περςίδι (*sic*) ἐποίηςε· τρωθῆναι δὲ ὑπὸ τὴν μάχην τοῦτον, ἣν ἐν τῆι νυκτὶ ἐμαχέςαντο οἱ Τρῶες, ὑπὸ Ἀδμήτου φηςὶ τοῦ Αὐγείου. γέγραπται δὲ καὶ Λυκομήδης παρὰ τὸν Μέγητα ὁ Κρέοντος, ἔχων τραῦμα ἐπὶ τῶι καρπῶι· Λέςχεως οὕτω φηςιν αὐτὸν ὑπὸ Ἀγήνορος τρωθῆναι. δῆλα οὖν ὡς ἄλλως γε οὐκ ἂν ὁ Πολύγνωτος ἔγραψεν οὕτω τὰ ἕλκη ςφίςιν, εἰ μὴ ἐπελέξατο τὴν ποίηςιν τοῦ Λέςχεω (RPa Va Vb: Λεςχέως β).

13 Pausan. 10.26.7 (3.152 Rocha-Pereira)

Ὅμηρος μέν γε ἐδήλωσεν ἐν Ἰλιάδι Μενελάου καὶ Ὀδυσσέως ξενίαν παρὰ Ἀντήνορι, καὶ ὡς Ἑλικάονι ἡ Λαοδίκη συνοικοίη τῶι Ἀντήνορος (*Il.* 3.205 sqq.; ibid. 123 sq.). Λέσχεως δὲ τετρωμένον τὸν Ἑλικάονα ἐν τῆι νυκτομαχίαι γνωρισθῆναί τε ὑπὸ Ὀδυσσέως καὶ ἐξαχθῆναι ζῶντα ἐκ τῆς μάχης φησίν.

14 Pausan. 10.26.4 (3.151 Rocha-Pereira)

Νεοπτόλεμος ἀπεκτονώς ἐστιν Ἔλασον, ὅστις δὴ ὁ Ἔλασος. οὗτος μὲν δὴ ὀλίγον ἐμπνέοντι ἔτι εἴκασται· Ἀστύνοον δέ, οὗ δὴ ἐποιήσατο καὶ Λέσχεως μνήμην, πεπτωκότα ἐς γόνυ ὁ Νεοπτόλεμος ξίφει παίει.

15 Pausan. 10.27.1 sq. (3.153 Rocha-Pereira)

νεκροὶ δέ, ὁ μὲν γυμνὸς Πῆλις ὄνομα ἐπὶ τὸν νῶτόν ἐστιν ἐρριμμένος, ὑπὸ δὲ τὸν Πῆλιν Ἡιονεύς τε κεῖται καὶ Ἄδμητος ἐνδεδυκότες ἔτι τοὺς θώρακας· καὶ αὐτῶν Λέσχεως Ἡιονέα ὑπὸ Νεοπτολέμου, τὸν δὲ ὑπὸ Φιλοκτήτου φησὶν ἀποθανεῖν τὸν Ἄδμητον.

16 pergit Pausanias

ἀφίκετο μὲν δὴ ἐπὶ τὸν Κασσάνδρας ὁ Κόροιβος γάμον, ἀπέθανε δέ, ὡς μὲν ὁ πλείων λόγος, ὑπὸ Νεοπτολέμου, Λέσχεως δὲ ὑπὸ Διομήδους ἐποίησεν.

17 pergit Pausanias

Πρίαμον δὲ ⟨οὐκ⟩ ἀποθανεῖν ἔφη Λέσχεως ἐπὶ τῆι ἐσχάραι τοῦ Ἑρκείου, ἀλλὰ ἀποσπασθέντα ἀπὸ τοῦ βωμοῦ πάρεργον τῶι Νεοπτολέμωι πρὸς ταῖς τῆς οἰκίας γενέσθαι θύραις.

18 pergit idem

[praecedit Stesichori fr. 198 P]

Ἀξίονα δὲ παῖδα εἶναι Πριάμου Λέσχεως καὶ ἀποθανεῖν αὐτὸν ὑπὸ Εὐρυπύλου τοῦ Εὐαίμονός φησι. τοῦ Ἀγήνορος δὲ κατὰ τὸν αὐτὸν ποιητὴν Νεοπτόλεμος αὐτόχειρ ἐστί.

19 ΣLR Arist. *Lysistr.* 155 (p. 9 Stein)

‚ὁ γῶν Μενέλαος τᾶς Ἑλένας τὰ μᾶλά παι|γυμνᾶς παραυιδὼν ἐξέβαλ' οἰῶ τὸ ξίφος'· ἡ ἱστορία παρ' Ἰβύκωι (fr. 296 P)· τὰ δὲ αὐτὰ καὶ Λέσχης ὁ Πυρραῖος (Λέσχος Πυραῖος L) ἐν τῆι μικρᾶι Ἰλιάδι (sic L: τὰ δὲ - Ἰλιάδι om. R). καὶ Εὐριπίδης (*Andr.* 629 sqq.).

20 Tzetz. in Lycophr. 1268 (2.360 Scheer)

Λέςχης δ' ὁ τὴν μικρὰν Ἰλιάδα πεποιηκὼς Ἀνδρομάχην καὶ Αἰνείαν αἰχμαλώτους φηςὶ δοθῆναι τῶι Ἀχιλλέως υἱῶι Νεοπτολέμωι καὶ ἀπαχθῆναι ςὺν αὐτῶι εἰς Φαρςαλίαν τὴν Ἀχιλλέως πατρίδα. φηςὶ δὲ οὕτωςί·

XIX

αὐτὰρ Ἀχιλλῆος μεγαθύμου φαίδιμος υἱὸς
Ἑκτορέην ἄλοχον κάταγε(ν) κοίλας ἐπὶ νῆας.
παῖδα δ' ἑλὼν ἐκ κόλπου ἐϋπλοκάμοιο τιθήνης
ῥῖψε ποδὸς τεταγὼν ἀπὸ πύργου, τὸν δὲ πεςόντα
5 ἔλλαβε πορφύρεος θάνατος καὶ μοῖρα κραταιή.

(6) ἐκ δ' ἕλετ' Ἀνδρομάχην, ἠΰζωνον παράκοιτιν
Ἕκτορος, ἥν τέ οἱ αὐτῶι ἀριςτῆες Παναχαιῶν
δῶκαν ἔχειν ἐπίηρον ἀμειβόμενοι γέρας ἀνδρί,
αὐτόν τ' Ἀγχίςαο κλυτὸν γόνον ἱπποδάμοιο
(10) Αἰνείαν ἐν νηυςὶν ἐβήςατο ποντοπόροιςιν
ἐκ πάντων Δαναῶν ἀγέμεν γέρας ἔξοχον ἄλλων.

cf. Tzetz. in Lycophr. 1232 = F dub. 1 infr.

vv. 6–11 supra citatos Simiae tribuit Σ Eur. *Andr.* 14 (2.250 sq. Schwartz): δορὸς γέρας· Σιμίας ἐν τῆι Γοργόνι (fr. 3 (spurium) Fränkel = fr. 6 Powell) Ἀνδρομάχην φηςὶ καὶ Αἰνείαν γέρας δοθῆναι Νεοπτολέμωι λέγων οὕτως· ἐκ δ' ἔλ. - ἄλλων.

4 πεςόντα τ' b   6 ἐκ ... ἀνδρί (8) om. Tz. cod. γ¹   ἐκ δ' ἔλετ' Σ Eur., Tz. codd. b γ²: ἐκ δ' ἔλεν Tz. codd. rell.   ἰΰζων Σ Eur. παράκοιτιν: παρακοίτην Σ Eur. cod. M   7 οἱ αὐτῶι: οἱ αὐτῶι οἱ Tz. cod. a, οἱ αὐτῶ Σ Eur. codd. MO, οἱ αὐτοὶ coni. Wilamowitz   Παναχαιῶν ... ἄλλων (11) om. ΣEur. cod. O   8 ἀνδρί susp. Schwartz   9 αὐτόν τ' Tz.: αὐτόν τῆς Σ Eur. cod. M   ἱπποδ-: ὑποδ- Σ Eur. cod. M   10 Αἰνείην: Αἰνείαν Tz., Σ Eur. cod. M   ἐμής̆ατο coni. Schwartz

cf. ad Iliup. F 3 infra

21 Pausan. 10.25.9 (3.149 Rocha-Pereira)

γυναῖκες δὲ αἱ Τρωιάδες αἰχμαλώτοις τε ἤδη καὶ ὀδυρομέναις ἐοίκαςι. γέγραπται μὲν Ἀνδρομάχη, καὶ ὁ παῖς οἱ προςέςτηκεν ἑλόμενος τοῦ μαςτοῦ· τούτωι Λέςχεως ῥιφέντι (sic RVaVb: ῥιφθέντι β) ἀπὸ τοῦ πύργου ςυμβῆναι λέγει τὴν τελευτήν, οὐ μὴν ὑπὸ δόγματός γε Ἑλλήνων, ἀλλ' ἰδίαι Νεοπτόλεμον αὐτόχειρα ἐθελῆςαι γενέςθαι.

cf. Eustath. *Il.* 1373.45 (4.979 van der Valk)

οἱ δὲ μεθ' Ὅμηρον ἱςτοροῦςι, φάμενοι τὸν Ἀςτυάνακτα κατὰ τοῦ τείχους ῥιφῆναι διὰ τὰ εἰς τοὺς Ἀχαιοὺς κακὰ τοῦ πατρός, ἃ καὶ ἡ γυνὴ ἐκτίθεται.

22 Pausan. 10.26.1 sq. (3.150 Rocha-Pereira)

ἐπὶ δὲ τῆι Κρεούςηι λέγουςιν ὡς ἡ θεῶν μήτηρ καὶ Ἀφροδίτη δουλείας ἀπὸ Ἑλλήνων αὐτὴν ἐρρύςαντο· εἶναι γὰρ δὴ καὶ Αἰνείου τὴν Κρέουςαν γυναῖκα· Λέςχεως δὲ καὶ ἔπη τὰ Κύπρια (F 23) διδόαςιν Εὐρυδίκην γυναῖκα Αἰνείαι. γεγραμμέναι δὲ ἐπὶ κρήνης (Robertson: κλίνης) ὑπὲρ ταύτας Δηϊνόμη τε καὶ Μητιόχη καὶ Πεῖςίς ἐςτι καὶ Κλεοδίκη· τούτων ἐν Ἰλιάδι καλουμένηι μικρᾶι μόνης ἐςτὶ τὸ ὄνομα τῆς Δηϊνόμης, τῶν δ' ἄλλων ἐμοὶ δοκεῖν ςυνέθηκε τὰ ὀνόματα ὁ Πολύγνωτος.

23 Pausan. 10.25.8 (3.149 Rocha-Pereira)

Λέςχεως δὲ ἐς τὴν Αἴθραν ἐποίηςεν, ἡνίκα ἡλίςκετο Ἴλιον, ὑπεξελθοῦςαν ἐς τὸ ςτρατόπεδον αὐτὴν ἀφικέςθαι τὸ Ἑλλήνων καὶ ὑπὸ τῶν παίδων γνωριςθῆναι τῶν Θηςέως, καὶ ὡς παρ' Ἀγαμέμνονος αἰτῆςαι Δημοφῶν αὐτήν· ὁ δὲ ἐκείνωι μὲν ἐθέλειν χαρίζεςθαι, ποιήςειν δὲ οὐ πρότερον ἔφη πρὶν Ἑλένην πεῖςαι· ἀποςτείλαντι δὲ αὐτῶι κήρυκα ἔδωκε Ἑλένη τὴν χάριν.

cf. Iliup. F 4 quod nostro carmini tribuit Robert

DUBIA

1 Tzetz. in Lycophr. 1232 (2.352 Scheer)

ὕςτερον δὲ τῆς Τροίας πορθουμένης ἐλευθερωθεὶς ὑφ' Ἑλλήνων ὁ αὐτὸς Αἰνείας, ἢ αἰχμάλωτος ἀχθεὶς ὑπὸ Νεοπτολέμου, ὥς φηςιν ὁ τὴν μικρὰν Ἰλιάδα πεποιηκώς (hactenus eadem habemus atque in F 20 (6) sqq.) καὶ μετὰ τὴν ὑπὸ Ὀρέςτου ἐν Δελφοῖς τοῦ Νεοπτολέμου ἀναίρεςιν ἐλευθερωθεὶς οἰκεῖ πρῶτον τὰς περὶ Ῥαίκηλον καὶ Ἀλμωνίαν πόλεις Μακεδονικὰς πληςίον Κιςςίου ὄρους κειμένας, τὸ δὲ Ῥαίκηλον ἀπὸ τούτου Αἶνος ἐκλήθη.

cf. F 20 (6)-(11) supra: quae hic et illic Iliada Parvam narravisse testatur Tzetz., illic ΣEur. *Andr.* Simiae tribuit

2 Plutarch. *conv. sept. sap.* 153^F (1.315 sq. Paton-Wegehaupt-Pohlenz) = Hes. T 30 Jacoby (p. 119 sq.)

ἀκούομεν γὰρ ὅτι καὶ πρὸς τὰς Ἀμφιδάμαντος ταφὰς εἰς Χαλκίδα τῶν τότε ςοφῶν οἱ δοκιμώτατοι {ποιηταὶ del. Larsen} ςυνῆλθον· ἦν δὲ ὁ Ἀμφιδάμας ἀνὴρ πολεμικὸς καὶ πολλὰ πράγματα παραςχὼν Ἐρετριεῦςιν ἐν ταῖς περὶ Ληλάντου μάχαις ἔπεςεν. ἐπεὶ δὲ τὰ παρεςκευαςμένα τοῖς ποιηταῖς ἔπη χαλεπὴν καὶ δύςκολον ἐποίει τὴν κρίcιν διὰ τὸ ἐφάμιλλον, ἥ τε δόξα τῶν ἀγωνιςτῶν {Ὁμήρου καὶ Ἡcιόδου del. Wilamowitz} πολλὴν ἀπορίαν μετ' αἰδοῦς τοῖς κρίνουςι παρεῖχεν, ἐτράποντο πρὸς τοιαύτας ἐρωτήςεις καὶ προὔβαλ' ὁ μέν (v.l. -βάλ(λ)ομεν: -βαλ(λ)ε μὲν) ὥς φηςι Λέςχης (v.l. φαςι Λ., unde Λέςχης del. B. Müller),

   Μοῦcά μοι ἔννεπε κεῖνα τὰ μήτ' ἐγένοντο πάροιθε
   μήτ' ἔcται μετόπιcθεν,
ἀπεκρίνατο δ' Ἡcίοδος ἐκ τοῦ παρατυχόντος
   ἀλλ' ὅταν ἀμφὶ Διὸς τύμβωι καναχήποδες ἵπποι
   ἅρματα cυντρίψωcιν ἐπειγόμενοι περὶ νίκης.
καὶ διὰ τοῦτο λέγεται μάλιcτα θαυμαcθεὶc τοῦ τρίποδος τυχεῖν.

3 Athen. 2.73ᴱ (1.172 Kaibel)
[praecedit Matronis Pitanaei fr. 537 *Suppl. Hell.*]
 καὶ Λευχης·
   ὡς δ' ὅτ' ἀέξηται cικυὸς δροcερῶι ἐνὶ χώρωι.
pro Λευχης (C) vel Λάχης (E) tent. Kaibel Λέςχης (vel Διεύχης)

ILIVPERSIS
ΙΛΙΟΥ ΠΕΡΣΙΣ

T

1 Fragmentum Sartianum („Dessin Sarti") = *I. G.* XIV. 1286 p. 338 Kaibel = Jahn-Michaelis B = Sadurska, *Les Tables Iliaques* 6 B (p. 49) (Pl. IX)

 [Ἰλιάδα καὶ Ὀ]δύccειαν ῥαψωιδῶν μη´, Ἰλίου Πέρc[ιδα

2 Tabula Veronensis II (Paris Cab. Méd. 3319) = *I. G.* XIV. 1285 p. 336 Kaibel = Jahn-Michaelis D = Sadurska, sup. cit. 9 D b (p. 57) 1 sqq. (Pl. XI)

 [Νεο|πτό|λεμ|ος ἀ]π[οκ]τείνε|ι Πρί|αμον | καὶ | Ἀγήν|ορα | Πολυ|ποίτη|ς Ἐχ|ετον | Θραςυ|μήδ|ης Νι|(κ)αίν|ετον Φιλοκ|τήτης | Διοπ|ίθην | Διο-[---
Διο[μήδης fort. supplendum ad fin.
monendum est haec ad Stesichori *Iliup.* retulisse Jahn p. 38

PROCLI ILIUPERSIDOS ENARRATIO
Codex unus: Venetus A

Τοῦ αὐτοῦ περὶ Ἰλίου πέρcιδοc

Ἕπεται δὲ τούτοιc Ἰλίου πέρcιδοc βιβλία δύο Ἀρκτίνου Μιληcίου περιέχοντα τάδε.

ὡc τὰ περὶ τὸν ἵππον οἱ Τρῶεc ὑπόπτωc ἔχοντεc περιcτάντεc βουλεύονται ὅ τι χρὴ ποιεῖν· καὶ τοῖc μὲν δοκεῖ κα-
5 τακρημνίcαι αὐτόν, τοῖc δὲ καταφλέγειν, οἱ δὲ ἱερὸν αὐτὸν ἔφαcαν δεῖν τῆι Ἀθηνᾶι ἀνατεθῆναι· καὶ τέλοc νικᾶι ἡ τούτων γνώμη.

τραπέντεc δὲ εἰc εὐφροcύνην εὐωχοῦνται ὡc ἀπηλλαγμένοι τοῦ πολέμου.
10 ἐν αὐτῶι δὲ τούτωι δύο δράκοντεc ἐπιφανέντεc τόν τε Λαοκόωντα καὶ τὸν ἕτερον τῶν παίδων διαφθείρουcιν.

ἐπὶ δὲ τῶι τέρατι δυcφορήcαντεc οἱ περὶ τὸν Αἰνείαν ὑπεξῆλθον εἰc τὴν Ἴδην.

καὶ Cίνων τοὺc πυρcοὺc ἀνίcχει τοῖc Ἀχαιοῖc, πρότερον
15 εἰcεληλυθὼc προcποίητοc.

οἱ δὲ ἐκ Τενέδου προcπλεύcαντεc καὶ οἱ ἐκ τοῦ δουρείου ἵππου ἐπιπίπτουcι τοῖc πολεμίοιc καὶ πολλοὺc ἀνελόντεc τὴν πόλιν κατὰ κράτοc λαμβάνουcι.

καὶ Νεοπτόλεμοc μὲν ἀποκτείνει Πρίαμον ἐπὶ τὸν τοῦ
20 Διὸc τοῦ ἑρκείου βωμὸν καταφυγόντα.

Μενέλαοc δὲ ἀνευρὼν Ἑλένην ἐπὶ τὰc ναῦc κατάγει, Δηίφοβον φονεύcαc.

Καccάνδραν δὲ Αἴαc ὁ Ἰλέωc πρὸc βίαν ἀποcπῶν cυνεφέλκεται τὸ τῆc Ἀθηνᾶc ξόανον. ἐφ' ὧι παροξυνθέντεc οἱ
25 Ἕλληνεc καταλεῦcαι βουλεύονται τὸν Αἴαντα. ὁ δὲ ἐπὶ τὸν τῆc Ἀθηνᾶc βωμὸν καταφεύγει καὶ διαcώιζεται ἐκ τοῦ ἐπικειμένου κινδύνου.

ἔπειτα ἀποπλέουcιν οἱ Ἕλληνεc, καὶ φθορὰν αὐτοῖc ἡ Ἀθηνᾶ κατὰ τὸ πέλαγοc μηχανᾶται.
30 καὶ Ὀδυccέωc Ἀcτυάνακτα ἀνελόντοc,
Νεοπτόλεμοc Ἀνδρομάχην γέραc λαμβάνει.
καὶ τὰ λοιπὰ λάφυρα διανέμονται.
Δημοφῶν δὲ καὶ Ἀκάμαc Αἴθραν εὑρόντεc ἄγουcι μεθ' ἑαυτῶν.
35 ἔπειτα ἐμπρήcαντεc τὴν πόλιν
Πολυξένην cφαγιάζουcιν ἐπὶ τὸν τοῦ Ἀχιλλέωc τάφον.

ILIVPERSIS F 63

Tituli: τοῦ ... πέρcιδοc ex.gr. dedit Severyns: ἰλίου περcίδοc β̄ ἀρκτίνου A
Critica: **1** δύο Bekker: β´ A   **10** δὲ τούτωι δύο Welcker (vel potius Anonymus quidam „S" in *Allg. Literatur-Zeitung,* April 1840, col. 518): δὲ τ᾽ vac. litt. sex δύο A   **21** Ἑλένην Heyne: ἔλενον A

F

1 ΣΤb *Il.* 11.515 (3.222 sq. Erbse) = *Asclepius, A Collection and Interpretation of the Testimonies* 1 (E.J. et L.Edelstein) T 141

„ἰούc τ᾽ ἐκτάμνειν ⟨ἐπί τ᾽ ἤπια φάρμακα πάccειν⟩"·... ἔνιοι δέ φαcιν ὡc οὐδὲ ἐπὶ πάνταc τοὺc ἰατροὺc ὁ ἔπαινοc οὗτόc ἐcτι κοινόc, ἀλλ᾽ ἐπὶ τὸν Μαχάονα, ὃν μόνον χειρουργεῖν τινεc λέγουcι (T: ἀλλὰ τὸν Μαχάονα μόνον χειρουργεῖν θέλουcι b)· τὸν γὰρ Ποδαλείριον διαιτᾶcθαι νόcουc (T: διαιτᾶcθαι φαcι τὰc νόcουc b, ‚fort. rectius' sec. Erbse). καὶ τεκμήριον τούτου (T: ὅτι b)· Ἀγαμέμνων τρωθέντοc Μενελάου οὐκ ἄμφω ἐπὶ τὴν θεραπείαν (T: οὐ Ποδαλείριον b) καλεῖ, ἀλλὰ τὸν Μαχάονα (cf. *Il.* 4.193 sqq.). [b T]

τοῦτο ἔοικε καὶ Ἀρκτῖνοc ἐν Ἰλίου πορθήcει (sic) νομίζειν, ἐν οἷc φηcι·

   αὐτὸc γάρ cφιν ἔδωκε πατὴρ †Ἐνοcίγαιοc πεcεῖν†
   ἀμφοτέροιc, ἕτερον δ᾽ ἑτέρου κυδίον᾽ ἔθηκε·
   τῶι μὲν κουφοτέραc χεῖραc πόρεν, ἔκ τε βέλεμνα
   cαρκὸc ἑλεῖν τμῆξαί τε καὶ ἕλκεα πάντ᾽ ἀκέcαcθαι,
5 τῶι δ᾽ ἄρ᾽ ἀκριβέα πάντα ἐνὶ cτήθεccιν ἔθηκεν
   ἄcκοπά τε γνῶναι καὶ ἀναλθέα ἰάcαcθαι·
   ὅc ῥα καὶ Αἴαντοc πρῶτοc μάθε χωομένοιο
   ὄμματά τ᾽ ἀcτράπτοντα βαρυνόμενόν τε νόημα. [T]

sim. Eustath. *Il.* 859.42 sqq. (3.244 van der Valk) = T 142 Edelstein

τεκμήριον δὲ ὁ βαcιλεὺc εἰc θεραπείαν τοῦ Μενελάου βληθέντοc καλέcαc τὸν Μαχάονα οὐ μὴν τὸν Ποδαλείριον· μαρτυρεῖ δὲ καὶ τὰ ἱcτορούμενα ἔπη τὰ ἐπὶ τῆι Τρωικῆι πορθήcει ἐν οἷc φέρεται περὶ Ποδαλειρίου καὶ Μαχάονοc, ὡc ἄμφω μὲν Ποcειδῶνοc ἦcαν, ἕτερον δ᾽ ἑτέρου κυδίον᾽ ἔθηκεν ὁ Ποcειδῶν δηλαδή, τῶι μὲν – νόημα.

1 Ἐνοcίγαιοc πεcεῖν T: κλυτὸc Ἐννοcίγαιοc Heyne   **2** κυδίον᾽: κύδιον᾽ T, κυδιόν᾽ Eust.   **5** πάντα ἐνὶ Schneidewin: πάντ᾽ ἐνὶ T, Eust., πάντ᾽ εἰνὶ Welcker   cτήθεccιν Eust.: cτήθεcιν T   **6** τε γνῶναι καὶ Eust.: τε γνῶναι καὶ κ᾽ T   ἀναλθέα ἰάcαcθαι: ἀναλθέ᾽ οἴcαcθαι Eust. ἰήcαcθαι Kinkel   **8** ὄμματά τ᾽ ἀcτρ.: ὄμματ᾽ ἀcτρ. Eust.

2 (i) Scholia varia in Verg. *Aen.* 2.15 (cf. Timpanaro, *Stud. Urb.* 31 (1957) 156 sqq. = *Contributi di filologia e di storia della lingua latina* pp. 429 sqq.)

(a) Schol. Monacens. lat. 18059 [saec. XI] (I p. LXXXIV n. 1 Thilo-Hagen)

Arctinus (Timpanaro: aractinus cod.) dicit fuisse (scil. equum Troianum) in longitudine pedes C. et in latitudine pedes l (Timpanaro: b) cuius caudam et genua mobilia fuisse tradidit.

(b) Schol. Turonens. Bernens. lat. 165 [saec. IX] (J. J. Savage, *HSCP* 36 (1925) 142)

quidam dicunt habuisse eum (scil. equum Troianum) in longitudine C. pedes, in latitudine L., cuius oculos et genua mobilia tradunt, quod Vergilius et Homerus probant.

(ii) Serv. Daniel. in Verg. *Aen.* 2.150 (2.362 ed. Harv.)

hunc tamen equum quidam longum centum viginti ⟨pedes add. Burman, prob. Timpanaro⟩, latum triginta fuisse tradunt, cuius cauda, genua, oculi moverentur (Timpanaro: moventur).

3 Σ Eur. *Andr.* 10 (2.249 Schwartz)

Λυcανίαc ... φηcι ... contra quem Xanthus Lyd. *F. Gr. Hist.* 765 F 21:

Cτηcίχορον μὲν γὰρ ἱcτορεῖν (fr. 202 P) ὅτι τεθνήκοι (scil. ὁ Ἀcτυάναξ) καὶ τὸν τὴν πέρcιδα cυντεταχότα κυκλικὸν ποιητὴν ὅτι καὶ ἀπὸ τοῦ τείχουc ῥιφθείη. ὧι ἠκολουθηκέναι Εὐριπίδην.

fragmentum hoc et quod sequitur Iliadi Parvae tribuit Robert: cf. Il. Parv. F 20 supra

4 Σ Eur. *Troad.* 31 (2.349 Schwartz)

„Ἀθηναίων τε Θηcεῖδαι πρόμοι"· ἔνιοι ταῦτά φαcι πρὸc χάριν εἰρῆcθαι. μηδ(ὲν) (Cobet: μὴ A) γὰρ εἰληφέναι {ἐκ del. Cobet} τοὺc περὶ Ἀκάμαντα καὶ Δημοφῶντα ἐκ τῶν λαφύρων ἀλλὰ μόνην τὴν Αἴθραν, δι' ἣν καὶ ἀφίκοντο εἰc Ἴλιον, Μενεcθέωc ἡγουμένου. Λυcίμαχοc (*F. Gr. Hist.* 382 F 14) δὲ τὸν τὴν πέρcιδα (Cobet: περcηίδα A) πεποιηκότα φηcὶ γράφειν οὕτωc·

Θηcείδαιc δ' ἔπορεν δῶρα κρείων Ἀγαμέμνων
ἠδὲ Μενεcθῆϊ μεγαλήτορι ποιμένι λαῶν.

cf. Demosth. *Epitaph*. 60.29

ἐμέμνηντ' Ἀκαμαντίδαι τῶν ἐπῶν ἐν οἷc Ὅμηροc ἕνεκα τῆc μητρόc φηcιν Αἴθραc Ἀκάμαντ' εἰc Τροίαν cτεῖλαι
'Acamantidas Arctinum pro Homero habuisse in re tali' coni. Allen

fragmentum dubium

Dion. Hal. *ant. rom.* 1.68.2 sqq.

πολλὰ δὲ καὶ ἄλλα ἐν ἱεροῖc ἀρχαίοιc εἴδωλα τῶν θεῶν τούτων ἐθεαcάμεθα, καὶ ἐν ἅπαcι νεανίcκοι δύο cτρατιωτικὰ cχήματα ἔχοντεc φαίνονται. ὁρᾶν μὲν δὴ ταῦτα ἔξεcτιν, ἀκούειν δὲ καὶ γράφειν ὑπὲρ αὐτῶν ἃ Καλλίcτρατόc τε ὁ περὶ Cαμοθρᾴκηc cυνταξάμενοc ἱcτορεῖ (*F.Gr.Hist.* 433 F 10) καὶ Cάτυροc ὁ τοὺc ἀρχαίουc μύθουc cυναγαγὼν (*F.Gr.Hist.* 20 F 1) καὶ ἄλλοι cυχνοί, παλαιότατοc δὲ ὧν ἡμεῖc ἴcμεν, ποιητὴc Ἀρκτῖνοc. λέγουcι γοῦν ὧδε·

Χρύcην τὴν Πάλλαντοc θυγατέρα γημαμένην Δαρδάνωι φερνὰc ἐπενέγκαcθαι δωρεὰc Ἀθηνᾶc τά τε Παλλάδια καὶ τὰ ἱερὰ τῶν μεγάλων θεῶν διδαχθεῖcαν αὐτῶν τὰc τελετάc. ἐπειδὴ δὲ τὴν ἐπομβρίαν φεύγοντεc Ἀρκάδεc Πελοπόννηcον μὲν ἐξέλιπον, ἐν δὲ τῆι Θραικίαι νήcωι τοὺc βίουc ἱδρύcαντο, καταcκευάcαι τὸν Δάρδανον ἐνταῦθα τῶν θεῶν τούτων ἱερὸν ἀρρήτουc τοῖc ἄλλοιc ποιοῦντα τὰc ἰδίουc αὐτῶν ὀνομαcίαc καὶ τὰc τελετὰc αὐτοῖc τὰc καὶ εἰc τόδε χρόνου γινομέναc ὑπὸ Cαμοθρᾴκων ἐπιτελεῖν. ὡc δὲ μετῆγε τοῦ λεὼ τὴν πλείω μοῖραν εἰc τὴν Ἀcίαν, τὰ μὲν ἱερὰ τῶν θεῶν καὶ τὰc τελετὰc τοῖc ὑπομείναcιν ἐν τῆι νήcωι καταλιπεῖν· τὰ δὲ Παλλάδια καὶ τὰc τῶν θεῶν εἰκόναc καταcκευαcάμενον ἀγαγέcθαι μετ' αὐτοῦ. διαμαντευόμενον δὲ περὶ τῆc οἰκήcεωc τά τε ἄλλα μαθεῖν καὶ περὶ τῶν ἱερῶν τῆc φυλακῆc τόνδε τὸν χρηcμὸν λαβεῖν·

εἰc πόλιν ἣν κτίζηιcθα θεοῖc cέβαc ἄφθιτον αἰεὶ
θεῖναι καὶ φυλακαῖc τε cέβειν θυcίαιc τε χοροῖc τε.
ἔcτ' ἂν γὰρ τάδε cεμνὰ καθ' ὑμετέρην χθόνα μίμνηι
δῶρα Διὸc κούρηc ἀλόχωι cέθεν, ἡ δὲ πόλιc cοι
ἔcται ἀπόρθητοc τὸν ἀεὶ χρόνον ἤματα πάντα.

(69) Δάρδανον μὲν ἐν τῆι κτιcθείcηι τε ὑφ' ἑαυτοῦ καὶ ὀνομαcίαc ὁμοίαc τυχούcηι πόλει τὰ ἕδη καταλιπεῖν, Ἰλίου δ' ἐν ὑcτέρωι χρόνωι cυνοικιcθέντοc ἐκεῖcε μετενεχθῆναι πρὸc τῶν ἐκγόνων αὐτοῦ τὰ ἱερά. ποιήcαcθαι δὲ τοὺc Ἰλιεῖc νεών τε καὶ ἄδυτον αὐτοῖc ἐπὶ τῆc ἄκραc καὶ φυλάττειν δι' ἐπιμελείαc ὅcηc ἐδύναντο πλείcτηc θεόπεμπτά τε ἡγουμένουc εἶναι καὶ cωτηρίαc κύρια τῆι πόλει. ἁλιcκομένηc δὲ τῆc

κάτω πόλεως τὸν Αἰνείαν καρτερὸν τῆς ἄκρας γενόμενον ἄραντα ἐκ τῶν ἀδύτων τά τε ἱερὰ τῶν μεγάλων θεῶν καὶ ὅπερ ἔτι περιῆν Παλλάδιον (θάτερον γὰρ Ὀδυccέα καὶ Διομήδην νυκτός φαcιν εἰc Ἴλιον ἀφικομένουc κλοπῆι λαβεῖν) οἴχεcθαί τε κομίcαντα {τὸν Αἰνείαν del. Grimm} ἐκ τῆc πόλεωc καὶ ἐλθεῖν ἄγοντα εἰc Ἰταλίαν. Ἀρκτῖνοc δέ φηcιν ὑπὸ Διὸc δοθῆναι Δαρδάνωι Παλλάδιον ἓν καὶ εἶναι τοῦτο ἐν Ἰλίωι τέωc ἡ πόλιc ἡλίcκετο κεκρυμμένον ἐν ἀβάτωι, εἰκόνα δ' ἐκείνου κατεcκευαcμένην ὡc μηδὲν τῆc ἀρχετύπου διαφέρειν ἀπάτηc τῶν ἐπιβουλευόντων ἕνεκα ἐν φανερῶι τεθῆναι, καὶ αὐτὴν Ἀχαιοὺc ἐπιβουλεύcανταc λαβεῖν.

1 κτίζηιcθα Kiessling: κτίζει.   3 ἔcτ' ἂν Reiske: εὖτ' ἂν   ὑμετέρην Cobet: -ραν
4 ἢ δὲ B: ἥδε A: ἥδε ? West

quatenus haec omnia ab Arctino pendeant incertissimum; etiam de Arctino auctore illius oraculi dubitatur, nec nostrum duo Palladia, spurium et genuinum, distinxisse adeo credibile est

NOSTI
ΝΟΣΤΟΙ

T

1 Suda s. v. Ὅμηροc (3.525 sq. Adler) = Homeri T 1
ἀναφέρεται δὲ εἰc αὐτὸν καὶ ἄλλα τινα ποιήματα· Ἀμαζονία ... Νόcτοι.

2 poculum quod ‚Homericum' vocatur

[κατὰ τὸν ποιητὴν] Ἀ[γίαν] | ἐκ τῶν [Νό]cτων | Ἀχα[ι]ῶν θά|νατοc Ἀγα|μέμ[νο]|νοc
Κλυταιμήcτρα, Καccάν[δρα], Ἀγαμέμνων (bis)
ΗΙΠΙΑΣ (?) Ἀλκμέων, Μήcτωρ | Αἴαντοc, Ἀντ[ί]οχοc, Ἀργεῖοc.
hae res et personae delineantur: Aegisthus Agamemnona inter dapes necat, Cassandra surgente; Clytaemestra Cassandram necat super Agamemnonis corpus; Aeantus et Alcmeon aliusque, tres Agamemnonis comites, ab Antiocho et Argeo, Aegisthi comitibus, necantur

PROCLI NOSTORVM ENARRATIO

Codex unus: Venetus A

Τοῦ αὐτοῦ περὶ Νόςτων

Συνάπτει δὲ τούτοις τὰ τῶν Νόςτων βιβλία πέντε Ἁγίου Τροιζηνίου περιέχοντα τάδε.

Ἀθηνᾶ Ἀγαμέμνονα καὶ Μενέλαον εἰς ἔριν καθίςτηςι περὶ τοῦ ἔκπλου.

5 Ἀγαμέμνων μὲν οὖν τὸν τῆς Ἀθηνᾶς ἐξιλαςόμενος χόλον ἐπιμένει.

Διομήδης δὲ καὶ Νέςτωρ ἀναχθέντες εἰς τὴν οἰκείαν διαςώιζονται.

μεθ' οὓς ἐκπλεύςας ὁ Μενέλαος μετὰ πέντε νεῶν εἰς Αἴγυπ-
10 τον παραγίνεται, τῶν λοιπῶν διαφθαρειςῶν νεῶν ἐν τῶι πελάγει.

οἱ δὲ περὶ Κάλχαντα καὶ Λεοντέα καὶ Πολυποίτην πεζῆι πορευθέντες εἰς Κολοφῶνα Τειρεςίαν ἐνταῦθα τελευτήςαντα θάπτουςι.

15 τῶν δὲ περὶ τὸν Ἀγαμέμνονα ἀποπλεόντων Ἀχιλλέως εἴδωλον ἐπιφανὲν πειρᾶται διακωλύειν προλέγον τὰ ςυμβηςόμενα.

εἶθ' ὁ περὶ τὰς Καφηρίδας πέτρας δηλοῦται χειμὼν καὶ ἡ Αἴαντος φθορὰ τοῦ Λοκροῦ.

20 Νεοπτόλεμος δὲ Θέτιδος ὑποθεμένης πεζῆι ποιεῖται τὴν πορείαν· καὶ παραγενόμενος εἰς Θράικην Ὀδυςςέα καταλαμβάνει ἐν τῆι Μαρωνείαι, καὶ τὸ λοιπὸν ἀνύει τῆς ὁδοῦ καὶ τελευτήςαντα Φοίνικα θάπτει· αὐτὸς δὲ εἰς Μολοςςοὺς ἀφικόμενος ἀναγνωρίζεται Πηλεῖ.

25 ἔπειτα Ἀγαμέμνονος ὑπὸ Αἰγίςθου καὶ Κλυταιμήςτρας ἀναιρεθέντος ὑπ' Ὀρέςτου καὶ Πυλάδου τιμωρία καὶ Μενελάου εἰς τὴν οἰκείαν ἀνακομιδή.

Tituli: τοῦ ... Νόςτων ex. gr. dedit Severyns: νόςτων ε̄ αγιου A

Critica: 1 πέντε Bekker: ε' A   5 Ἀγαμέμνων Heyne: ἀγαμέμνον A
7 οἰκείαν Bekker: οἰκίαν A   13 Τειρεςίαν def. Welcker, alii: Κάλχαντα Nitzsch
15 τῶν δὲ Heyne: τὸν δὲ A   24 sq. Πηλεῖ. ἔπειτα Ἀγαμέμνονος Heyne: πηλεῖ
vac. litt. sex, septem τὰ ἀγαμέμνονος A   27 οἰκείαν Bekker: οἰκίαν A

F

1 Apollod. 2.1.5 (p. 57 Wagner) = Nauck, *TGF*² p. 502

Ἀμυμώνη δὲ ἐκ Ποςειδῶνος ἐγέννηςε Ναύπλιον ... ἔγημε δέ, ὡς μὲν οἱ τραγικοὶ λέγουςι Κλυμένην τὴν Κατρέως, ὡς δὲ ὁ τοὺς Νόςτους γράψας, Φιλύραν, ὡς δὲ Κέρκωψ (Hes. fr. 297 MW) Ἡςιόνην, καὶ ἐγέννηςε Παλαμήδην, Οἴακα, Ναυςιμέδοντα.

2 Σ *Od.* 4.12 (de Menelai filio) = Alexion fr. 3 Berndt

„κρατερὸς Μεγαπένθης | ἐκ δούλης"· αὕτη ὡς μὲν Ἀλεξίων Τηρηΐς ὡς δὲ ἔνιοι Τηρὶς θυγάτηρ Ζευξίππης, ὡς δὲ ὁ τῶν Νόςτων ποιητὴς Γέτις. ⟨τινὲς δὲ τὸ⟩ Δούλης κύριόν φαςι, διὰ τὸ μηδέποτε οὕτω λέγειν τὸν ποιητὴν τὴν θεράπαιναν.

3 Pausan. 10.28.7 (3.156 Rocha-Pereira) de Polygnoti Necyia

ἔςτι δὲ ἀνωτέρω τῶν κατειλεγμένων Εὐρύνομος. δαίμονα εἶναι τῶν (Pa Va Vb: τὸν β) ἐν Ἅιδου φαςὶν οἱ Δελφῶν ἐξηγηταὶ τὸν Εὐρύνομον, καὶ ὡς τὰς ςάρκας περιεςθίει τῶν νεκρῶν, μόνα ςφίςιν ἀπολείπων τὰ ὀςτᾶ. ἡ δὲ Ὁμήρου ποίηςις ἐς Ὀδυςςέα καὶ ἡ Μινυάς τε καλουμένη (F 2) καὶ οἱ Νόςτοι – μνήμη γὰρ δὴ ἐν ταύταις καὶ {ἐν} Ἅιδου καὶ τῶν ἐκεῖ δειμάτων ἐςτίν – ἴςαςιν οὐδένα Εὐρύνομον δαίμονα.

ἐν del. R¹ Pa Vb; μνήμη γὰρ καὶ ἐν ταύταις Ἅιδου tent. Schubart

4 Pausan. 10.29.6 (3.158 Rocha-Pereira)

παρὰ δὲ τὴν Θυῖαν Πρόκρις τε ἕςτηκεν ἡ Ἐρεχθέως καὶ μετ' αὐτὴν Κλυμένη ... ἔςτι δὲ πεποιημένα ἐν Νόςτοις Μινύου μὲν τὴν Κλυμένην θυγατέρα εἶναι, γήμαςθαι δὲ αὐτὴν Κεφάλωι τῶι Δηίονος καὶ γενέςθαι ςφίςιν Ἴφικλον παῖδα.

cf. Σ *Od.* 11.326 et P.S.I. 1173.78 sqq. = Hes. fr. 62 MW

5 Pausan. 10.30.5 (3.161 Rocha-Pereira)

ὑπὲρ τούτους Μαιρά ἐςτιν ἐπὶ πέτραι καθεζομένη· περὶ δὲ αὐτῆς πεποιημένα ἐςτὶν ἐν Νόςτοις ἀπελθεῖν μὲν παρθένον ἔτι ἐξ ἀνθρώπων, θυγατέρα δὲ αὐτὴν εἶναι Προίτου τοῦ Θερςάνδρου, τὸν δὲ εἶναι Σιςύφου.

6 Hypoth. Eur. *Med.* (1.88 Diggle)

Φερεκύδης (*F.Gr.Hist.* 3 F 113ᴬ) δὲ καὶ Σιμωνίδης (548 P) φαςὶν ὡς ἡ Μήδεια (ἡ Μ om. DEF) ἀνεψήςαςα (BOCVPTr: ἐψ- fere DEFA;

ἀφεψ- coni. Elmsley coll. ΣAr. *Eq.* infra cit.) τὸν Ἰάcονα νέον ποιή-
cειεν (ἐποίηcε Tr; ἐποιήcειε E). περὶ δὲ τοῦ πατρὸc αὐτοῦ Αἴcονοc ὁ
τοὺc Νόcτουc ποιήcαc φηcὶν οὕτωc·

αὐτίκα δ' Αἴcονα θῆκε φίλον κόρον ἡβώοντα,
γῆραc ἀποξύcαc· εἰδυίηιcι πραπίδεccιν,
φάρμακα πόλλ' ἕψουc· ἐπὶ χρυcείοιcι λέβηcιν.

Αἰcχύλοc δὲ ἐν {ταῖc Διονύcου} Τροφοῖc (*Tr. G. F.* 3 F 246ᴬ (Radt))
ἱcτορεῖ ὅτι καὶ τὰc Διονύcου τροφοὺc μετὰ τῶν ἀνδρῶν αὐτῶν ἀνε-
ψήcαcα (ἀφεψ- Elmsley, ut supra) ἐνεοποίηcεν (ἐξωοποίηcε(ν) PTr)

cf. Σ VEGΘMLh Arist. *Eq.* 1321 (I. 2. 267 Jones-Wilson)
„τὸν Δῆμον ἀφεψήcαc ὑμῖν καλὸν ἐξ αἰcχροῦ πεπόηκα·" ὥcπερ ἡ
Μήδεια λέγεται, ὡc μὲν Αἰcχύλοc (*Tr. G. F.* 3 F 246ᴬ (Radt)) ἱcτορεῖ
add. Σ Ald., τὰc τροφοὺc τοῦ Διονύcου ἀφεψήcαcα (πάλιν add. M:
ἀφεθῆcαcθαι pro ἀφ. ἀν. π. Lh) ποιῆcαι (μετὰ τῶν ἀνδρῶν αὐτῶν
add. Musurus ex Hyp. Med. supra cit.).

cf. et Synes. *epist.* 123 (p. 212 Garzya): εἰ γὰρ γένοιτό μοι τούτων τυ-
χεῖν, ἀποδείξω μηκέτι μῦθον ὄντα τὸν ἐπὶ Αἴcον τῶι Θετταλῶι λό-
γον, ὃν φαcιν αἱ ποιήcειc δὶc ἀνηβῆcαι νέον ἐκ πρεcβύτου.

1 φίλον suspectum multis, sed nulla emendatio arridet ἡβώοντα Va. quod conie-
cerat Lascaris: ἡβώοντα BATrᶜ -οωντα DEFVPTrᵃᶜ   **2** εἰδυίη(ι)cι DEF (-ύηcι V)
et Trᵐ: εἰδείηcι A   ἰδυίηcι B: ἰδίη(ι)cι PTr et Aˢ   ἀποξύcαcα ἰδυίηcι coni. Elms-
ley   πραπίδεccιν: -ίδεcι DEP   **3** ἐπὶ: ἐνὶ coni. Schneidewin   χρυcείοιcι Tr: -έοιcι
BDEFAP: -ίηιcι V

7 Clem. Alexandr. *Strom.* 6.12.7 sq. (2.432 Stählin)
Ἀντιμάχου τε τοῦ Τηίου (F 1) εἰπόντοc· „ἐκ γὰρ δώρων πολλὰ κάκ'
ἀνθρώποιcι πέλονται" Ἀγίαc (Thiersch ('Ἀγ-: Ἀγ- rectius Meineke):
Αὐγίαc corr. ex Αὐγείαc cod.) ἐποίηcεν·

δῶρα γὰρ ἀνθρώπων νοῦν ἤπαφεν ἠδὲ καὶ ἔργα.

versum „graviter corruptum" esse asseverat Nauck, qui sic refinxit: δῶρα γὰρ ἀθ-
ανάτων νόον ἤπαφεν ἠδ' ἀνθρώπων (ubi νόον iam Sylburg)

Ἀτρειδῶν Κάθοδοc

sunt qui duo diversa epica carmina olim exstitisse credunt, *Nostos* et
Atridarum Reditum; alii (quibus assentior) *Atridarum Reditum* aut
partem fuisse *Nostorum* aut potius titulum alterum illius carminis
coniciunt

8 Athen. 9.399^A (2.369 sq. Kaibel)

ὁ τὴν τῶν Ἀτρειδῶν Κάθοδον πεποιηκὼς ἐν τῶι τρίτωι φησίν·
  Ἶςον δ' Ἑρμιονεὺς ποςὶ καρπαλίμοιςι μεταςπών
  ψύας ἔγχεῖ νύξε ...

2 ψοίας tent. Kaibel

9 Athen. 7.281^B sq. (2.122 Kaibel)

φιλήδονον δ' οἱ ποιηταὶ καὶ τὸν ἀρχαῖόν φαςι γενέςθαι Τάνταλον. ὁ γοῦν τὴν τῶν Ἀτρειδῶν ποιήςας Κάθοδον ἀφικόμενον αὐτὸν λέγει πρὸς τοὺς θεοὺς καὶ ςυνδιατρίβοντα ἐξουςίας τυχεῖν παρὰ τοῦ Διὸς αἰτήςαςθαι ὅτου ἐπιθυμεῖ. τὸν δὲ πρὸς τὰς ἀπολαύςεις ἀπλήςτως διακείμενον ὑπὲρ αὐτῶν τε τούτων μνείαν ποιήςαςθαι καὶ τοῦ ζῆν τὸν αὐτὸν τρόπον τοῖς θεοῖς. ἐφ' οἷς ἀγανακτήςαντα τὸν Δία τὴν μὲν εὐχὴν ἀποτελέςαι διὰ τὴν ὑπόςχεςιν, ὅπως δὲ μηδὲν ἀπολαύηι τῶν παρακειμένων ἀλλὰ διατελῆι ταραττόμενος, ὑπὲρ τῆς κεφαλῆς ἐξήρτηςεν αὐτῶι πέτρον, δι' ὃν οὐ δύναται τῶν παρακειμένων τυχεῖν οὐδενός.

DUBIA ET SPURIA

1 Eustath. Od. 1796.45

ἐκ Κίρκης υἱοὶ καθ' Ἡςίοδον (Th. 1011 sq.) Ὀδυςςεῖ Ἄγριος καὶ Λατῖνος· ἐκ δὲ Καλυψοῦς Ναυςίθοος καὶ Ναυςίνοος. ὁ δὲ τὴν Τηλεγόνειαν γράψας Κυρηναῖος (F 2) ἐκ μὲν Κίρκης Τηλέγονον υἱὸν Ὀδυςςεῖ ἀναγράφει καὶ Τηλέδαμον, ἐκ δὲ Πηνελόπης Τηλέμαχον καὶ Ἀρκεςίλαον. κατὰ δὲ Λυςίμαχον (F.Gr.Hist. 382 F 15) υἱὸς αὐτῶι ἐξ Εὐίππης Θεςπρωτίδος Λεοντόφρων, ὃν ἄλλοι Δόρυκλόν φαςι. Σοφοκλῆς δὲ (cf. Tr.G.F. 4 p.194 (Radt)) ἐκ τῆς αὐτῆς Εὐρύαλον ἱςτορεῖ, ὃν ἀπέκτεινε Τηλέμαχος. ὁ δὲ τοὺς Νόςτους ποιήςας Κολοφώνιος Τηλέμαχον μέν φηςι τὴν Κίρκην ὕςτερον γῆμαι, Τηλέγονον δὲ τὸν ἐκ Κίρκης ἀντιγῆμαι Πηνελόπην.

haec potius de *Telegonia* accipienda, ut viderunt Bethe, Severyns

2 Pausan. 1.2.1 (1.3 Rocha-Pereira)

ἐςελθόντων δὲ ἐς τὴν πόλιν (scil. Ἀθήνας) ἐςτὶν Ἀντιόπης μνῆμα Ἀμαζόνος. ταύτην τὴν Ἀντιόπην Πίνδαρος μέν (fr. 175 Sn.) φηςιν ὑπὸ Πειρίθου καὶ Θηςέως ἁρπαςθῆναι, Τροιζηνίωι δὲ Ἡγίαι (F.Gr.

Hist. 606 F 1) τοιάδε ἐc αὐτὴν πεποίηται· Ἡρακλέα Θεμίcκυραν πολιορκοῦντα τὴν ἐπὶ Θερμώδοντι ἑλεῖν μὴ δύναcθαι, Θηcέωc δὲ ἐραcθεῖcαν Ἀντιόπην - cτρατεῦcαι γὰρ ἅμα Ἡρακλεῖ καὶ Θηcέα - παραδοῦναι {τε} τὸ χωρίον. τάδε μὲν Ἡγίαc πεποίηκεν.

hunc Hegian Troezenium unum eundemque esse atque Troezenium Agian nostrum coni. Welcker, prob. Allen; obloquuntur Kirchhoff, Wilamowitz, alii: vid. Jacoby ad *F.Gr.Hist.* 305 (3[B].19 sq.)

TELEGONIA
ΤΗΛΕΓΟΝΕΙΑ

T

de Eugammone auctore
1 Procl. *Chrestom.* inf. cit.
Τηλεγονίαc βιβλία δύο Εὐγάμμωνοc Κυρηναίου.

2[A] Euseb. (Hieron.) *Chron. Ol.* 56.2 (anno 555) p. 102[B] 1 Helm (cf. eundem (Armen.) *Chron. Ol.* 53.2 (anno 567) p. 188 Karst)
Eugamon Cyrenaeus, qui Telegoniam fecit, agnoscitur.

2[B] Syncelli *Eclog. Chronogr.* 454 sine anno (p. 286 Mosshammer)
Εὐγάμων Κυρηναῖοc ὁ τὴν Τηλεγονίαν ποιήcαc ἐγνωρίζετο.

3 Clem. Alexandr. *Stromat.* 6.25.1 (2.442 Stählin) = Euseb. *Praep. Evang.* 10.2.7 (1.559 Mras)
ἤδη δὲ οὐ τὰc διανοίαc μόνον καὶ λέξειc ὑφελόμενοι καὶ παραφράcαντεc ἐφωράθηcαν, ὡc ἐδείχθη, ἀλλὰ γὰρ καὶ τὰ φώρια ἄντικρυc ὁλόκληρα ἔχοντεc διελεγχθήcονται· αὐτοτελῶc γὰρ τὰ ἑτέρων ὑφελόμενοι ὡc ἴδια ἐξήνεγκαν, καθάπερ Εὐγάμμων (Dindorf: Εὐγάμων Clem., Εὐγράμμων Euseb.) ὁ Κυρηναῖοc ἐκ Μουcαίου (B 6 D-K) τὸ περὶ Θεcπρωτῶν βιβλίον ὁλόκληρον.
cf. Eust. *Od.* 1796 inf. cit. = F 2: ὁ ... τὴν Τηλεγόνειαν γράψαc Κυρηναῖοc.

de Cinaethone auctore

4 Euseb. (Hieron.) *Chron. Ol.* 4.1 (anno 764) p. 87^B 12 Helm (cf. eundem (Armen.) *Chron. Ol.* 3.4 (anno 765) p. 181 Karst)

Cinaethon Lacedaemonius poeta, qui Telegoniam scripsit, agnoscitur.

de orthographia

5 Eustath. *Il.* 785.22 (3.1 van der Valk)

προπαροξύνονται δὲ καὶ ἄμφω αἱ τοιαῦται λέξεις (scil. Δολώνεια, Πατρόκλεια) ὥσπερ καὶ Τηλεγόνεια κατὰ τὴν παλαιὰν ὀρθογραφίαν ἡ κατὰ Τηλέγονον πραγματεία, καὶ Ἡράκλεια ἡ κατὰ Ἡρακλέα.

PROCLI TELEGONIAE ENARRATIO

Codex unus: Venetus A

Τοῦ αὐτοῦ περὶ Τηλεγονίας

Μετὰ ταῦτά ἐστιν Ὁμήρου Ὀδύσσεια· ἔπειτα Τηλεγονίας βιβλία δύο Εὐγάμμωνος Κυρηναίου περιέχοντα τάδε.

οἱ μνήστορες ὑπὸ τῶν προσηκόντων θάπτονται.

καὶ Ὀδυσσεὺς θύσας Νύμφαις εἰς Ἦλιν ἀποπλεῖ ἐπισκεψό-
5 μενος τὰ βουκόλια καὶ ξενίζεται παρὰ Πολυξένῳ δῶρόν τε λαμβάνει κρατῆρα καὶ ἐπὶ τούτῳ τὰ περὶ Τροφώνιον καὶ Ἀγαμήδην καὶ Αὐγέαν.

ἔπειτα εἰς Ἰθάκην καταπλεύσας τὰς ὑπὸ Τειρεσίου ῥηθείσας τελεῖ θυσίας.

10 καὶ μετὰ ταῦτα εἰς Θεσπρωτοὺς ἀφικνεῖται καὶ γαμεῖ Καλλιδίκην βασιλίδα τῶν Θεσπρωτῶν.

ἔπειτα πόλεμος συνίσταται τοῖς Θεσπρωτοῖς πρὸς Βρύγους, Ὀδυσσέως ἡγουμένου· ἐνταῦθα Ἄρης τοὺς περὶ τὸν Ὀδυσσέα τρέπεται, καὶ αὐτῷ εἰς μάχην Ἀθηνᾶ καθίσταται· τούτους
15 μὲν Ἀπόλλων διαλύει.

μετὰ δὲ τὴν Καλλιδίκης τελευτὴν τὴν μὲν βασιλείαν διαδέχεται Πολυποίτης Ὀδυσσέως υἱός, αὐτὸς δ' εἰς Ἰθάκην ἀφικνεῖται.

κἂν τούτωι Τηλέγονος ἐπὶ ζήτησιν τοῦ πατρὸς πλέων ἀπο-
20 βὰς εἰς τὴν Ἰθάκην τέμνει τὴν νῆσον· ἐκβοηθήσας δ᾽ Ὀδυσσεὺς
ὑπὸ τοῦ παιδὸς ἀναιρεῖται κατ᾽ ἄγνοιαν.
Τηλέγονος δ᾽ ἐπιγνοὺς τὴν ἁμαρτίαν τό τε τοῦ πατρὸς
σῶμα καὶ τὸν Τηλέμαχον καὶ τὴν Πηνελόπην πρὸς τὴν
μητέρα μεθίστησιν· ἡ δὲ αὐτοὺς ἀθανάτους ποιεῖ, καὶ συνοι-
25 κεῖ τῆι μὲν Πηνελόπηι Τηλέγονος, Κίρκηι δὲ Τηλέμαχος.

Testimonia: 19 sqq. Photius *Bibl.* 319ᴬ21: καὶ περατοῦται ὁ ἐπικὸς κύκλος ἐκ
διαφόρων ποιητῶν συμπληρούμενος μέχρι τῆς ἀποβάσεως Ὀδυσσέως τῆς εἰς
Ἰθάκην, ἐν ἧι ὑπὸ τοῦ παιδὸς Τηλεγόνου ἀγνοοῦντος κτείνεται (= *T 1 supra).

Tituli: τοῦ ... Τηλεγονίας ex. gr. dedit Severyns: τηλεγονίας β̄ εὐγάμμωνος A

Critica: 2 Κυρηναίου Heyne: κυριναίου A   19 Τηλέγονος Heyne ex Photio: τηλεγόμενος A   25 τῆι ... Πηνελόπηι ... Κίρκηι Bekker: τὴν ... πηνελόπην ... κίρκην A

F

1 Pausan. 8.12.5 (2.247 Rocha-Pereira)

ἐπὶ δὲ ὁδοῖς ταῖς κατειλεγμέναις δύο ἐς Ὀρχομενόν εἰσιν ἄλλαι, καὶ
τῆι μέν ἐστι καλούμενον Λάδα στάδιον, ἐς ὃ ἐποιεῖτο Λάδας μελέτην
δρόμου, καὶ παρ᾽ αὐτὸ ἱερὸν Ἀρτέμιδος καὶ ἐν δεξιᾶι τῆς ὁδοῦ γῆς
χῶμα ὑψηλόν· Πηνελόπης δὲ εἶναι τάφον φασίν, οὐχ ὁμολογοῦντες
τὰ ἐς αὐτὴν ποιήσει ⟨τῆι⟩ Θεσπρωτίδι ὀνομαζομένηι. ἐν ταύτηι μέν γέ
ἐστι τῆι ποιήσει ἐπανήκοντι ἐκ Τροίας Ὀδυσσεῖ τεκεῖν τὴν Πηνελόπην
Πτολιπόρθην παῖδα. Μαντινέων δὲ ὁ ἐς αὐτὴν λόγος Πηνελόπην
φησὶν ὑπὸ Ὀδυσσέως καταγνωσθεῖσαν ὡς ἐπισπαστοὺς ἐσαγάγοιτο ἐς
τὸν οἶκον κτλ. (*F.Gr.Hist.* 322 F 22).

2 Eustath. *Od.* 1796.3

τινὲς δὲ καὶ τοιούτοις λόγοις (scil. Arist. fr. 43 Rose, Hellanicus
F.Gr.Hist. 4 F 156) ἐνευκαιροῦσιν. ἐκ Κίρκης υἱοὶ καθ᾽ Ἡσίοδον
(*Theog.* 1011 sq.) Ὀδυσσεῖ Ἄγριος καὶ Λατῖνος, ἐκ δὲ Καλυψοῦς Ναυ-
σίθοος καὶ Ναυσίνοος. ὁ δὲ τὴν Τηλεγόνειαν γράψας Κυρηναῖος ἐκ
μὲν Κίρκης (Muetzell: Καλυψοῦς) Τηλέγονον υἱὸν Ὀδυσσεῖ ἀναγρά-
φει καὶ (Muetzell: ἢ cod.) Τηλέδαμον, ἐκ δὲ Πηνελόπης Τηλέμαχον
καὶ Ἀρκεσίλαον ... ὁ δὲ τοὺς Νόστους ποιήσας Κολοφώνιος Τηλέμα-
χον μέν φησι τὴν Κίρκην ὕστερον γῆμαι, Τηλέγονον δὲ τὸν ἐκ Κίρκης
ἀντιγῆμαι Πηνελόπην.

FRAGMENTA INCERTI LOCI INTRA CYCLUM EPICUM

F

1 Suda s.v. Τευμηcία (4.533 sq. Adl.) = Photius s. eadem v. (2.582 sq. Porson)

περὶ τῆc Τευμηcίαc ἀλώπεκοc οἱ τὰ Θηβαϊκὰ γεγραφότεc (Sud.: -φηκότες Phot.) ἱκανῶc ἱcτορήκαcι, καθάπερ Ἀριcτόδημοc (F.Gr.Hist. 383 F 2)· ἐπιπεμφθῆναι μὲν γὰρ ὑπὸ θεῶν τὸ θηρίον τοῦτο τοῖc Καδμείοιc· διὸ τῆc βαcιλείαc ἐξέκλειον τοὺc ἀπὸ Κάδμου γεγονόταc. Κέφαλον δὲ φαcὶ τὸν Δηϊόνοc Ἀθηναῖον ὄντα καὶ κύνα κεκτημένον ὃν οὐδὲν διέφυγεν τῶν θηρίων (ὡc (Phot.: ὃc Sud.) ἀπέκτεινεν ἄκων τὴν ἑαυτοῦ γυναῖκα Πρόκριν (Πρόκνην, -νιν, -νον Sud.), καθηράντων αὐτὸν τῶν Καδμείων) διώκειν τὴν ἀλώπεκα μετὰ τοῦ κυνόc· καταλαμβανομένουc δὲ περὶ τὸν Τευμηcὸν λίθουc γενέcθαι τόν τε κύνα καὶ τὴν ἀλώπεκα. εἰλήφαcι δ' οὗτοι τὸν μῦθον ἐκ τοῦ ἐπικοῦ Κύκλου.

ad *Epigonos* referunt complures: obstant verba ista οἱ τὰ Θηβαϊκὰ γεγραφότες

2 Σ AD *Il*. 18.486 (cf. 4.532 Erbse)

Ἄτλαc δὲ εἷc τῶν Γιγάντων μιγεὶc Πληϊόνηι τῆι Ὠκεανοῦ ἔcχε θυγατέραc ζ', αἳ τὴν παρθενείαν ἀγαπήcαcαι cυνεκυνήγουν τῆι Ἀρτέμιδι. θεαcάμενοc δὲ Ὠρίων ἠράcθη, καὶ ἐδίωκεν αὐτὰc μιγῆναι βουλόμενοc. αἱ δὲ περικατάληπτοι γενόμεναι θεοῖc ηὔξαντο μεταβαλεῖν τὴν φύcιν· Ζεὺc δὲ ἐλεήcαc αὐτὰc καὶ διὰ τῶν ἄρκτων (αὐτὰc πελειάδαc ἐποίηcε καὶ δι' αὐτῶν ἄcτρον D) κατηcτέριcεν. ὠνομάcθηcαν δὲ Πληϊάδεc ἀπὸ Πληϊόνηc τῆc μητρὸc αὐτῶν. φαcὶ δὲ Ἡλέκτραν οὐ βουλομένην τὴν Ἰλίου πόρθηcιν θεάcαcθαι διὰ τὸ κτίcμα εἶναι τῶν ἀπογόνων καταλιπεῖν τὸν τόπον οὗ κατηcτέριcτο· διόπερ οὔcαc πρότερον ζ' γενέcθαι ϛ'. ἡ ἱcτορία παρὰ τοῖc Κυκλικοῖc.

de *Iliuperside* cogitat Allen, de *Titanomachia* Severyns

3 Σ AB *Il*. 23.660 (cf. 5.468 Erbse)

Φόρβαc ἀνδρειότατοc (-ότεροc B) τῶν καθ' αὑτὸν γενόμενοc, ὑπερήφανοc δέ, πυγμὴν ἤcκηcεν, καὶ τοὺc μὲν (γενόμενοc πυγμῇ ἐνίκα κ.τ.μ. B) παριόνταc ἀναγκάζων ἀγωνίζεcθαι (ἀγ. ἀν. B) ἀνῄρει, ὑπὸ δὲ τῆc πολλῆc ὑπερηφανίαc ἠβούλετο καὶ πρὸc τοὺc θεοὺc τὸ ἴcον (τοιοῦτο A) φρόνημα ἔχειν. διὸ Ἀπόλλων παραγενόμενοc καὶ cυcτὰc αὐτῶι ἀπέκτεινεν αὐτόν· ὅθεν ἐξ ἐκείνου καὶ τῆc πυκτικῆc ἔφοροc ἐνομίcθη ὁ θεόc. ἡ ἱcτορία παρὰ τοῖc Κυκλικοῖc.

ad *Aethiopida* refert Allen

4 Σ D Il. 19.326

ἡ δὲ ἑτέρα ἱςτορία ἔχει οὕτως· Ἀλεξάνδρου Ἑλένην ἁρπάςαντος Ἀγαμέμνων καὶ Μενέλαος τοὺς Ἕλληνας κατὰ τῶν Τρώων ἐςτρατολόγηςαν, Πηλεὺς δέ, προγινώςκων ὅτι μοιρίδιον ἦν ἐν Τροίαι θανεῖν Ἀχιλλέα, παραγενόμενος εἰς Σκῦρον πρὸς Λυκομήδην τὸν βαςιλέα παρέθετο τὸν Ἀχιλλέα. ὁ δὲ γυναικείαν ἐςθῆτα ἀμφιάςας αὐτὸν ὡς κόρην ἀνέτρεφε μετὰ τῶν θυγατέρων. χρηςμοῦ δὲ δοθέντος μὴ ἁλώςεςθαι τὴν Ἴλιον χωρὶς Ἀχιλλέως, ἐπέμφθηςαν ὑφ' Ἑλλήνων πρὸς Πηλέα Ὀδυςςεὺς Φοίνιξ καὶ Νέςτωρ. τοῦ δὲ Πηλέως ἀρνουμένου παρ' αὑτῶι παῖδα μὴ τυγχάνειν, πορευθέντες εἰς Σκῦρον καὶ ὑπονοήςαντες μετὰ τῶν παρθένων τὸν Ἀχιλλέα τρέφεςθαι, ταῖς Ὀδυςςέως ὑποθήκαις ὅπλα καὶ ταλάρους ἔρριψαν ςὺν ἱςτουργικοῖς ἐργαλείοις ἔμπροςθεν τοῦ παρθενῶνος. αἱ μὲν οὖν κόραι ἐπὶ τοὺς ταλάρους ὥρμηςαν καὶ τὰ λοιπά, ὁ δ' Ἀχιλλεὺς ἀνελόμενος τὰ ὅπλα κατάφωρος γέγονε καὶ ςυνεςτρατεύςατο. πρότερον δὲ ταῖς παρθένοις ςυνδιατρίβων ἔφθειρε Δηϊδάμειαν τὴν Λυκομήδους ἥτις ἐξ αὐτοῦ ἐγέννηςε Πύρρον, τὸν ὕςτερον Νεοπτόλεμον κληθέντα, ὅςτις τοῖς Ἕλληςι νέος ὢν ςυνεςτρατεύςατο μετὰ θάνατον τοῦ πατρός. ἡ ἱςτορία παρὰ τοῖς Κυκλικοῖς.

de *Cypriis* cogitant complures (cf. F 16 illius carminis): sed vid. Eustath. ap. Cramer, *Anecd. Gr. Par.* 3.26:

ὁ Πύρρος ὁ ὕςτερον Νεοπτόλεμος κληθείς, ὃν ἔςχεν (scil. Ἀχιλλεύς) ἐκ Δηϊδαμείας τῆς Λυκομήδους, ἣν διέφθειρεν ἐν Σκύρωι ταῖς παρθένοις ςυνδιατρίβων. [sequitur Il. Parv. F 4^B supra]. ἔςτι δὲ ἐν τῆι Εὐβοίαι νῆςος λιμένας ἔχουςα Ἀχίλλειον καὶ Κρίςιον. Νεοπτόλεμος δὲ ἀπὸ τοῦ πατρὸς ὠνόμαςται, ὅτι νέος ὢν ἐπολέμηςεν.

5 Et. Gud. (403.1 Sturz), Et. Mag., Et. Gen.^A et ^B s. v. νεκάδες

Ὅμηρος εἴωθε λέγειν (νεκάδας add. Mag.) τὰς τῶν νεκρῶν τάξεις, παρὰ τὸ (om. Mag.) τοὺς νέκυας νεκύαδας τινας οὔςας ... παρὰ μὲν τοῖς Κυκλικοῖς αἱ ψυχαὶ νεκάδες λέγονται· „ἦ τέ κε δηρὸν | αὐτοῦ πήματ' ἔπαςχον ἐν αἰνῆιςιν νεκάδεςςιν" (Ἰλιάδος ε' (= 885 sq.: add. Mag.))

6 Σ Od. 2.120

Τυρώ· Σαλμωνέως θυγάτηρ· ἔςχε δὲ παῖδας ἐκ Ποςειδῶνος Νηλέα καὶ Πελίαν. Ἀλκμήνη Ἠλεκτρύωνος θυγάτηρ. Μυκήνη Ἰνάχου θυγάτηρ καὶ Μελίας τῆς Ὠκεανοῦ, ἧς καὶ Ἀρέςτορος (Buttmann: ἀριςτερός) Ἄργος, ὡς ἐν τῶι Κύκλωι φέρεται.

cf. Pausan. 2.16.4 = Hes. fr. 246 MW: Ὅμηρος δὲ ἐν Ὀδυσσείαι γυναικὸς Μυκήνης ... ἐμνήσθη (Od. 2.120) ... ταύτην εἶναι θυγατέρα Ἰνάχου, γυναῖκα δὲ Ἀρέστορος τὰ ἔπη λέγει ἃ δὴ Ἕλληνες καλοῦσιν Ἠοίας Μεγάλας.

7 Σ Od. 4.247 sq.

„ἄλλωι δ' αὐτὸν φωτὶ κατακρύπτων (scil. Ὀδυσσεὺς) ἤϊσκε | δέκτηι, ὃς οὐδὲν τοῖος ἔην ἐπὶ νηυσὶν Ἀχαιῶν"· ὁ Κυκλικὸς τὸ Δέκτηι ὀνοματικῶς ἀκούει, παρ' οὗ φησι τὸν Ὀδυσσέα τὰ ῥάκη λαβόντα μετημφιάσθαι, ὃς οὐκ ἦν ἐν ταῖς νηυσὶ τοιοῦτος οἷος Ὀδυσσεὺς ἀχρεῖος. Ἀρίσταρχος δὲ δέκτηι μὲν ἐπαίτηι.

8 Σ Od. 4.285 sqq. (Anticli mentio facta)

Ἀρίσταρχος τοὺς ε΄ ἀθετεῖ, ἐπεὶ ἐν Ἰλιάδι οὐ μνημονεύει Ἀντίκλου ὁ ποιητής· ὁ Ἄντικλος ἐκ τοῦ Κύκλου. οὐκ ἐφέροντο δὲ σχεδὸν ἐν πάσαις οἱ πέντε.

ad *Iliada Parvam* referunt complures, Welcker et Müller praeeuntibus

9 Horat. *A. P.* 136 sq.

nec sic incipies ut scriptor cyclicus olim:
'fortunam Priami cantabo et nobile bellum'.

ad Il. Parv. F 1.1 (Ἴλιον ἀείδω καὶ Δαρδανίην εὔπωλον) referunt quidam; recte obloquitur Brink ad locum Horatianum (*Horace on Poetry* 2.214).

II.
POETAE EPICI PER LITTERARUM ORDINEM DISPOSITI*

* Omnes poetas epicos qui in editione Kinkeliana includuntur hic edidi vel saltem notavi; unum et alterum addidi

ABARIS

vid. *F.Gr.Hist.* 34 T et Heracl. Pont. frr. 73–5 Wehrli (²7.27); non est cur hunc poetam epicum fuisse credamus (vid. ex.gr. West, *The Orphic Poems* p. 54).

AGIAS

vid. supra s.v. NOST. T 2
(ep. cycl.)

ANTIMACHVS COLOPHONIVS
ΘΗΒΑΙΣ

testimonia et fragmenta vetera edidit B. Wyss, *Antimachi Colophonii Reliquiae* (1936, 1974); fragmenta papyracea recentiora ediderunt Lloyd-Jones et Parsons (*Suppl. Hell.* (1983) frr. 52 sqq.); omnia denuo editurus est V.J. Matthews. vid. et Kassel ap. *Catalepton* (*Festschrift Wyss*) pp. 69 sqq.

ANTIMACHVS TEIVS

F

1 Plut. *vit. Romuli* 12.2

cύνοδον ἐκλειπτικὴν ... cελήνηc πρὸc ἥλιον, ἣν εἰδέναι καὶ Ἀντίμαχον οἴονται (scil. οἱ Ῥωμαῖοι) τὸν Τήϊον ἐποποιόν, ἔτει Ὀλυμπιάδοc τρίτωι τῆc ἕκτηc (anno 754) cυμπεcοῦcαν.

2 Clem. Alexandr. *Strom.* 6.12.7 (2.432 Stählin)

Ἀντιμάχου ... τοῦ Τηΐου εἰπόντοc·
     ἐκ γὰρ δώρων πολλὰ κάκ' ἀνθρώποιcι πέλονται.
[sequitur Nostorum F 7]

quae de hoc poeta coniecit Powell, *Coll. Alex.* p. 247 sq. incertissima; Porph. in Hor. *A.P.* 146 (Antim. Col. T 12^A Wyss) et ΣArist. *Pac.* 1270 (vid. ad Epig. F 1) haud ad nostrum referenda.

ANTIPHO ATHENIENSIS

Suda s.v. Ἀντιφῶν 2744 (1.245 Adler)

Ἀθηναῖος, τερατοσκόπος καὶ ἐποποιὸς καὶ σοφιστής.

cf. Diog. Laert. 2.46 (1.76 Long)

τούτωι (scil. Σωκράτει) τις καθά φησιν Ἀριστοτέλης ἐν τρίτωι περὶ ποιητικῆς (fr. 75 Rose) ἐφιλονείκει Ἀντίλοχος Λήμνιος καὶ Ἀντιφῶν τερατοσκόπος.

de hoc Antiphonte vid. ex. gr. *RE* (1) s.v. (15).

ANYTA TEGEENSIS

vid. *Suppl. Hell.* p. 33

ARCTINVS MILESIVS

T

1 Euseb. (Hieron.) *Chron. Ol.* 1.1 (anno 776) p. 86[B], 24 Helm (cf. eundem (Armen.) *Chron. Ol.* 1.2 (anno 775) p. 181 Karst)

Arctinus Milesius versificator florentissimus habetur.

cf. Syncelli *Eclog. Chronogr.* 400 sine anno (p. 252 Mosshammer): Ἀρκτῖνος Μιλήσιος ἐποποιὸς ἤκμαζεν.

cf. et Aethiopidos T 2.

2 Suda s.v. Ἀρκτῖνος (1.361 Adler)

Τήλεω τοῦ Ναύτεω ἀπογόνου, Μιλήσιος ἐποποιός, μαθητὴς Ὁμήρου, ὥς λέγει ὁ Κλαζομένιος Ἀρτέμων ἐν τῶι περὶ Ὁμήρου (*F.Gr.Hist.* 443 F 2), γεγονὼς κατὰ τὴν θ´ Ὀλυμπιάδα, μετὰ υι´ ἔτη τῶν Τρωϊκῶν (annis 744/1).

3 Clem. Alexandr. *Strom.* 1.21 (2.81 Stählin) = Phaen. Eres. fr. 33 Wehrli (9.18)

Φανίας δὲ πρὸ Τερπάνδρου τιθεὶς Λέσχην τὸν Λέσβιον Ἀρχιλόχου νεώτερον φέρει τὸν Τέρπανδρον (Archil. T 123 Tarditi). διημιλλῆςθαι δὲ τὸν Λέσχην Ἀρκτίνωι καὶ νενικηκέναι.

Arctino tribuuntur (vid. ep. cycl. s. vv.):
ΑΙΘΙΟΠΙΣ
ΙΛΙΟΥ ΠΕΡΣΙΣ
ΤΙΤΑΝΟΜΑΧΙΑ

ARISTEAS PROCONNESIVS

T

1 Aul. Gell. 9.4.1 sqq. (1.281 Marshall) = Aristeas *F.Gr.Hist.* 35 T 4 (p. *14)

cum e Graecia in Italiam rediremus et Brundisium iremus egressique e navi in terram in portu illo inclito spatiaremur ... fasces librorum venalium expositos vidimus. atque ego avide statim pergo ad libros. erant autem isti omnes libri Graeci miraculorum fabularumque pleni, res inauditae, incredulae, scriptores veteres non parvae auctoritatis: Aristeas Proconnesius et Isigonus Nicaeensis et Ctesias (*F. Gr. Hist.* 688 T 19) et Onesicritus (*F. Gr. Hist.* 134 T 12) et Philostephanus et Hegesias (*F. Gr. Hist.* 142 T 9A); ipsa autem volumina ex diutino situ squalebant et habitu aspectuque taetro erant.

2 Dionys. Halicarn. *Thucydides* 23 (1.359 Usener-Radermacher) = Aristeas *F.Gr.Hist.* 35 T 2 = Cadmus Miles. *F.Gr.Hist.* 489 T 5

οὔτε γὰρ διαςώζονται τῶν πλειόνων αἱ γραφαὶ μέχρι τῶν καθ' ἡμᾶς χρόνων οὔθ' αἱ διαςωζόμεναι παρὰ πᾶςιν ὡς ἐκείνων οὖςαι τῶν ἀνδρῶν πιςτεύονται· ἐν αἷς εἰςιν αἵ τε Κάδμου τοῦ Μιληςίου καὶ Ἀριςταίου τοῦ Προκοννηςίου καὶ τῶν παραπληςίων τούτοις.

3 Suda s.v. Ἀριςτέας (1.353 Adler) = *F.Gr.Hist.* 35 T 1

Ἀριςτέας, Δημοχάριδος ἢ Καυςτροβίου, Προκοννήςιος, ἐποποιός· τὰ Ἀριμάςπεια καλούμενα ἔπη· ἔςτι δὲ ἱςτορία τῶν Ὑπερβορέων Ἀριμαςπῶν, βιβλία γ΄. τούτου φαςὶ τὴν ψυχὴν, ὅταν ἐβούλετο, ἐξιέναι καὶ ἐπανιέναι πάλιν. γέγονε δὲ κατὰ Κροῖςον καὶ Κῦρον, Ὀλυμπιάδι ν΄ (annis 516/3). ἔγραψε δὲ οὗτος καὶ καταλογάδην Θεογονίαν, εἰς ἔπη α΄.

4 Herodot. 4.14 sq.

καὶ ὅθεν μὲν ἦν Ἀριςτέης ὁ ταῦτα ποιήςας, εἴρηκα· τὸν δὲ περὶ αὐτοῦ ἤκουον λόγον ἐν Προκοννήςωι καὶ Κυζίκωι, λέξω. Ἀριςτέην γὰρ λέγουςι, ἐόντα τῶν ἀςτῶν οὐδενὸς γένος ὑποδεέςτερον, ἐςελθόντα ἐς κναφήιον ἐν Προκοννήςωι ἀποθανεῖν, καὶ τὸν κναφέα κατακληίςαντα τὸ ἐργαςτήριον οἴχεςθαι ἀγγελέοντα τοῖςι προςήκουςι τῶι νεκρῶι. ἐςκεδαςμένου δὲ ἤδη τοῦ λόγου ἀνὰ τὴν πόλιν ὡς τεθνεὼς εἴη ὁ Ἀριςτέης, ἐς ἀμφιςβαςίας τοῖςι λέγουςι ἀπικνέεςθαι ἄνδρα Κυζικηνὸν ἥκοντα ἐξ Ἀρτάκης πόλιος, φάντα ςυντυχεῖν τέ οἱ ἰόντι ἐπὶ Κυζίκου καὶ ἐς λόγους ἀπικέςθαι. καὶ τοῦτον μὲν ἐντεταμένως ἀμφιcβατέειν, τοὺc δὲ προcήκονταc τῶι νεκρῶι ἐπὶ τὸ κναφήιον παρεῖναι ἔχονταc τὰ πρόcφορα ὡc ἀναιρηcομένουc. ἀνοιχθέντοc δὲ τοῦ οἰκήματοc οὔτε τεθνεῶτα οὔτε ζῶντα φαίνεcθαι Ἀριcτέην. μετὰ δὲ ἑβδόμωι ἔτεϊ φανέντα αὐτὸν ἐc Προκόννηcον ποιῆcαι τὰ ἔπεα τὰ νῦν ὑπ' Ἑλλήνων Ἀριμάcπεα καλέεται, ποιήcαντα δὲ ἀφανιcθῆναι τὸ δεύτερον. ταῦτα μὲν αἱ πόλιεc αὗται λέγουcι, τάδε δὲ οἶδα Μεταποντίνοιcι τοῖcι ἐν Ἰταλίηι cυγκυρήcαντα μετὰ τὴν ἀφάνιcιν τὴν δευτέρην Ἀριcτέω ἔτεcι τεccεράκοντα καὶ διηκοcίοιcι, ὡc ἐγὼ cυμβαλλόμενοc ἐν Προκοννήcωι τε καὶ Μεταποντίωι εὕριcκον. Μεταποντῖνοί φαcι αὐτὸν Ἀριcτέην φανέντα cφι ἐc τὴν χώρην κελεῦcαι βωμὸν Ἀπόλλωνοc ἱδρύcαcθαι καὶ Ἀριcτέω τοῦ Προκοννηcίου ἐπωνυμίην ἔχοντα ἀνδριάντα παρ' αὐτὸν cτῆcαι· φάναι γάρ cφι τὸν Ἀπόλλωνα Ἰταλιωτέων μούνοιcι δὴ ἀπικέcθαι ἐc τὴν χώρην, καὶ αὐτόc οἱ ἕπεcθαι ὁ νῦν ἐὼν Ἀριcτέηc· τότε δέ, ὅτε εἵπετο τῶι θεῶι, εἶναι κόραξ. καὶ τὸν μὲν εἰπόντα ταῦτα ἀφανιcθῆναι, cφέαc δὲ Μεταποντῖνοι λέγουcι ἐc Δελφοὺc πέμψανταc τὸν θεὸν ἐπειρωτᾶν ὅ τι τὸ φάcμα τοῦ ἀνθρώπου εἴη. τὴν δὲ Πυθίην cφέαc κελεύειν πείθεcθαι τῶι φάcματι, πειθομένοιcι δὲ ἄμεινον cυνοίcεcθαι. καὶ cφέαc δεξαμένουc ταῦτα ποιῆcαι ἐπιτελέα. καὶ νῦν ἕcτηκε ἀνδριὰc ἐπωνυμίην ἔχων Ἀριcτέω παρ' αὐτῶι τῶι ἀγάλματι τοῦ Ἀπόλλωνοc, πέριξ δὲ αὐτὸν δάφναι ἑcτᾶcι· τὸ δὲ ἄγαλμα ἐν τῆι ἀγορῆι ἵδρυται.

5 Tzetz. *Chil.* 2.726 sqq. Leone
    ὁ Ἀριcτέαc μὲν υἱὸc ἦν τοῦ Καϋcτροβίου,
    τῶι γένει Προκονήcιοc τῶν εὐγενῶν καὶ πρώτων.
    οὗτοc χαλκείωι παρειcδὺc θνήcκει καὶ πίπτει νέκυc.
    κλείcαc δ' εὐθέωc ὁ χαλκεὺc ἐκεῖνο τὸ χαλκεῖον
    τοῖc cυγγενέcι τὸ δεινὸν λέγει τοῦ Ἀριcτέα.
    οἱ δὲ δραμόντεc ὀδυρμοῖc πάντεc πρὸc τὸ χαλκεῖον,
    ἀνοίξαντεc οὐδὲν εὗρον, οὐ νέκυν οὐδὲ ζῶντα.
    μετὰ δ' ἑπτὰ χρόνουc φανεὶc πάλιν ὁ Ἀριcτέαc,
    ἔπη τὰ Ἀριμάcπεια λεγόμενα cυγγράφει.
    καὶ πάλιν ἀφανίζεται τὸ δεύτερον καὶ θνήιcκει.
    καὶ μετὰ διακόcια δὶc εἴκοcι τὰ ἔτη
    ἐφ' Ἡροδότου γέγονε, καὶ πάλιν ἀνεφάνη,
    ὥcπερ φηcὶν Ἡρόδοτοc· εἰ δ' ἀληθὲc οὐκ οἶδα.
Cf. ib. 4.520 sq.
                           καὶ Ἀριcτέαc ἅμα,
    ὁ Ἀριcτέαc ὁ cοφὸc ὁ τοῦ Καϋcτροβίου,
    ⟨sc. τῶι ἀποθνήιcκειν τε καὶ ζῆν ἐφρόνει μέγα⟩.

6 Apollonius *Hist. Mirab.* 2 (*Rer. Nat. Script.* 1.44 Keller = *Paradox. Graec. Rel.* pp. 120 sqq. Giannini)

Ἀριϲτέαν δὲ ἱϲτορεῖται τὸν Προκοννήϲιον ἔν τινι γναφείωι τῆϲ Προκοννήϲου τελευτήϲαντα ἐν τῆι αὐτῆι ἡμέραι καὶ ὥραι ἐν Σικελίαι ὑπὸ πολλῶν θεωρηθῆναι γράμματα διδάϲκοντα. ὅθεν πολλάκιϲ αὑτῶι τοῦ τοιούτου ϲυμβαίνοντοϲ καὶ περιφανοῦϲ γιγνομένου διὰ πολλῶν ἐτῶν καὶ πυκνότερον ἐν τῆι Σικελίαι φανταζομένου οἱ Σικελοὶ ἱερόν τε καθιδρύϲαντο αὐτῶι καὶ ἔθυϲαν ὡϲ ἥρωι.

7 Plin. *Nat. Hist.* 7.174

reperimus inter exempla (sc. uti de homine ne morti quidem debeat credi) ... Aristeae etiam (sc. animam) visam evolantem ex ore in Proconneso corvi effigie, magna quae sequitur hanc fabulositate.

8 Plut. *vit. Rom.* 28.4 (de Romulo deo facto)

ἔοικε μὲν οὖν ταῦτα τοῖϲ ὑφ᾽ Ἑλλήνων περί τε Ἀριϲτέου τοῦ Προκοννηϲίου καὶ Κλεομήδουϲ τοῦ Ἀϲτυπαλαιέωϲ μυθολογουμένοιϲ. Ἀριϲτέαν μὲν γὰρ ἔν τινι κναφείωι τελευτῆϲαί φαϲι καὶ τὸ ϲῶμα μετιόντων αὐτοῦ τῶν φίλων ἀφανὲϲ οἴχεϲθαι· λέγειν δέ τιναϲ εὐθὺϲ ἐξ ἀποδημίαϲ ἥκονταϲ ἐντυχεῖν Ἀριϲτέαι τὴν ἐπὶ Κρότωνοϲ πορευομένωι.

9 Origen. *contra Celsum* 3.26 (2.60 Borret)

ἴδωμεν δὲ καὶ ἃ μετὰ ταῦτα λέγει ὁ Κέλϲοϲ, παρατιθέμενοϲ ἀπὸ ἱϲτοριῶν παράδοξα καὶ καθ᾽ αὑτὰ μὲν ἀπίϲτοιϲ ἐοικότα ὑπ᾽ αὐτοῦ δὲ οὐκ ἀπιϲτούμενα ὅϲον γε ἐπὶ τῆι λέξει αὐτοῦ. καὶ πρῶτόν γε τὰ περὶ τὸν Προκοννήϲιον Ἀριϲτέαν, περὶ οὗ ταῦτά φηϲιν· „εἶτ᾽ Ἀριϲτέαν μὲν τὸν Προκοννήϲιον ἀφανιϲθέντα τε οὕτωϲ δαιμονίωϲ ἐξ ἀνθρώπων καὶ αὖθιϲ ἐναργῶϲ φανέντα καὶ πολλοῖϲ ὕϲτερον χρόνοιϲ πολλαχοῦ τῆϲ οἰκουμένηϲ ἐπιδημήϲαντα καὶ θαυμαϲτὰ ἀγγείλαντα, καὶ τοῦ Ἀπόλλωνοϲ ἐπιϲκήψαντοϲ τοῖϲ Μεταποντίνοιϲ ἐν θεῶν μοίραι νέμειν τὸν Ἀριϲτέαν, τοῦτον οὐδεὶϲ ἔτι νομίζει θεόν." ἔοικε δὲ εἰληφέναι τὴν ἱϲτορίαν ἀπὸ Πινδάρου καὶ Ἡροδότου (cf. 27: ἦ Ἡρόδοτοϲ μὲν καὶ Πίνδαροϲ (fr. 271 Sn.) ἀψευδεῖν παρὰ ϲοὶ νομίζονται ...;) sequitur T 4 supra verbatim.

Cf. Aen. Gaz. *Theophrast.* (p. 63 Colonna)

Πίνδαροϲ δὲ ὁ Θηβαῖοϲ καὶ Ἡρόδοτοϲ Ἁλικαρναϲϲεὺϲ Ἀριϲτέα φαϲὶ τὸν Προκοννήϲιον εἰϲελθόντα παρὰ τὸν κναφέα ἐν Προκοννήϲωι, ἐκεῖ καὶ τεθνάναι· καὶ ἀφανιϲθέντα Κυζικηνοῖϲ φανερῶϲ

διαλέγεςθαι· καὶ διακοςίοις ὕςτερον ἔτεςι καὶ τεςςαράκοντα ἐν Ἰταλίαι Μεταποντίνοις ὀφθῆναι, καὶ κελεύειν ἑαυτὸν θυςίαις τιμᾶν, καὶ τὸν Ἀπόλλωνα· ςυνείπετο γάρ, ἔφη, τῶι Ἀπόλλωνι τότε κόραξ ὑπάρχων ὁ νῦν Ἀριςτεύς· καὶ τοὺς Μεταποντίνους πέμψαντας εἰς Δελφοὺς ἐρωτᾶν τὸν Ἀπόλλωνα εἰ χρὴ τῶι Ἀριςτεῖ πείθεςθαι· καὶ τὴν Πυθίαν χρῆςαι ὡς πειθομένοις ἄμεινον ἔςται. καὶ νῦν ἀνδριὰς ἕςτηκεν ἐπωνυμίαι Ἀριςτεύς, παρ' αὐτῶι τῶι ἀγάλματι τοῦ Ἀπόλλωνος. καὶ ὡς θεοῖς ἀμφοτέροις ἡ θυςία κοινὴ νομίζεται.
vid. H. Herter, *Rh. Mus.* 108 (1965) p. 201 = *Kl. Schr.* p. 575 n. 71

10 Athen. 12.605ᶜ sq. (3.334 sq. Kaibel) = Theopomp. *F. Gr. Hist.* 115 F 248

Φαρςαλίαι τῆι Θεςςαλίδι ὀρχηςτρίδι δάφνης ςτέφανον χρυςοῦν Φιλόμηλος ἔδωκε, Λαμψακηνῶν ἀνάθημα. αὕτη ἡ Φαρςαλία ἐν Μεταποντίωι ὑπὸ τῶν ἐν τῆι ἀγορᾶι μάντεων, γενομένης φωνῆς ἐκ τῆς δάφνης τῆς χαλκῆς, ἣν ἔςτηςαν Μεταποντῖνοι κατὰ τὴν Ἀριςτέα τοῦ Προκοννηςίου ἐπιδημίαν, ὅτ' ἔφηςεν ἐξ Ὑπερβορέων παραγεγονέναι, ὡς τάχιςτα ὤφθη εἰς τὴν ἀγορὰν ἐμβαλοῦςα, ἐμμανῶν γενομένων τῶν μάντεων διεςπάςθη ὑπ' αὐτῶν. καὶ τῶν ἀνθρώπων ὕςτερον ἀναζητούντων τὴν αἰτίαν εὑρέθη διὰ τὸν τοῦ θεοῦ ςτέφανον ἀνηιρημένη.

11 Maximus Tyrius 10.2 sq. (p. 113 Hobein)

Προκοννηςίωι ἀνδρὶ τὸ μὲν ςῶμα ἔκειτο ἔμπνουν μέν, ἀλλ' ἀμυδρῶς καὶ ἐγγύτατα θανάτου· ἡ δὲ ψυχὴ ἐκδῦςα τοῦ ςώματος, ἐπλανᾶτο ἐν τῶι αἰθέρι, ὄρνιθος δίκην, πάντα ὕποπτα θεωμένη, γῆν, καὶ θάλατταν, καὶ ποταμούς, καὶ πόλεις, καὶ ἔθνη ἀνδρῶν, καὶ παθήματα, καὶ φύςεις παντοίας· καὶ αὖθις εἰςδυομένη τὸ ςῶμα καὶ ἀναςτήςαςα, ὥςπερ ὀργάνωι χρωμένη, διηγεῖτο ἄττα εἶδέν τε καὶ ἤκουςεν, παρ' ἄλλοις ἄλλα. τί δήποτ' οὖν Ἐπιμενίδης καὶ Πυθαγόρας καὶ Ἀριςτέας ἐθέλουςιν αἰνίττεςθαι;

ibid. 38.3 sqq. (p. 439 sq. Hobein)

ἐγένετο καὶ ἐν Προκοννήςωι ἀνὴρ φιλόςοφος, ὄνομα Ἀριςτέας· ἠπιςτεῖτο δὲ αὐτῶι οὐχὶ ςοφία τὰ πρῶτα, διότι μηδένα αὐτῆς διδάςκαλον προύφερεν. πρὸς οὖν δὴ τὴν τῶν ἀνθρώπων ἀπιςτίαν ἐξεῦρεν λόγον· ἔφαςκεν τὴν ψυχὴν αὐτῶι καταλιποῦςαν τὸ ςῶμα, ἀναπτᾶςαν εὐθὺ τοῦ αἰθέρος, περιπολῆςαι τὴν γῆν τὴν Ἑλλάδα καὶ τὴν βάρβαρον, καὶ νήςους πάςας, καὶ ποταμούς, καὶ ὄρη· γενέςθαι δὲ τῆς περιπολήςεως αὐτῆι τέρμα τὴν Ὑπερβορέων γῆν· ἐποπτεῦςαι δὲ πάντα ἑξῆς νόμαια καὶ ἤθη πολιτικά, καὶ φύςεις χωρίων, καὶ ἀέρων μεταβολάς, καὶ ἀναχύςεις θαλάττης, καὶ ποταμῶν ἐκβολάς· γενέςθαι δὲ αὐτῆι καὶ τὴν τοῦ οὐρανοῦ θέαν πολὺ τῆς νέρθεν ςαφεςτέραν.

12 Clem. Alexandr. *Strom.* 1.133.2 (2.82 Stählin) = Heracl. Pont. fr. 90 Wehrli

προγνώσει δὲ καὶ Πυθαγόρας ὁ μέγας προσανεῖχεν αἰεὶ Ἄβαρίς τε ὁ Ὑπερβόρειος καὶ Ἀριστέας ὁ Προκοννήσιος Ἐπιμενίδης τε ὁ Κρής, ὅστις εἰς Σπάρτην ἀφίκετο, καὶ Ζωροάστρης ὁ Μῆδος Ἐμπεδοκλῆς τε ὁ Ἀκραγαντῖνος καὶ Φορμίων ὁ Λάκων, ναὶ μὴν Πολυάρατος ὁ Θάσιος Ἐμπεδότιμός τε ὁ Συρακούσιος ἐπί τε τούτοις Σωκράτης ὁ Ἀθηναῖος μάλιστα.

13 Iamblich. *Vita Pythagorica* 138 (p. 78 Deubner)

καὶ τοῦτό γε πάντες οἱ Πυθαγόρειοι ὁμῶς ἔχουσι πιστευτικῶς, οἷον περὶ Ἀρισταίου τοῦ Προκονησίου καὶ Ἀβάριδος τοῦ Ὑπερβορέου τὰ μυθολογούμενα, καὶ ὅσα ἄλλα τοιαῦτα λέγεται. πᾶσι γὰρ πιστεύουσι τοῖς τοιούτοις, πολλὰ δὲ καὶ αὐτοὶ πειρῶνται.

14 Gregor. Nazianzen. *Oratio* 4 (contra Iulianum I) 59

ταῦτα μὲν παιζέτωσαν παρ' ἐκείνοις Ἐμπεδοκλεῖς καὶ Ἀρισταῖοι καὶ Ἐμπεδότιμοί τινες καὶ Τροφώνιοι καὶ τοιούτων δυστυχῶν ἀριθμός· ὧν ὁ μὲν τοῖς Σικελικοῖς κρατῆρσιν ἑαυτὸν θεώσας, ὡς ᾤετο ... τῶι φιλτάτωι σανδάλωι κατεμηνύθη παρὰ τοῦ πυρὸς ἐκβρασθέντι ... οἱ δὲ ἀδύτοις τισὶν ἑαυτοὺς ἐγκρύψαντες ὑπὸ τῆς αὐτῆς νόσου καὶ φιλαυτίας, εἶτ' ἐλεγχθέντες, οὐ μᾶλλον ἐκ τῆς κλοπῆς ἐτιμήθησαν ἢ ἐκ τοῦ μὴ λαθεῖν καθυβρίσθησαν.

15 Procl. in Platonis *rem publicam* 614 (2.113 Kroll)

καὶ γὰρ ἐφ' ἡμῶν τινες ἤδη καὶ ἀποθανεῖν ἔδοξαν καὶ μνήμασιν ἐνετέθησαν καὶ ἀνεβίωσαν καὶ ὤφθησαν οἱ μὲν ἐγκαθήμενοι τοῖς μνήμασιν, οἱ δὲ καὶ (ἐφ)εστῶτες· καθάπερ δὴ καὶ ἐπὶ τῶν πάλαι γεγονότων ἱστοροῦνται καὶ Ἀριστέας ὁ Προκοννήσιος καὶ Ἑρμότιμος (Rohde: -δωρος cod.) ὁ Κλαζομένιος καὶ Ἐπιμενίδης ὁ Κρὴς μετὰ θάνατον ἐν τοῖς ζῶσιν γενόμενοι.

16 Strabo 13.1.16 p. 589 C

ἐντεῦθέν (scil. Proconnesus) ἐστιν Ἀριστέας ὁ ποιητὴς τῶν Ἀριμασπείων καλουμένων ἐπῶν, ἀνὴρ γόης εἴ τις ἄλλος.

17 Strabo 14.1.18 p. 639 C = Creoph. T 3

τινὲς δὲ διδάσκαλον Ὁμήρου τοῦτόν (scil. Creophylum) φασιν, οἱ δ' οὐ τοῦτον ἀλλ' Ἀριστέαν τὸν Προκοννήσιον (*F.Gr.Hist.* 35 T 1[b] (*p. 14).

Cf. Eustath. *Il.* 331.8 sq. (1.516 van der Valk)

τινὲc δὲ καὶ διδάcκαλον Ὁμήρου τὸν Κρεώφυλον εἶπον· ἕτεροι δὲ Ἀριcταῖον τὸν Προκοννήcιον, ὡc καὶ ταῦτα ὁ γεωγράφοc (scil. Strabo) ἱcτορεῖ.

18 Euseb. *Praep. Evang.* 10.11.27 (1.600 Mras) = Tatian. *ad Graecos* 41

τὸ δὲ νῦν ἔχον, cπευcτέον μετὰ πάcηc ἀκριβείαc cαφηνίζειν ὡc οὐχ Ὁμήρου μόνον πρεcβύτερόc ἐcτιν ὁ Μωcῆc, ἔτι δὲ καὶ τῶν πρὸ αὐτοῦ cυγγραφέων, Λίνου, Φιλάμμωνοc, Θαμύριδοc, Ἀμφίονοc, Ὀρφέωc, Μουcαίου, Δημοδόκου, Φημίου, Σιβύλληc, Ἐπιμενίδου τοῦ Κρητόc, ὅcτιc εἰc τὴν Σπάρτην ἀφίκετο, Ἀριcταίου τοῦ Προκοννηcίου, καὶ τοῦ τὰ Ἀριμάcπια cυγγράψαντοc, Ἀcβόλου τε τοῦ Κενταύρου, καὶ Ἰcάτιδοc, Δρύμωνόc τε καὶ Εὔκλου τοῦ Κυπρίου, καὶ Ὤρου τοῦ Σαμίου, καὶ Προναπίδου τοῦ Ἀθηναίου.

19 Suda s.v. Πείcανδροc Πείcωνοc (4.122 (1465) Adler) = Pisandri T 1 infra

ποιήματα δὲ αὐτοῦ Ἡράκλεια, ἐν βιβλίοιc β΄. ἔcτι δὲ τὰ Ἡρακλέουc ἔργα· ἔνθα πρῶτοc Ἡρακλεῖ ῥόπαλον περιτέθεικε. τὰ δὲ ἄλλα τῶν ποιημάτων νόθα αὐτοῦ δοξάζεται, γενόμενα ὑπό τε ἄλλων καὶ Ἀριcτέωc τοῦ ποιητοῦ (cf. T 9 supra).

F

1 Longin. *de subl.* 10.4 (p. 15 Russell)

ὅνπερ (scil. Ὅμηρον), οἶμαι, καὶ ἐπὶ τῶν χειμώνων τρόπον ὁ ποιητὴc ἐκλαμβάνει τῶν παρακολουθούντων τὰ χαλεπώτατα. ὁ μὲν γὰρ τὰ Ἀριμάcπεια ποιήcαc ἐκεῖνα οἴεται δεινά·

    θαῦμ' ἡμῖν καὶ τοῦτο μέγα φρεcὶν ἡμετέρηιcιν·
    ἄνδρεc ὕδωρ ναίουcιν ἀπὸ χθονὸc ἐν πελάγεccι·
    δύcτηνοί τινέc εἰcιν, ἔχουcι γὰρ ἔργα πονηρά·
    ὄμματ' ἐν ἄcτροιcι, ψυχὴν δ' ἐνὶ πόντωι ἔχουcιν.
5 ἦ που πολλὰ θεοῖcι φίλαc ἀνὰ χεῖραc ἔχοντεc
    εὔχονται cπλάγχνοιcι κακῶc ἀναβαλλομένοιcι.

παντί, οἶμαι, δῆλον, ὡc πλέον ἄνθοc ἔχει τὰ λεγόμενα ἢ δέοc.

1 ἡμῖν: ἦ μὴν Faber   6 ἀναβαλλομένοιcι: ἀναπαλλ- Wilamowitz

2 Tzetz. *Chil.* 7.668 sqq. Leone
καὶ ὁ Φερένικός φηcι περὶ Ὑπερβορέων,
ὥcπερ καὶ ὁ Ζηνόθεμιc, ὁμοῦ καὶ Ἀριcτέαc,
ὁ Ἀριcτέαc ὁ cοφόc, ὁ τοῦ Καϋcτροβίου,
οὗπερ αὐτὸc μὲν ἔπεcιν ἐνέτυχον ὀλίγοιc …
ibid. 678 sqq.
καὶ Ἀριcτέαc δέ φηcιν ἐν τοῖc Ἀριμαcπείοιc·

(i) Ἰccηδοὶ χαίτηιcιν ἀγαλλόμενοι ταναῆιcι·

(ii) καί φαc' ἀνθρώπουc εἶναι καθύπερθεν ὁμούρουc
πρὸc βορέω, πολλούc τε καὶ ἐcθλοὺc κάρτα μαχητάc,
ἀφνειοὺc ἵπποιcι, πολύρρηναc πολυβούταc.

(iii) ὀφθαλμὸν δ' ἕν' ἕκαcτοc ἔχει χαρίεντι μετώπωι,
χαίτηιcι⟨ν⟩ λάcιοι, πάντων cτιβαρώτατοι ἀνδρῶν.

(ii) 1 φαc' Hubmann: cφᾶc

3 *de Issedonibus*

A Herodot. 4.13
ἔφη δὲ Ἀριcτέηc ὁ Καϋcτροβίου ἀνὴρ Προκοννήcιοc, ποιέων ἔπεα, ἀπικέcθαι ἐc Ἰccηδόναc φοιβόλαμπτοc γενόμενοc, Ἰccηδόνων δὲ ὑπεροικέειν Ἀριμαcποὺc ἄνδραc μουνοφθάλμουc, ὑπὲρ δὲ τούτων τοὺc χρυcοφύλακαc γρῦπαc, τούτων δὲ τοὺc Ὑπερβορέουc κατήκονταc ἐπὶ θάλαccαν. τούτουc ὦν πάνταc πλὴν Ὑπερβορέων ἀρξάντων Ἀριμαcπῶν αἰεὶ τοῖcι πληcιοχώροιcι ἐπιτίθεcθαι, καὶ ὑπὸ μὲν Ἀριμαcπῶν ἐξωθεέcθαι ἐκ τῆc χώρηc Ἰccηδόναc, ὑπὸ δὲ Ἰccηδόνων Σκύθαc, Κιμμερίουc δὲ οἰκέονταc ἐπὶ τῆι νοτίηι θαλάccηι ὑπὸ Σκυθέων πιεζομένουc ἐκλιπεῖν τὴν χώρην.

B Herodot. 4.16
οὐδὲ γὰρ οὐδὲ Ἀριcτέηc, τοῦ περ ὀλίγωι πρότερον τούτων μνήμην ἐποιεύμην, οὐδὲ οὗτοc προcωτέρω Ἰccηδόνων αὐτὸc ἐν τοῖcι ἔπεcι ποιέων ἔφηcε ἀπικέcθαι, ἀλλὰ τὰ κατύπερθε ἔλεγε ἀκοῆι, φὰc Ἰccηδόναc εἶναι τοὺc ταῦτα λέγονταc.

C Pausan. 5.7.9 (2.17 Rocha-Pereira)
Ἀριcταῖοc δὲ ὁ Προκοννήcιοc, μνήμην γὰρ ἐποιήcατο Ὑπερβορέων καὶ οὗτοc, τάχα ἄν τι καὶ πλέον περὶ αὐτῶν πεπυcμένοc εἴη παρὰ Ἰccηδόνων, ἐc οὓc ἀcικέcθαι φηcὶν ἐν τοῖc ἔπεcιν.

4 *de Arimaspis*

A Strabo 1.2.10 p. 21 C

τάχα δὲ καὶ τοὺς μονομμάτους Κύκλωπας ἐκ τῆς Σκυθικῆς ἱστορίας μετενήνοχε· τοιούτους γάρ τινας τοὺς Ἀριμασποὺς φασιν, οὓς ἐν τοῖς Ἀριμασπείοις ἔπεσιν ἐκδέδωκεν Ἀριστέας ὁ Προκοννήσιος.

B Plin. *Nat. Hist.* 7.10

sed iuxta eos, qui sunt ad septentrionem versi, haud procul ab ipso aquilonis exortu specuque eius dicto, quem locum Γῆς κλῇθρον appellant, produntur Arimaspi, quos diximus, uno oculo in fronte media insignes. quibus adsidue bellum esse circa metalla cum grypis, ferarum volucri genere, quale vulgo traditur, eruente ex cuniculis aurum, mira cupiditate et feris custodientibus et Arimaspis rapientibus, multi, sed maxime illustres Herodotus et Aristeas Proconnesius scribunt.

C Pausan. 1.24.6 (1.54 Rocha-Pereira) de Minervae imagine quadam in Parthenone servata

καθ' ἑκάτερον δὲ τοῦ κράνους γρῦπές εἰσιν ἐπειργασμένοι. τούτους τοὺς γρῦπας ἐν τοῖς ἔπεσιν Ἀριστέας ὁ Προκοννήσιος μάχεσθαι περὶ τοῦ χρυσοῦ φησιν Ἀριμασποῖς ⟨τοῖς⟩ ὑπὲρ Ἰσσηδόνων· τὸν δὲ χρυσόν, ὃν φυλάσσουσιν οἱ γρῦπες, ἀνιέναι τὴν γῆν· εἶναι δὲ Ἀριμασποὺς μὲν ἄνδρας, μονοφθάλμους πάντας ἐκ γενετῆς, γρῦπας δὲ θηρία λέουσιν εἰκασμένα, πτερὰ δὲ ἔχειν καὶ στόμα ἀετοῦ.

ASIVS SAMIVS

T

Pausan. 7.4.1 = F 7 infra: Ἄσιος ... ὁ Ἀμφιπτολέμου Σάμιος.

cf. Athen. 3.125^B (1.286 Kaibel): κατὰ τὸν Σάμιον ποιητὴν Ἄσιον τὸν παλαιὸν ἐκεῖνον ... (sequitur Asii fr. 14 W (*Iambi et Elegi Graeci* 2.46)).

F

1 Pausan. 2.6.3 sq. (1.121 Rocha-Pereira) = *F.Gr.Hist.* 551 F 2

Λαμέδων γὰρ ὁ Κορώνου βασιλεύσας μετὰ Ἐπωπέα ἐξέδωκεν Ἀντιόπην. ἡ δὲ ἐς Θήβας ἤγετο τὴν ἐπ' Ἐλευθερῶν, ἐνταῦθα καθ' ὁδὸν τίκτει. καὶ ἔπη (ἐπὶ add. Clavier) τούτωι πεποίηκεν Ἄςιος (Gédoyn: ἅγις) ὁ Ἀμφιπτολέμου·

 Ἀντιόπη δ' ἔτεκε Ζῆθον †καὶ Ἀμφίονα δῖον†
 Ἀςωποῦ κούρη ποταμοῦ βαθυδινήεντος
 Ζηνί τε κυςαμένη καὶ Ἐπωπέι ποιμένι λαῶν.

ca. 499

1 καὶ Ἀμφίονα δῖον: κ' Ἀμφίονα δῖον Dübner, τ' Ἀμφίονα θ' υἱόν Naeke

2 Strabo 6.1.15 p. 265 C

 δοκεῖ δ' Ἀντίοχος (F.Gr.Hist. 555 F 12) τὴν πόλιν Μεταπόντιον εἰρῆςθαι πρότερον Μέταβον, παρωνομάςθαι δ' ὕςτερον· τήν τε Μελανίππην οὐ πρὸς τοῦτον, ἀλλὰ πρὸς Δῖον κομιςθῆναι ἐλέγχειν ἡρῶιον τοῦ Μετάβου καὶ Ἄςιον τὸν ποιητὴν φήςαντα ὅτι τὸν Βοιωτὸν

 Δίου ἐνὶ μεγάροις τέκεν εὐειδὴς Μελανίππη

ca. 497

ὡς πρὸς ἐκεῖνον ἀχθεῖςαν τὴν Μελανίππην, οὐ πρὸς Μέταβον.

pro Ἄςιον coni. Hecker Ἡςίοδον ὕςτερον τήν τε ... κομιςθῆναι· ἐλέγχειν ⟨δ'⟩ ἡρῶιον coni. Wilamowitz

3 Pausan. 9.23.6 (3.43 Rocha-Pereira)

 προελθόντι δὲ ἀπὸ τῆς πόλεως (scil. Θηβῶν) ἐν δεξιᾶι πέντε που καὶ δέκα ςταδίους τοῦ Ἀπόλλωνός ἐςτι τοῦ Πτώιου τὸ ἱερόν. εἶναι δὲ Ἀθάμαντος καὶ Θεμιςτοῦς παῖδα τὸν Πτῶον, ἀφ' οὗ τῶι τε Ἀπόλλωνι ἐπίκληςις καὶ τῶι ὄρει τὸ ὄνομα ἐγένετο, Ἄςιος ἐν τοῖς ἔπεςιν εἴρηκε.

4 Pausan. 5.17.7 (2.44 Rocha-Pereira) de Cypseli cista

 ἑξῆς δὲ Ἀμφιαράου τε ἡ οἰκία πεποίηται καὶ Ἀμφίλοχον φέρει νήπιον πρεςβῦτις ἥτις δή· πρὸ δὲ τῆς οἰκίας Ἐριφύλη τὸν ὅρμον ἔχουςα ἔςτηκε, παρὰ δὲ αὐτὴν αἱ θυγατέρες Εὐρυδίκη καὶ Δημώναςςα, καὶ Ἀλκμαίων παῖς γυμνός. Ἄςιος δὲ ἐν τοῖς ἔπεςι καὶ Ἀλκμήνην ἐποίηςε θυγατέρα Ἀμφιαράου καὶ Ἐριφύλης εἶναι.

5 Pausan. 2.29.4 (1.175 Rocha-Pereira)

 Φώκωι δὲ Ἄςιος ὁ τὰ ἔπη ποιήςας γενέςθαι φηςὶ Πανοπέα καὶ Κρῖςον· καὶ Πανοπέως μὲν ἐγένετο Ἐπειὸς ὁ τὸν ἵππον τὸν δούρειον, ὡς Ὅμηρος ἐποίηςεν, ἐργαςάμενος, Κρίςου δὲ ἦν ἀπόγονος τρίτος Πυλάδης, Στροφίου τε ὢν τοῦ Κρίςου καὶ Ἀναξιβίας ἀδελφῆς Ἀγαμέμνονος.

6 Pausan. 3.13.8 (1.233 Rocha-Pereira)

γεγόνασι δὲ οἱ Τυνδάρεω παῖδες τὰ πρὸς μητρὸς ἀπὸ τοῦ Πλευρῶνος· Θέστιον γὰρ τὸν Λήδας πατέρα Ἄσιος (Palmerius: ἄρειος) φησιν ἐν τοῖς ἔπεσιν Ἀγήνορος παῖδα εἶναι τοῦ Πλευρῶνος.

7 Pausan. 7.4.1 (2.153 Rocha-Pereira) = F.Gr.Hist. 545 F 1

Ἄσιος δὲ ὁ Ἀμφιπτολέμου Σάμιος ἐποίησεν ἐν τοῖς ἔπεσιν ὡς Φοίνικι ἐκ Περιμήδης τῆς Οἰνέως γένοιτο Ἀστυπάλαια καὶ Εὐρώπη, Ποσειδῶνος δὲ καὶ Ἀστυπαλαίας εἶναι παῖδα Ἀγκαῖον, βασιλεύειν δὲ αὐτὸν τῶν καλουμένων Λελέγων· Ἀγκαίωι δὲ τὴν θυγατέρα τοῦ ποταμοῦ λαβόντι τοῦ Μαιάνδρου Σαμίαν γενέσθαι Περίλαον καὶ Ἔνουδον καὶ Σάμον καὶ Ἀλιθέρσην καὶ θυγατέρα ἐπ' αὐτῶι Παρθενόπην, Παρθενόπης δὲ τῆς Ἀγκαίου καὶ Ἀπόλλωνος Λυκομήδην γενέσθαι. Ἄσιος μὲν ἐς τοσοῦτο ἐν τοῖς ἔπεσιν ἐδήλωσε.

8 Pausan. 8.1.4 (2.222 Rocha-Pereira) = F.Gr.Hist. 322 F 1

φασὶ δὲ Ἀρκάδες ὡς Πελασγὸς γένοιτο ἐν τῆι γῆι ταύτηι (scil. Ἀρκαδίαι) πρῶτος ... πεποίηται δὲ καὶ Ἀσίωι (Marcianus gr. 413: Ἀσίων β) τοιάδε ἐς αὐτόν·

ἀντίθεον δὲ Πελασγὸν ἐν ὑψικόμοισιν ὄρεσσι
γαῖα μέλαιν' ἀνέδωκεν, ἵνα θνητῶν γένος εἴη.

9 Apollod. 3.8.2 (p. 135 Wagner)

Εὔμηλος (Corinth. F 10) δὲ καί τινες ἕτεροι λέγουσι Λυκάονι καὶ θυγατέρα Καλλιστὼ γενέσθαι· Ἡσίοδος (fr. 163 MW) μὲν γὰρ αὐτὴν μίαν εἶναι τῶν νυμφῶν λέγει, Ἄσιος δὲ Νυκτέως, Φερεκύδης (F.Gr. Hist. 3 F 157) δὲ Κητέως.

lacunam ante Ἡσίοδος posuit West quam ⟨ἄλλοι δ' οὔ φασιν αὐτὴν Λυκάονος γενέσθαι⟩ ex. gr. supplet

10 Σ M Od. 4.797

„Ἰφθίμηι, κούρηι μεγαλήτορος Ἰκαρίοιο"· Ἄσιος δέ φησι·
κοῦραί τ' Ἰκαρίοιο Μέδη καὶ Πηνελόπεια.

11 Pausan. 2.6.5 (1.121 Rocha-Pereira)

Σικυῶνα δὲ οὐ Μαραθῶνος τοῦ Ἐπωπέως, Μητίονος δὲ εἶναι τοῦ Ἐρεχθέως φασίν (scil. οἱ Σικυώνιοι). ὁμολογεῖ δέ σφισι καὶ Ἄσιος, ἐπεὶ Ἡσίοδός γε (fr. 224 MW) καὶ Ἴβυκος (fr. 308 P), ὁ μὲν ἐποίησεν ὡς Ἐρεχθέως εἴη Σικυών, Ἴβυκος δὲ εἶναι Πέλοπός φησιν αὐτόν.

12 Pausan. 4.2.1 (1.273 Rocha-Pereira)

πυθέςθαι δὲ cπουδῆι πάνυ ἐθελήςας οἵ τινες παῖδες Πολυκάονι ἐγένοντο ἐκ Μεςςήνης, ἐπελεξάμην τάς τε Ἡοίας καλουμένας (fr. 251ᵇ MW) καὶ τὰ ἔπη τὰ Ναυπάκτια (T 1), πρὸς δὲ αὐτοῖς ὁπόςα Κιναίθων (T 1) καὶ Ἄςιος ἐγενεαλόγηςαν. οὐ μὴν ἔς γε ταῦτα ἦν ςφίςιν οὐδὲν πεποιημένον.

13 Athen. 12.525ᴱ sq. (3.159 sq. Kaibel)

περὶ δὲ τῆς Σαμίων τρυφῆς Δοῦρις (*F.Gr.Hist.* 76 F 60) ἱστορῶν παρατίθεται Ἀςίου ποιήματα, ὅτι ἐφόρουν χλιδῶνας περὶ τοῖς βραχίοςιν καὶ τὴν ἑορτὴν ἄγοντες τῶν Ἡραίων ἐβάδιζον κατεκτενιςμένοι τὰς κόμας ἐπὶ τὸ μετάφρενον καὶ τοὺς ὤμους. τὸ δὲ νόμιμον τοῦτο μαρτυρεῖςθαι καὶ ὑπὸ παροιμίας τῆςδε ‚βαδίζειν ⟨εἰς add. Meineke⟩ Ἡραῖον ἐμπεπλεγμένον' ἔςτι δὲ τὰ τοῦ Ἀςίου ἔπη οὕτως ἔχοντα·

οἱ δ' αὕτως φοίτεςκον ὅπως πλοκάμους κτενίςαιντο
εἰς Ἥρας τέμενος, πεπυκαςμένοι εἵμαςι καλοῖς.
χιονέοιςι χιτῶςι πέδον χθονὸς εὐρέος εἶχον.
χρύςειαι δὲ κορύμβαι ἐπ' αὐτῶν τέττιγες ὥς.
5 χαῖται δ' ἠωρεῦντ' ἀνέμωι χρυςέοις ἐνὶ δεςμοῖς
δαιδάλεοι δὲ χλιδῶνες ἄρ' ἀμφὶ βραχίοςιν ἦςαν
]τες ὑπαςπίδιον πολεμιςτήν.

„versus corruptelis et lacunis laborantes" recte Dübner; coniecturas virorum doctorum exscripsit Michelangeli, *Riv. di Stor. Ant.* 3 (2/3) 71 sqq.
1 versum sic refinxit Kaibel: οἳ δ' ὅτε φοίτεςκον ὀπίςω πλοκάμους κτενίςαντες **2** Ἥρας: Ἥρης coni. Bach, Dübner, alii πεπυκαςμένοι Musurus: πεποικαςμένοι **3** χιονέοιςι: sunt quibus displicet asyndeton; ergo χιονέοις τε coni. van Lennep, lacunam ante h.v. posuit Dindorf, alii alia **4** κορύμβαι: κοςύμβαι maluit Wilamowitz vv. 4 et 5 emendavit transposuitque Naeke, transpositionem quidem (id est χαῖται δ' ἠωρεῦντ' ἀνέμωι χρυςέοις ἐνὶ δεςμοῖς | χρύςειαι δὲ κορύμβαι ἐπ' αὐτῶν τέττιγες ὥς) prob. nonnulli **5** ἠωρεῦντ': ἐρρώοντ' coni. Weston, prob. Schweighäuser **6** sq. lacunam varie supplent: vid. Michelangeli sup. cit. pp. 93 sqq.; recentius temptaverunt ⟨τὸν - αἰςχύνον⟩τες Jacoby, ⟨ὣς ἴςαν εἰκάζον⟩τες Bowra

CERCOPS

testimonia atque fragmenta ediderunt Merkelbach et West, *Fragmenta Hesiodea* pp. 151 sqq.

CHERSIAS
vid. dubia et spuria s.v.

CHOERILVS IASIVS
vid. *Suppl. Hell.* pp. 154 sqq.

CHOERILVS SAMIVS

recenter ediderunt P. Radici Colace (*Choerili Samii Reliquiae* (1979): vid. M. L. West, *CR* 31 (1981) 104 sq.) et Lloyd-Jones et Parsons (*Suppl. Hell.* (1983) pp. 146 sqq.).

CINAETHO

T

Pausan. 2.3.9 (1.115 Rocha-Pereira)

Κιναίθων δὲ ὁ Λακεδαιμόνιος – ἐγενεαλόγηcε γὰρ καὶ οὗτος ἔπεcι [sequitur F 2 infra].
cf. Paus. 4.2.1 (1.273 R.-P.): ὁπόcα Κιναίθων καὶ Ἄcιος (F 12) ἐγενεαλόγηcαν.
ergo in Euseb. (Hieron.) *Chron. Ol.* 4.2 (anno 763) p. 87[B], 12 sq. Helm (Cinaethon, Lacedaemonius poeta qui Telegoniam scripsit, agnoscitur) *Genealogias* pro *Telegoniam* coniecerunt quidam.

F

1 Pausan. 8.53.5 (2.334 Rocha-Pereira)

Κιναίθων δὲ ἐν τοῖς ἔπεcιν ἐποίηcεν ⟨ὡc add. Musurus⟩ Ῥαδάμανθυc μὲν Ἡφαίcτου, Ἥφαιcτος δὲ εἴη Τάλω, Τάλων δὲ εἶναι Κρητὸς παῖδα.

Φαίcτου, Φαῖcτος coni. Malten ap. Wilamowitz, *Gl.d.Hell.* 1 p. 56 n. 3.

2 Pausan. 2.3.9

Κιναίθων ... (= T supra) ... Μήδειον καὶ θυγατέρα Ἐριῶπιν Ἰάcονι εἶπεν ἐκ Μηδείας γενέcθαι· πέρα δὲ ἐc τοὺc παῖδας οὐδὲ τούτωι πεποιημένα ἐcτίν.

3 Σ ABD *Il.* 3.175 [praecedit Porphyrii *Quaest. Hom.* fr.: vid. Schrader, *Hermes* 14 (1879) 239]

Ἑλένης τε καὶ Μενελάου ἱστορεῖ Ἀρίαιθος (*F.Gr.Hist.* 316 F 6) παῖδα Μαράφιον ... ὡς δὲ Κιναίθων, Νικόστρατον.

4 Pausan. 2.18.6 (1.148 Rocha-Pereira)

Ὀρέστου δὲ ἀποθανόντος ἔσχε Τισαμενὸς τὴν ἀρχήν, Ἑρμιόνης τῆς Μενελάου καὶ Ὀρέστου παῖς. τὸν δὲ Ὀρέστου νόθον Πενθίλον Κιναίθων ἔγραψεν ⟨ἐν suppl. R^sv Pa Vb⟩ τοῖς ἔπεσιν Ἠριγόνην τὴν Αἰγίσθου τεκεῖν.

5 Pausan. 4.2.1 (1.273 Rocha-Pereira)

πυθέσθαι δὲ σπουδῇ πάνυ ἐθελήσας οἵ τινες παῖδες Πολυκάονι ἐγένοντο ἐκ Μεσσήνης, ἐπελεξάμην τάς τε Ἠοίας καλουμένας (Hes. fr. 251^B MW) καὶ τὰ ἔπη τὰ Ναυπάκτια (T 3) πρὸς δὲ αὐτοῖς ὁπόσα Κιναίθων (T supra) καὶ Ἄσιος (F 12) ἐγενεαλόγησαν. οὐ μὴν ἔς γε ταῦτα ἦν σφίσιν οὐδὲν πεποιημένον.

Cinaethoni etiam tribuuntur:
ΙΛΙΑΣ ΜΙΚΡΑ   vid. ep. cycl. s.v. (T 2 = F 6)
ἩΡΑΚΛΕΙΑ   vid. s.v. (i) A et B

CLONAS

T

[Plut.] *de mus.* 1132^C (6.3 p. 3 sq. Ziegler-Pohlenz) = Heracl. Pont. fr. 157 Wehrli (²7.47) = West, *Iambi et Elegi Graeci* 2 pp. 51, 94

(Ἡρακλείδης δ' ἐν τῇ συναγωγῇ τῶν ἐν μουσικῇ ⟨διαλαμψάντων⟩ ...) καὶ ... τὸν Τέρπανδρον ἔφη κιθαρῳδικῶν ποιητὴν ὄντα νόμων, κατὰ νόμον ἕκαστον τοῖς ἔπεσι τοῖς ἑαυτοῦ καὶ τοῖς Ὁμήρου μέλη περιτιθέντα ᾄδειν ἐν τοῖς ἀγῶσιν· ἀποφῆναι δὲ τοῦτον λέγει ὀνόματα πρῶτον τοῖς κιθαρῳδικοῖς νόμοις· ὁμοίως δὲ Τερπάνδρῳ Κλονᾶν, τὸν πρῶτον συστησάμενον τοὺς αὐλῳδικοὺς νόμους καὶ τὰ προσόδια, ἐλεγείων τε καὶ ἐπῶν ποιητὴν γεγονέναι, καὶ Πολύμνηστον τὸν Κολοφώνιον τὸν μετὰ τοῦτον γενόμενον τοῖς αὐτοῖς χρήσασθαι ποιήμασιν.

CREOPHYLVS SAMIVS

vid. infra s.v. OECHALIAS HALOSIS

CYNAETHVS

T

Σ Pind. *Nem.* 2.1ᶜ (3.29 Drachmann)

„ὅθεν περ καὶ Ὁμηρίδαι"· Ὁμηρίδας ἔλεγον τὸ μὲν ἀρχαῖον τοὺς ἀπὸ Ὁμήρου γένους, οἳ καὶ τὴν ποίηςιν αὐτοῦ ἐκ διαδοχῆς ἦιδον· μετὰ δὲ ταῦτα καὶ οἱ ῥαψωιδοὶ οὐκέτι τὸ γένος εἰς Ὅμηρον ἀνάγοντες. ἐπιφανεῖς δὲ ἐγένοντο οἱ περὶ Κύναιθον, οὕς φασι πολλὰ τῶν ἐπῶν ποιήσαντας ἐμβαλεῖν εἰς τὴν Ὁμήρου ποίηςιν. ἦν δὲ ὁ Κύναιθος τὸ γένος Χῖος, ὃς καὶ τῶν ἐπιγραφομένων Ὁμήρου ποιημάτων τὸν εἰς Ἀπόλλωνα γεγραφὼς ὕμνον ἀνατέθεικεν αὐτῶι. οὗτος οὖν ὁ Κύναιθος πρῶτος ἐν Συρακούσαις ἐραψώιδηςε τὰ Ὁμήρου ἔπη κατὰ τὴν ξθ΄ Ὀλυμπιάδα (anno 504), ὡς Ἱππόστρατός φησιν (*F.Gr.Hist.* 568 F 5). cf. ib. 1ᴱ: ἄλλως· Ὁμηρίδαι πρότερον μὲν οἱ Ὁμήρου παῖδες, ὕστερον δὲ οἱ περὶ Κύναιθον ῥαβδωιδοί.

[DEMODOCVS]

quae de Demodoco epico poeta dicunt [Plut.] *de mus.* 1132ᴮ = Heraclides Pont. fr. 157 Wehrli (²7.47) γεγονέναι δὲ καὶ Δημόδοκον Κερκυραῖον παλαιὸν μουςικόν, ὃν πεποιηκέναι Ἰλίου τε Πόρθηςιν καὶ Ἀφροδίτης καὶ Ἡφαίστου Γάμον), Clem. Alexandr. *Strom.* 1.131.2 ((2.81 Stählin): Δημόδοκος δὲ καὶ Φήμιος μετὰ τὴν Ἰλίου ἅλωςιν (ὁ μὲν γὰρ παρὰ τοῖς Φαίαξιν, ὁ δὲ παρὰ τοῖς μνηστῆρςι) κατὰ τὸ κιθαρίζειν εὐδοκιμοῦν), Suda s.v. ἀοιδός (1.409 Adler: Δημόδοκος ἄιδει τὴν Ἀφροδίτης καὶ Ἄρεος συνουσίαν), Phot. *Bibl.* 152ᴮ 35 (3.70 Henry: Ἰλίου ἅλωςιν, Δημοδόκου ποίημα) ex *Od.* 8.266 sqq., 499 sqq. orta esse satis constat.

Σ *Od.* 3.267 (sim. Eust. ad loc.) = Demetr. Phaler. fr. 191 Wehrli (4.41)

Μενέλαος ἅμα τῶι Ὀδυσσεῖ ἐλθὼν εἰς Δελφοὺς τὸν θεὸν ἤρετο περὶ τῆς μελλούσης ἔσεσθαι εἰς Ἴλιον στρατείας. τότε δὴ καὶ τὸν ἐνναετηρικὸν τῶν Πυθίων ἀγῶνα ἀγωνοθετεῖ Κρέων, ἐνίκα δὲ Δημόδοκος

Λάκων μαθητὴς Αὐτομήδους τοῦ Μυκηναίου, ὃς ἦν πρῶτος δι' ἐπῶν
γράψας τὴν Ἀμφιτρύωνος πρὸς Τηλεβόας μάχην καὶ τὴν ἔριν Κι-
θαιρῶνός τε καὶ Ἑλικῶνος ... τὸν δὲ Δημόδοκον εἰς Μυκήνας λαβὼν
Ἀγαμέμνων ἔταξε τὴν Κλυταιμήςτραν τηρεῖν.

de Demodoci *Heraclea* vid. s.v.

DIOTIMVS

vid. *Suppl. Hell.* p. 181 sq.

[DIPHILVS]

vid. infra s.v. THESEIS

EPILYCVS

Suda s.v. Κράτης 2339 (3.182 Adler) = Crates T 1 Kassel-Austin
(*PCG* 4.83)

Ἀθηναῖος, κωμικός· οὗ ἦν ἀδελφὸς Ἐπίλυκος, ποιητὴς ἐπῶν.

EPIMENIDES

testimonia et fragmenta ediderunt Diels et Kranz, *Die Frr. der Vorso-
kratiker* 1[6] pp. 27 sqq. et Jacoby, *F.Gr.Hist.* 456; novum fragmentum
ap. Philodem. *de pietat.* servatum praebet A. Henrichs, *GRBS* 13
(1972) 92 sq. (cf. 77).

EVGAMMON

vid. supra s.v. TELEGONIAE T 1–3

(ep. cycl.)

EVMELVS

T

1 Clem. Alexandr. *Strom.* 1.131.8 (2.82 Stählin)

Σιμωνίδης μὲν οὖν κατὰ Ἀρχίλοχον (T 43 Tarditi) φέρεται, Καλ-
λῖνος δὲ πρεςβύτερος οὐ μακρῶι (T 2 Gentili-Prato), Εὔμηλος δὲ ὁ
Κορίνθιος πρεςβύτερος ὢν ἐπιβεβληκέναι Ἀρχίαι τῶι Συρακούςας
κτίςαντι.

2 Euseb. (Hieron.) *Chron. Ol.* 5.2 (anno 759) p. 87^A, 20 sqq. Helm (cf. eundem (Armen.) *Chron. Ol.* 3.4 (anno 765) p. 181 Karst)

Eumelus, poeta qui Bugoniam et Europiam ... composuit ... agnoscitur.

3 ibid. *Ol.* 9.2 (anno 743) p. 89^B, 5 Helm (cf. ib. (Armen.) *Chron. Ol.* 9.1 (anno 744) p. 182 Karst)

Eumelus Corinthius versificator agnoscitur.

4 Pausan. 4.4.1 (1.278 Rocha-Pereira)

ἐπὶ δὲ Φίντα τοῦ Συβότα πρῶτον Μεccήνιοι τότε τῶι Ἀπόλλωνι ἐc Δῆλον θυcίαν καὶ ἀνδρῶν χορὸν ἀποcτέλλουcι· τὸ δέ cφιcιν ᾆcμα προcόδιον ἐc τὸν θεὸν ἐδίδαξεν Εὔμηλος (fr. 696 P), εἶναί τε ὡc ἀληθῶc Εὐμήλου νομίζεται μόνα τὰ ἔπη ταῦτα.

CORINTHIACA
ΚΟΡΙΝΘΙΑΚΑ

T

1 Pausan. 2.1.1 (1.107 Rocha-Pereira) = *F.Gr.Hist.* 451 T 2

Εὔμηλόc γε ὁ Ἀμφιλύτου τῶν Βακχιδῶν καλουμένων, ὃc καὶ τὰ ἔπη λέγεται ποιῆcαι, φηcὶν ἐν τῆι Κορινθίαι cυγγραφῆι - εἰ δὴ Εὐμήλου γε ἡ cυγγραφή [sequitur F 1 infra].

2 Clem. Alexandr. *Strom.* 6.26.7 (2.443 Stählin) = *F. Gr. Hist.* 451 T 1

τὰ δὲ Ἡcιόδου μετήλλαξαν εἰc πεζὸν λόγον καὶ ὡc ἴδια ἐξήνεγκαν Εὔμηλόc τε καὶ Ἀκουcίλαοc (*F. Gr. Hist.* 2 T 5) οἱ ἱcτοριογράφοι.

F

1^A Pausan. 2.1.1 (1.107 Rocha-Pereira) = *F. Gr. Hist.* 451 F 1^A

ἡ δὲ Κορινθία χώρα μοῖρα οὖcα τῆc Ἀργείαc ἀπὸ Κορίνθου τὸ ὄνομα ἔcχηκε. Διὸc δὲ εἶναι Κόρινθον οὐδένα οἶδα εἰπόντα πω cπουδῆι πλὴν Κορινθίων τῶν πολλῶν, ἐπεὶ Εὔμηλόc γε (T 1 supra) ... φηcιν ... Ἐφύραν Ὠκεανοῦ θυγατέρα οἰκῆcαι πρῶτον ἐν τῆι γῆι ταύτηι [sequitur F 5 infra].

1ᴮ ΣAp. Rhod. 4.1212 sqq. (p. 310 Wendel) = *F. Gr. Hist.* 451 F 1ᴮ

Ἐφύρηθεν· Ἐφύρα ἡ Κόρινθος, ἀπὸ Ἐφύρας τῆς Ἐπιμηθέως θυγατρός· Εὔμηλος δὲ (L: Σιμωνίδης δὲ P (= fr. 596 P) unde Εὔμηλος ⟨δὲ καὶ⟩ Σιμωνίδης tent. Schneidewin: vid. F 3ᴮ infra) ἀπὸ Ἐφύρας τῆς Ὠκεανοῦ καὶ Τηθύος, γυναικὸς δὲ γενομένης Ἐπιμηθέως.

2ᴬ ΣPind. *Ol.* 13.74 (1.372 sq. Drachmann) = *F. Gr. Hist.* 451 F 2ᶜ

διὰ τί (EGQb: τοῦτο Bv) Μηδείας ἐμνημόνευcεν; ὅτι ἡ Κόρινθος πατρῶιον αὐτῆς κτῆμα γέγονε τούτωι τῶι λόγωι· Ἀλωεὺς γὰρ (BEQ: om. C, codd. Eur. Thom.: τε V) καὶ Αἰήτης ὁ Μηδείας πατὴρ ἐγένοντο παῖδες Ἡλίου καὶ Ἀντιόπης. τούτοις δ' ὁ Ἥλιος διένειμε τὴν χώραν, καὶ ἔλαβεν (ἔλαχεν h) Ἀλωεὺς τὴν ἐν Ἀρκαδίαι (τὴν Ἀρκαδίαν C, cod. B Eur., Thom.), τὴν δὲ Κόρινθον Αἰήτης. Αἰήτης δὲ (BEQ, ὃς C, οὗτος οὖν codd. Eur.) μὴ ἀρεσθεὶς (ἐρασθεὶς E, εὑρεθεὶς C) τῆι ἀρχῆι Βούνωι (B, codd. Eur., Tz. βουνόμωι CEGQ Thom.) μέν τινι Ἑρμοῦ υἱῶι παρέδωκε τὴν πόλιν εἰπὼν φυλάττειν τοῖς ἐcομένοις ἐξ αὐτοῦ. αὐτὸς δὲ εἰς Κολχίδα τῆς Σκυθίας ἀφικόμενος ᾤκησε βασιλεύων. διδάσκει δὲ τοῦτο Εὔμηλός τις ποιητὴς (om. D) ἱστορικὸς εἰπών·

    ἀλλ' ὅτε δ' Αἰήτης καὶ Ἀλωεὺς ἐξεγένοντο
    Ἡλίου τε καὶ Ἀντιόπης, τότε δ' ἄνδιχα χώρην
    δάccατο παιcὶν ἑοῖc Ὑπερίονος ἀγλαὸς υἱός·
    ἣν μὲν ἔχ' Ἀcωπός, ταύτην πόρε δίωι Ἀλωεῖ·
5   ἣν δ' Ἐφύρη κτεάτιcc', Αἰήτηι δῶκεν ἅπαcαν.
    Αἰήτης δ' ἄρ' ἑκὼν Βούνωι παρέδωκε φυλάccειν
    εἰcόκεν αὐτὸς ἵκοιτ' ἢ ἐξ αὐτοῖό τις ἄλλος,
    ἢ παῖς ἢ υἱωνός· ὁ δ' ἵκετο Κολχίδα γαῖαν.

Βοῦνος δὲ Ἑρμοῦ καὶ νύμφης τινὸς παῖς (Βοῦνος - παῖς om. cod. B Eur., Tz.; Βουνόμος pro Βοῦνος CQ, υἱὸς γέγονεν pro τινὸς παῖς codd. Eur.).

cf. Pausan. 2.3.10 sqq. = F 3ᴬ infra, Σ Eur. *Med.* 9 et 19 = F 3ᴮ infra

2ᴮ Tzetz. in Lycophr. 1024 (2.317 Scheer)

Αἶα, πόλις Κολχίδος· Κόρινθος δέ, πόλις Πελοποννήσου, ὧν ἀμφοτέρων ἄρχοντα λέγει τὸν Αἰήτην, ὥσπερ καὶ Εὔμηλος ὁ ποιητής, οὗ τὰ ἔπη ἐν τοῖς ὄπισθεν εἰρήκειν καὶ πᾶσαν τὴν ἱστορίαν, ὅτι Ἥλιος Αἰήτηι καὶ Ἀλωεῖ τοῖς παισὶ τὴν ἀρχὴν διενείματο. similia sequuntur ac quae iam exposita ap. Σ Pind. supra.

1 ἐξεγένοντο: ἐγένοντο Q   3 δάccατο codd. Eur. Tz.: δάcατο Σ Pind. BCE (et pars codicum Tzetzae); δεύcαντο Q   4 ἔχ᾿: ἔcχ᾿ E, ἔναιεν Tz.   ταύτην: τὴν Tz.   5 Ἐφύρη C (post corr.) Tz.: Ἐφύρην BQ, ἐφύρει E   κτεάτιcc᾿: B Tz., κτεάτιcεν C, κτεάτεc᾿ E, κτεάτεcc᾿ Q (et pars codicum Tzetzae)   δῶκεν ἅπαcαν: δῶκε περὶ πᾶcαν C   6 Αἰήτης: Αἰήτηι E[1]   Βουνῶι E: Βουνόμωι CQ   8 ἢ παῖc ἢ: παῖc ἢ C[1]E, παῖc ἢ δὴ Q, παῖc ἢ καὶ C[3], ἢ παῖc ἠδὲ ν   ἵκετο: ᾤχετο h, Tz.

3[A] Pausan. 2.3.10 sqq. (1.115 Rocha-Pereira) = F. Gr. Hist. 451 F 2[A]
[praecedit Cinaethonis T supra]

Εὔμηλος δὲ Ἥλιον ἔφη δοῦναι τὴν χώραν Ἀλωεῖ μὲν τὴν Ἀcωπίαν, Αἰήτηι δὲ τὴν Ἐφυραίαν· καὶ Αἰήτην ἀπίοντα ἐc Κόλχουc παρακαταθέcθαι Βούνωι τὴν γῆν (hactenus eadem habemus ac in F 2[A] supr.), Βοῦνον δὲ Ἑρμοῦ καὶ Ἀλκιδαμείαc εἶναι, καὶ ἐπεὶ Βοῦνοc ἐτελεύτηcεν, οὕτωc Ἐπωπέα τὸν Ἀλωέωc καὶ τὴν Ἐφυραίων cχεῖν ἀρχήν· Κορίνθου δὲ ὕcτερον τοῦ Μαραθῶνοc οὐδένα ὑπολιπομένου (Siebelis: ὑπολειπ-) παῖδα, τοὺc Κορινθίουc Μήδειαν μεταπεμψαμένουc ἐξ Ἰωλκοῦ παραδοῦναί οἱ τὴν ἀρχήν. βαcιλεύειν μὲν δὴ δι᾿ αὐτὴν Ἰάcονα ἐν Κορίνθωι, Μηδείαι δὲ παῖδαc μὲν γίνεcθαι, τὸ δὲ ἀεὶ τικτόμενον κατακρύπτειν [αὐτὸ del. Jacoby; αὐτὴν coni. Hitzig-Blumner] ἐc τὸ ἱερὸν φέρουcαν τῆc Ἥραc, κατακρύπτειν δὲ ἀθανάτουc ἔcεcθαι νομίζουcαν· τέλοc δὲ αὐτήν τε μαθεῖν ὡc ἡμαρτήκοι τῆc ἐλπίδοc καὶ ἅμα ὑπὸ τοῦ Ἰάcονοc φωραθεῖcαν – οὐ γὰρ αὐτὸν ἔχειν δεομένηι cυγγνώμην, ἀποπλέοντα ⟨δὲ suppl. Ag., Sylburg⟩ ἐc Ἰωλκὸν οἴχεcθαι – τούτων δὲ ἕνεκα ἀπελθεῖν καὶ Μήδειαν παραδοῦcαν Cιcύφωι τὴν ἀρχήν. τάδε μὲν οὕτωc ἔχοντα ἐπελεξάμην.

3[B] ΣEur. Med. 19 (2.144 Schwartz) = F. Gr. Hist. 451 F 2[B]
ὅτι δὲ καὶ ἐβαcίλευcε Κορίνθου (scil. ἡ Μήδεια) Εὔμηλοc ἱcτορεῖ καὶ Cιμωνίδηc (cuius fr. 545 P sequitur).

ΣEur. Med. 9 (2.142 Schwartz)
ὅτι δὲ βεβαcίλευκε τῆc Κορίνθου ἡ Μήδεια, Εὔμηλοc ἱcτορεῖ καὶ Cιμωνίδηc.

4 ΣAp. Rhod. 3.1354 sqq. [ad 1372 locatum sed huc pertinens] (p. 257 sq. Wendel)
οὗτοc καὶ οἱ ἑξῆc cτίχοι εἰλημμένοι εἰcὶ παρ᾿ Εὐμήλου παρ᾿ ὧι φηcι Μήδεια πρὸc Ἴ⟨δμονα L, -άcωνα P⟩ [sequitur Sophocl. Tr. G. F. 4 F 341 Radt]: εἰcι εἰλ. post Εὐμήλου P, quod prob. Michelazzo, Prometheus 1 (1975) 40 sqq.

Σ ad 1354 sqq. pertinere coniecit Valckenaer, *Euripidis Phoenissae* (1755) p. 257, prob. Wendel, Pfeiffer ad Callim. fr. 238.29 (1.237), alii, ut ad γηγενεῖc spectet Σ; ad 1350-3 potius referendum (ubi Iason cum apro comparatur) credit V. J. Matthews, *Eranos* 80 (1982) 119 sqq.; alii alia (vid. Michelazzo sup. cit. pp. 38 sqq.).

5 Pausan. 2.1.1 (1.107 Rocha-Pereira) = *F. Gr. Hist.* 451 F[A]

[praecedunt T 1 et F 1 supra]

Εὔμηλος ... φηcι ... Μαραθῶνα δὲ ὕcτερον τὸν Ἐπωπέωc τοῦ Ἀλωέωc τοῦ Ἡλίου φεύγοντα ἀνομίαν καὶ ὕβριν τοῦ πατρὸc ἐc τὰ παραθαλάccια μετοικῆcαι τῆc Ἀττικῆc, ἀποθανόντοc δὲ Ἐπωπέωc ἀφικόμενον ἐc Πελοπόννηcον καὶ τὴν ἀρχὴν διανείμαντα τοῖc παιcὶν αὐτὸν ἐc τὴν Ἀττικὴν αὖθιc ἀναχωρῆcαι, καὶ ἀπὸ μὲν Σικυῶνοc τὴν Ἀcωπίαν, ἀπὸ δὲ Κορίνθου τὴν Ἐφυρίαν μετονομαcθῆναι.

6 Pausan. 2.2.2 (1.110 sq. Rocha-Pereira) = *F. Gr. Hist.* 451 F 4

⟨τάφουc δὲ suppl. edd. plerique: καὶ τάφοc Pa in margine, τάφοι post Νηλέωc Lb in margine⟩ Σιcύφου καὶ Νηλέωc – καὶ γὰρ Νηλέα ἀφικόμενον ἐc Κόρινθον νόcωι τελευτῆcαί φαcι καὶ περὶ τὸν ἰcθμὸν ταφῆναι – οὐκ ἂν οἶδ᾽ (οὐδ᾽ codd.: corr. Madvig) εἰ ζητοίη τιc ἐπιλεξαμένοc τὰ Εὐμήλου· Νηλέωc μὲν γὰρ οὐδὲ Νέcτορι ἐπιδειχθῆναι τὸ μνῆμα ὑπὸ Σιcύφου φηcί (Bekker: φαcί), χρῆναι γὰρ ἄγνωcτον τοῖc πᾶcιν ὁμοίωc εἶναι, Σίcυφον δὲ ταφῆναι μὲν ἐν τῶι ἰcθμῶι, τὸν δέ οἱ τάφον καὶ τῶν ἐφ᾽ αὑτοῦ Κορινθίων ὀλίγουc εἶναι τοὺc εἰδόταc.

7 Σ Ap. Rhod. 2.946 sqq. (p. 196 Wendel) = *F. Gr. Hist.* 451 F 5

„ἔνθα Σινώπην"· πόλιc τοῦ Πόντου ἡ Σινώπη, ὠνομαcμένη ἀπὸ τῆc Ἀcωποῦ θυγατρὸc Σινώπηc, ἣν ἁρπάcαc Ἀπόλλων ἀπὸ Ὑρίαc (Hoefer: Συρίαc L, Βοιωτίαc P [unde Ὑρίαc τῆc Βοιωτίαc coni. West]) ἐκόμιcεν εἰc Πόντον καὶ μιγεὶc αὐτῆι ἔcχε Σύρον, ἀφ᾽ οὗ οἱ Σύροι. ἐν δὲ τοῖc Ὀρφικοῖc (fr. 45 Kern) Ἄρεωc καὶ Αἰγίνηc γενεαλογεῖται· κατὰ δέ τιναc Ἄρεωc καὶ Παρνάccηc, κατ᾽ Εὔμηλον καὶ Ἀριcτοτέλην (fr. 581 Rose) Ἀcωποῦ.

8 Σ Ap. Rhod. 1.146 sqq. (p. 19 sq. Wendel) = *F. Gr. Hist.* 451 F 6

ἡ δὲ Λήδα ἦν Θεcτίου θυγάτηρ τοῦ βαcιλέωc τῆc Αἰτωλίαc, Ἄρεωc υἱοῦ καὶ Δημοδίκηc (L: Ἀνδροδίκηc P), μητέρα δὲ αὐτῆc ⟨λέγουcι Δηιδά⟩μειαν (suppl. Keil: μητέρα ... μειαν om. P). Γλαύκου δὲ αὐτὴν τοῦ Σιcύφου εἶναι πατρὸc ἐν Κορινθιακοῖc λέγει Εὔμηλοc καὶ Παντειδυίαc μητρόc, ἱcτορῶν ὅτι τῶν ἵππων ἀπολομένων ἦλθεν εἰc Λακεδαί-

μονα ὁ Γλαῦκος καὶ ἐκεῖ ἐμίγη Παντειδυίαι· ἣν ὕςτερον γήμαςθαι
Θεςτίωι (Η post corr.: Θεςπίωι H ante corr., F: Θέςπιον LP) ὥςτε
(Wendel: φαςί L, φηςί P) τὴν Λήδαν γόνωι μὲν (Keil: λόγωι μὲν L,
ἔργωι μὲν H, om. P) οὖςαν Γλαύκου λέγεςθαι (Wendel: λόγωι δὲ L,
κληθῆναι P) Θεςτίου.

fragmenta incerti loci, fortasse ad ΚΟΡΙΝΘΙΑΚΑ referenda

9 Apollod. 3.11.1 (p. 145 Wagner) = *F. Gr. Hist.* 451 F 7

Μενέλαος μὲν οὖν ἐξ Ἑλένης Ἑρμιόνην ἐγέννηςε καὶ κατά τινας
(cf. Hes. fr. 175 MW, Cinaeth. F 3, Soph. *El.* 539) Νικόςτρατον, ἐκ
δούλης ⟨δὲ suppl. Westermann⟩ Πιερίδος, γένος Αἰτωλίδος, ἢ καθάπερ
Ἀκουςίλαός (*F. Gr. Hist.* 2 F 41) φηςι Τηρηίδος, Μεγαπένθη ἐκ
Κνωςςίας δὲ νύμφης κατὰ Εὔμηλον Ξενόδαμον.

Νικόςτρατον ... Πιερίδος γένος Αἰτωλίδος ἢ καθάπερ Ἀκουςίλαός φηςι ⟨Πιερίδος⟩
[Τηρηίδος] coni. Hermann, prob. Diels, Jacoby   de *Corinthiacis* cogitat Wilisch

10 ibid. 3.8.2 (p. 135 Wagner) = *F. Gr. Hist.* 451 F 8

Εὔμηλος δὲ καί τινες ἕτεροι λέγουςι Λυκάονι καὶ θυγατέρα Καλ-
λιςτὼ γενέςθαι· Ἡςίοδος (fr. 163 MW) μὲν γὰρ αὐτὴν μίαν εἶναι τῶν
νυμφῶν λέγει, Ἄςιος (F 9) δὲ Νυκτέως, Φερεκύδης δὲ (*F. Gr. Hist.* 3
F 157) Κητέως.

lacunam ante Ἡςίοδος posuit West: vid. ad Asii F 9 supra   Ἡςίοδος δὲ καί τινες
ἕτεροι ... Εὔμηλος μὲν γὰρ κτλ. coniecit Franz

11 ibid. 3.9.1 (p. 136 Wagner) = *F. Gr. Hist.* 451 F 9

Ἀρκάδος δὲ καὶ Λεανείρας (A: Μετανείρας tent. Keil) τῆς Ἀμύ-
κλου ἢ Μεγανείρας τῆς (Heyne: τοῦ A) Κρόκωνος, ὡς δὲ Εὔμηλος λέ-
γει, νύμφης Χρυςοπελείας, ἐγένοντο παῖδες Ἔλατος (Tz.: ἔλαςτος Α)
καὶ Ἀφείδας.

Tzetz. in Lycophr. 480 (2.172 Scheer)

Ἀρκὰς ὁ Διὸς ἢ Ἀπόλλωνος παῖς καὶ Καλλιςτοῦς τῆς Λυκάονος θυ-
γατρὸς ὥς φηςι Χάρων ὁ Λαμψακηνὸς (*F. Gr. Hist.* 262 F 12[B])
κυνηγῶν ἐνέτυχέ τινι τῶν Ἀμαδρυάδων νυμφῶν κινδυνευούςηι κα-
ταφθαρῆναι τῆς δρυός, ἐν ἧι ἦν γεγονυῖα ἡ νύμφη, ὑπὸ χειμάρρου
ποταμοῦ διαφθαρείςης. ὁ δὲ Ἀρκὰς τὸν ποταμὸν ἀνέτρεψε καὶ τὴν
γῆν χώματι ὠχύρωςεν. ἡ δὲ νύμφη Χρυςοπέλεια τὴν κλῆςιν κατ᾽
Εὔμηλον ςυνελθοῦςα αὐτῶι ἔτεκεν Ἔλατον καὶ Ἀφείδαντα ἐξ ὧν εἰ-
ςιν οἱ Ἀρκάδες ὥς φηςιν Ἀπολλώνιος (scil. ὁ Ῥοδίος (2.475 sqq.)).

12 [Dio Chrysostom.] *or.* 20 (2.17 sq. von Arnim) = Favorin. *Corinth.* 11 (p. 304 sq. Barigazzi)

τῆς πόλεως (scil. Κορίνθου) ὑπὲρ ἧς τοὺς δύο θεούς φαcιν ἐρίcαι, Ποcειδῶνα καὶ τὸν Ἥλιον, τὸν μὲν τοῦ πυρὸc κύριον, τὸν δὲ τοῦ ὕδατοc. ἐρίcαντε δὲ καὶ τὴν δίαιταν ἐπιτρέψαντε τρίτωι θεῶι πρεcβυτέρωι, οὗ

    πλεῖcται μὲν κεφαλαί, πλεῖcται δέ τε χεῖρεc,   ca. 480

τούτωι τὴν δίαιταν ἐπιτρέψαντεc ἀμφότεροι τήνδε τὴν πόλιν καὶ τὴν χώραν ἔχουcιν· οὔ τί που μικρὸν οὐδ' ἀμυδρὸν cημεῖον τῆς πρὸς τὰς ἄλλας ὑπεροχῆς. (12) αἱ μὲν γὰρ ἄλλαι λήξεις τε καὶ κτήcεις τῶν θεῶν κατὰ μόνας εἰcίν· Ἄργοc μὲν Ἥρας, Ἀθηνᾶc δὲ Ἀθῆναι καὶ αὐτῶν γε τούτων τῶν θεῶν Ῥόδος μὲν Ἡλίου, Ὀγχηcτὸς δὲ Ποcειδῶνος, Κόρινθος δὲ ἑκατέρων. εἰκάcαις ἄν, αἰνιττομένου τοῦ μύθου, τὸ τῆς γῆς ἐν μέcωι δύο πελαγῶν ὑπὸ τοῦ Ἡλίου ἐξαίρετον, βουλομένου τοῦ Ποcειδῶνος. (13) τὸ μὲν οὖν τοῦ μύθου τε καὶ τοῦ λόγου, τῆιδέ πηι cυνάιδοντα, τρίτην ἐπὶ διccαῖc χάριcι τὴν θεcπιωδὸν Cίβυλλαν παρακαλεῖ· τιμὴν δέ οἱ θεοῦ φωνὴν λαχοῦcα ἄιδει μάλα μέγα·

    †ὦ δαίμων τι τύῳ δέοc† ὄλβιοc αὐχὴν   ca. 480
    Ὠκεανοῦ κούρης Ἐφυρείης, ἔνθα Ποcειδῶν,
    μητρὸc ἐμῆc Λαμίαc γενέτωρ, προὔθηκεν ἀγῶνα
    πρῶτος ἄμ' Ἡελίωι, τιμὰς δ' ἠνέγκατο μοῦνος.

(14) καὶ γάρ τοι καὶ ἀγῶνα πρῶτον ἐνταυθοῖ τεθῆναί φαcιν ὑπὸ τῶν δύο θεῶν, καὶ νικῆcαι Κάcτορα μὲν cτάδιον, Κάλαϊν δὲ δίαυλον· καὶ γὰρ Κάλαϊν φαcι δραμεῖν, ἀπεχόμενον τοῦ πέτεcθαι. δεῖ δὲ καὶ τοὺς ἄλλους, ἐπείπερ ἠρξάμεθα, ἀθλοφόρους τε λεχθῆναι καὶ νικηφόρους· Ὀρφεὺς κιθάραι, Ἡρακλῆς πάμμαχον, πυγμὴν Πολυδεύκης, πάλην Πηλεύς, δίcκον Τελαμών, ἐνόπλιον Θηcεύς. ἐτέθη δὲ καὶ ἵππων ἀγών, καὶ ἐνίκα κέλητι μὲν Φαέθων, τεθρίππωι δὲ Νηλεύς. ἐγένετο δὲ καὶ νεῶν ἅμιλλα, καὶ Ἀργὼ ἐνίκα, καὶ μετὰ ταῦτα οὐκ ἔπλευcεν, ἀλλὰ αὐτὴν ἀνέθηκεν ὁ Ἰάcων ἐνταῦθα τῶι Ποcειδῶνι καὶ τὸ ἐπίγραμμα ἐπέγραψεν, ὅ λέγουcιν Ὀρφέως εἶναι (fr. 290 Kern)·

    Ἀργὼ τὸ cκάφος εἰμί, θεῶι δ' ἀνέθηκεν Ἰάcων,   ca. 480
    Ἴcθμια καλλικόμοιc cτεψάμενον πίτυcιν.

πλεῖcται – χεῖρεc: post hunc versum τοῦ Βριάρεω glossem. add. M   (13) τιμήν Crosby: τῆι μὴ δέ οἱ M, τιμῆι δέοι U, τιμῆι δέ οἱ B   ὦ ... δέοc verba corrupta sic praebet M: ὠι δαῖμον τί τοι ὧδε ὅc UB   εὔδαιμον τί τοι ὧδ', ὡc Emperius, εὐδαίμων πιτυώδεοc von Arnim   Ἐφυρείης West: Ἐφύρης (Ἐφύρης ἐν⟨ταῦ⟩θα Barigazzi, Ἐφύρης ⟨γαῖ⟩ ἔνθα Post)
versus auctoris ignoti ad Eumeli *Corinthiaca* refert Barigazzi, *Riv. di Fil.* 94 (1966) 129 sqq. qui et contextum de hoc carmine pendere conicit

EVROPIA
ΕΥΡΩΠΕΙΑ

1 Σ A *Il.* 6.131

Διόνυcοc ὁ Διὸc καὶ Σεμέληc παῖc ἐν Κυβέλοιc τῆc Φρυγίαc ὑπὸ τῆc Ῥέαc τυχὼν καθαρμῶν, καὶ διαθεὶc τὰc τελετάc, καὶ λαβὼν πᾶcαν παρὰ τῆc θεᾶc τὴν διαcκευήν, ἀνὰ πᾶcαν ἐφέρετο τὴν γῆν, χορειῶν τε (scholl. minn.: χορεύων A) καὶ τιμῶν τυγχάνων προηγεῖτο πάντων ἀνθρώπων. παραγενόμενον δὲ αὐτὸν εἰc τὴν Θράικην Λυκοῦργοc ὁ Δρύαντοc λυπήcαc Ἥραc μίcει, μύωπι ἀπελαύνει αὐτὸν τῆc γῆc καὶ καθαπτεται αὐτοῦ καὶ τῶν τιθηνῶν. ἐτύγχανον γὰρ αὐτῶι cυνοργιάζουcαι· θεηλάτωι δὲ ἐλαυνόμενοc μάcτιγι τὸν θεὸν ἔcπευδε τιμωρήcαcθαι· ὁ δὲ ὑπὸ δέουc εἰc τὴν θάλαccαν καταδύνει, καὶ ὑπὸ Θέτιδοc ὑπολαμβάνεται καὶ Εὐρυνόμηc. ὁ οὖν Λυκοῦργοc οὐκ ἀμιcθὶ δυccεβήcαc ἔδωκε τὴν ἐξ ἀνθρώπων δίκην· ἀφηιρέθη γὰρ πρὸc τοῦ Διὸc τὸν ὀφθαλμόν. τῆc ἱcτορίαc πολλοὶ ἐμνήcθηcαν, προηγουμένωc δὲ ὁ τὴν Εὐρωπίαν πεποιηκὼc Εὔμηλοc.

sine poetae nomine citantur

2 Clem. Alexandr. *Strom.* 1.164.3 (2.102 sq. Stählin)
[praecedit Phoronidos F 3]
ἀλλὰ καὶ ὁ τὴν Εὐρωπίαν ποιήcαc ἱcτορεῖ τὸ ἐν Δελφοῖc ἄγαλμα Ἀπόλλωνοc κίονα εἶναι διὰ τῶνδε·
    ὄφρα θεῶι δεκάτην ἀκροθίνιά τε κρεμάcαιμεν
    cταθμῶν ἐκ ζαθέων καὶ κίονοc ὑψηλοῖο.

3 Pausan. 9.5.8 (3.10 Rocha-Pereira)
ὁ δὲ τὰ ἔπη τὰ ἐc Εὐρώπην ποιήcαc φηcὶν Ἀμφίονα (V: -ιωνα FP) χρήcαcθαι λύραι πρῶτον Ἑρμοῦ διδάξαντοc· πεποίηκε δὲ καὶ ⟨ ⟩ λίθων καὶ θηρίων, ὅτι καὶ ταῦτα ἄιδων ἦγε.

lacunam post δὲ καὶ posuit et ⟨περὶ⟩ suppl. Schubart, post θηρίων et ⟨δμητῆρα⟩ suppl. Bekker

etiam Eumelo tribuuntur:
TITANOMAXIA: vid. ep. cycl. s.v. (T 2)
BOYΓONIA: cf. quae scripsit Varro, *res rust.* 2.5.5 et circa

DUBIA

1 ΣPind. *Ol.* 13.31ᴬ (1.364 Dr.)

„ἐν δὲ Μοῖς' ἀδύπνοος"· ποῦ δὲ ἡ μουςικὴ ἀνθεῖ καὶ τὰ πολεμικὰ ἀλλαχοῦ; τοῦτο δὲ διὰ τὸν Εὔμολπον ὄντα Κορίνθιον καὶ γράψαντα Νόςτον τῶν Ἑλλήνων (ubi Εὔμηλον pro Εὔμολπον coniecerunt Gyraldus, Salmasius).

Προςόδιον ἐς Δῆλον (Paus. 4.33.2 = Eum. fr. 696P) dactylicum fuisse veri simile est: vid. Bowra, *CQ* 13 (1963) 145 sq. = *On Greek Margins* p. 46 sq.; incertum, ergo, utrum ad epicum carmen spectent:

2 Clem. Alexandr. *Strom.* 6.11.1 (2.430 Stählin)

Εὐμήλου ... ποιήςαντος·
Μνημοςύνης καὶ Ζηνὸς Ὀλυμπίου ἐννέα κοῦραι

3 Tzetz. ad Hes. *Op.* 1 (p. 23 Gaisford) = cod. Barocc. 133ᵛ ap. Cramer, *Anecd. Oxon.* 4.424

Εὔμηλος μὲν ὁ Κορίνθιος τρεῖς φηςιν εἶναι Μούςας θυγατέρας Ἀπόλλωνος: Κηφιςοῦν, Ἀπολλωνίδα, Βορυςθενίδα.

4 Ioannes Laurentius Lydus, *De mens.* 4.71 (p. 123 Wünsch)

Εὔμηλος δὲ ὁ Κορίνθιος τὸν Δία ἐν τῆι καθ' ἡμᾶς Λυδίαι τεχθῆναι βούλεται. καὶ μᾶλλον ἀληθεύει ὅςον ἐν ἱςτορίαι· ἔτι γὰρ καὶ νῦν πρὸς τῶι δυτικῶι τῆς Σαρδιανῶν πόλεως μέρει ἐπ' ἀκρωρωίας τοῦ Τμώλου τόπος ἐςτίν, ὃς πάλαι μὲν Γοναὶ Διὸς ὑετίου, νῦν δὲ παρατραπείςης τῶι χρόνωι τῆς λέξεως Δεύςιον προςαγορεύεται.

HEGESINVS

vid. dubia et spuria s. v.

HESIODVS

testimonia vitae atque artis edidit F. Jacoby, *Hesiodi Theogonia* (Berol. 1930); fragmenta ediderunt Merkelbach et West (Oxon. 1967): fragmenta papyracea recentiora testimoniaque nova invenies apud editionem minorem² (Oxon. 1983) pp. 227 sqq. (vid. et p. 111). de fragmentis quae apud Philodem. *de pietat.* servantur vid. A. Henrichs, *GRBS* 13 (1972) p. 67 n. 2 (§ 3) de fr. 1.16 MW vid. R. Renehan, *CP* 81 (1986) 221 sq. P. Oxy. 2509 Hesiodo tribuerunt quidam (in primis Janko, *Phoenix* 38 (1984) 4 sqq.)

HIPPIAS

T

Plat. *Hipp. min.* 368ᴮ sq. = Hipp. 86 A 12 DK = *Tr. G. F.* 1 42 T Sn.

ἔφησθα δὲ (scil. ὦ Ἱππία) ἀφικέσθαι ποτὲ εἰς Ὀλυμπίαν ἃ εἶχες περὶ τὸ σῶμα ἅπαντα σαυτοῦ ἔργα ἔχων ... πρὸς δὲ τούτοις ποιήματα ἔχων ἐλθεῖν καὶ ἔπη καὶ τραγωιδίας καὶ διθυράμβους.

‚HOMERVS'

T

1 Suda s. v. Ὅμηρος (3.525 sq. Adler)

ποιήματα δὲ αὐτοῦ ἀναμφίλεκτα Ἰλιὰς καὶ Ὀδύσσεια ... ἀναφέρεται δὲ εἰς αὐτὸν καὶ ἄλλα τινὰ ποιήματα· Ἀμαζονία, Ἰλιὰς Μικρά, Νόστοι, ... Ἀμφιαράου Ἐξέλασις ... Οἰχαλίας (Pearson: Σικελίας) ἅλωσις ... Κύκλος ... Κύπρια.

Procl. *Vit. Hom.* 73 sqq. (p. 74 Severyns)

οἱ μέντοι γε ἀρχαῖοι καὶ τὸν Κύκλον ἀναφέρουσιν εἰς αὐτόν.

Philopon. in Arist. *Anal. Post.* 77ᴮ32 (*Comm. in Arist. Graec.* 13.3. 157 Wallies)

τινὲς δὲ εἰς Ὅμηρον ἀναφέρουσιν (scil. τὸν Κύκλον).

2 Athen. 6.347ᴱ (2.262 sq. Kaibel) = Aesch. *Tr. G. F.* 3 T 112ᵃ Radt

οὐδ' ἐπὶ νοῦν βαλλόμενος τὸ τοῦ καλοῦ καὶ λαμπροῦ Αἰσχύλου, ὃς τὰς αὑτοῦ τραγωιδίας τεμάχη εἶναι ἔλεγεν τῶν Ὁμήρου μεγάλων δείπνων.

cf. Eust. *Il.* 1298.56 sqq. (4.718 van der Valk)
διὰ τὸ λαμπρῶς ἀπομάττεσθαι τὰς ὁμηρικὰς μεθόδους.

vid. etiam Theb. T 1-4, F 9, Epig. T 1-2, Cypr. T 1-4, Aeth. T 2, Il. Parv. T 1, Oech. Hal T 1 sqq., Phoc. F 1

monendum est maiorem partem istorum fragmentorum quae sequuntur errore, lapsu memoriae, ludibrio vel sim. ortam esse. quae de ‚Homero' dixerunt Dio Chrys. 52.4, Epiphan. *adv. haer.* 2.1, *haeres.* 21.3, Hippolyt. *refut. omn. haeres.* 6.19, Plin. *Nat. Hist.* 35.96, Serv. in Verg. *Aen.* 11.267 consulto omisi.

F

1 Aeschin. *In Timarch.* 128 (p. 69 Blass)

καὶ οὕτως ἐναργές ἐστι καὶ οὐ πεπλασμένον ὃ λέγω, ὥσθ' εὑρήσετε καὶ τὴν πόλιν ἡμῶν καὶ τοὺς προγόνους Φήμης ὡς θεοῦ μεγίστης βωμὸν ἱδρυμένους, καὶ τὸν Ὅμηρον πολλάκις ἐν τῆι Ἰλιάδι λέγοντα πρὸ τοῦ τι τῶν μελλόντων γενέσθαι

φήμη δ' ἐς στρατὸν ἦλθε.

ad Ἰλιάδι „nusquam in nostra quidem" comm. Blass

2 Ammonii in Porphyrii *Isagogen* Prooem. 4r (*Comm. in Arist. Graec.* 4 (3) p. 9 Busse)

ἐκεῖνοι (scil. οἱ παλαιότεροι) σοφὸν ὠνόμαζον τὸν ἡντιναοῦν μετιόντα τέχνην, ὧν εἷς ἦν καὶ Ἀρχίλοχος (fr. 211 W) ... καὶ ὁ ποιητής·

ἐπεὶ σοφὸς ἤραρε τέκτων.

eadem dicit ὁ ποιητής ap. Davidis *Prolegom. Philosoph.* 15.148r 7 sqq. (*Comm. in Arist. Graec.* 18 (2) p. 46 Busse), Eliae *Prolegom. Philos.* 9.414.8 (*Comm. in Arist. Graec.* 1 p. 23 sq. Busse), Philoponi in Nicomachi *Isagogen* Prooem., Ὅμηρος ap. Clem. Alex. *Strom.* 1.4.1 (2.16 Stählin), οἱ παλαιοί ap. Eustath. *Il.* 1023.13 sq. (3.749 van der Valk)

„σοφός apud Homerum non invenitur": Busse ad Ammonium

3 Antig. Caryst. *mir.* 25 (*Paradoxogr. Graec. Rel.* p. 46 Giannini)

ὅθεν δῆλον καὶ ὁ ποιητὴς τὸ θρυλούμενον ἔγραψεν·

πουλύποδός μοι, τέκνον, ἔχων νόον, Ἀμφίλοχ' ἥρως,
τοῖσιν ἐφαρμόζου τῶν κεν κατὰ δῆμον ἵκηαι.

Clearchi fr. 75 Wehrli (3.30) ap. Athen. 7.317^A (2.197 Kaibel)
[praecedunt Theognidis vv. 215 sq.]
ὁμοίως ἱςτορεῖ καὶ Κλέαρχος ἐν δευτέρωι Περὶ Παροιμιῶν παρατιθέμενος τάδε τὰ ἔπη, οὐ δηλῶν ὅτου ἐςτί· πουλύποδός κτλ.

1 μοι Athen.: ὡς Antig.   νόον – ἥρως Athen.: ἐν ςτήθεςι θυμόν Antig.   2 ἐφαρμόζου Athen. cod. CE: -όζων Athen. cod. A, -όζειν Antig.   τῶν ... ἵκηαι Antig.: ὧν καὶ (κε CE) δῆμον Athen.   post h. versum ἄλλοτε δ' ἀλλοῖος τελέθειν καὶ χώρηι ἕπεςθαι ex Zenob. 1.24 (1.7 Leutsch-Schneidewin) et Diogen. 1.23 (1.184 L-S) add. Bergk

4^A Arist. *de anima* 1.404^A25

ὁμοίως δὲ καὶ Ἀναξαγόρας (59 A 99 DK) ψυχὴν εἶναι λέγει τὴν κινοῦςαν, καὶ εἴ τις ἄλλος εἴρηκεν ὡς τὸ πᾶν ἐκίνηςε νοῦς, οὐ μὴν παντελῶς γ' ὥςπερ Δημόκριτος (68 A 101 DK). ἐκεῖνος μὲν γὰρ ἁπλῶς ταὐτὸν ψυχὴν καὶ νοῦν· τὸ γὰρ ἀληθὲς εἶναι τὸ φαινόμενον· διὸ καλῶς ποιῆςαι τὸν Ὅμηρον ὡς

Ἕκτωρ κεῖτ' ἀλλοφρονέων.

4^B Arist. *Metaph.* 14.1009^B28

φαςὶ δὲ καὶ τὸν Ὅμηρον ταύτην ἔχουτα φαίνεςθαι τὴν δόξαν. ὅτι ἐποίηςε τὸν Ἕκτορα, ὡς ἐξέςτη ὑπὸ τῆς πληγῆς κεῖςθαι ἀλλοφρονέοντα.

eadem citantur ap. *Comm. in Arist. Graec.* (ex. gr. Philoponi 15 p. 72 Hayduck, Themistii 5 (3) p. 10 Heinze (*de anima*); Alexandri 1 p. 307 Hayduck, Asclepii 6.2 p. 278 Hayduck (*Metaph.*)) ad locc.

5 Arist. *Eth. Nic.* 3.1116^B26

ἰτητικώτατον γὰρ ὁ θυμὸς πρὸς τοὺς κινδύνους, ὅθεν καὶ Ὅμηρος
(a)   cθένος ἔμβαλε θυμῶι
        καὶ
(b)   μένος καὶ θυμὸν ἔγειρε
        καὶ
(c)   δριμὺ δ' ἀνὰ ῥῖνας μένος
        καὶ
(d)   ἔζεςεν αἷμα.

6 Arist. *Pol.* 3.1285^A10

ὅταν ἐξέλθηι τὴν χώραν (scil. ὁ βαςιλεὺς) ἡγεμών ἐςτι τῶν πρὸς τὸν πόλεμον ... κτεῖναι γὰρ οὐ κύριος, εἰ μὴ καθάπερ ἐπὶ τῶν ἀρχαίων ἐν ταῖς πολεμικαῖς ἐξόδοις ἐν χειρὸς νόμωι. δηλοῖ δ' Ὅμηρος·

ὁ γὰρ Ἀγαμέμνων κακῶς μὲν ἀκούων ἠνείχετο ἐν ταῖς ἐκκλησίαις, ἐξελθόντων δὲ καὶ κτεῖναι κύριος ἦν. λέγει γοῦν· ὃν δέ κ' ἐγὼν ἀπάνευθε μάχης, οὔ οἱ ἄρκιον ἐccεῖται φυγέειν
κύνας ἠδ' οἰωνούς (cf. Il. 2.391 sqq.) πὰρ γὰρ ἐμοὶ θάνατος.

7 Arist. *Pol.* 9.1338^A24 de musicae usu
(πρὸς τὴν ἐν τῆι cχολῆι διαγωγήν)· ἣν γὰρ οἴονται διαγωγὴν εἶναι τῶν ἐλευθέρων ἐν ταύτηι τάττουcιν. διόπερ Ὅμηρος οὕτως ἐποίηcεν·
ἀλλ' οἷον μέν ἐcτι (sic) καλεῖν ἐπὶ δαῖτα θάλειαν.   ca. 478
καὶ οὕτω προειπὼν ἑτέρους τινάς, οἳ καλέουcιν ἀοιδόν, φηcίν, ὅ κεν τέρπηιcιν ἅπαντας. καὶ ἐν ἄλλοις δέ φηcιν Ὀδυccεὺς ταύτην ἀρίcτην εἶναι διαγωγήν, ὅταν εὐφραινομένων τῶν ἀνθρώπων· δαιτυμόνες δ' ἀνὰ δώματ' ἀκουάζωνται ἀοιδοῦ | ἥμενοι ἐξείης (Od. 9.7 sq.).

8 Arist. fr. 167 Rose = ΣΤ Il. 24.420 (5.591 Erbse)
ἀδύνατον νεκρῶν τραύματα μύειν· ὥς φηcιν Ἀριcτοτέλης εἰρηκέναι Ὅμηρον
μῦcεν δὲ περὶ βροτόεcc' ὠτειλή.   ca. 497
τοῦτο δὲ τὸ ἡμιcτίχιον οὐδὲ φέρεται.
ἡμιcτίχιον sic distinxerunt Spitzner, Nauck (περιβροτόεccα | ὠτειλή Düntzer, Kinkel)

9 Athen. 4.137^E (1.312 Kaibel)
Σόλων δὲ τοῖς ἐν πρυτανείωι cιτουμένοις μᾶζαν παρέχειν κελεύει, ἄρτον δὲ ταῖς ἑορταῖς προcπαρατιθέναι (F 89 Ruschenbusch) μιμούμενος τὸν Ὅμηρον. καὶ γὰρ ἐκεῖνος τοὺς ἀριcτεῖς cυνάγων πρὸς τὸν Ἀγαμέμνονα
φύρετο δ' ἄλφιτα
φηcίν.
„non sunt Iliadis": Kaibel ad loc.

10 Athen. 9.412^D (2.398 Kaibel)
τὸ δὲ τελευταῖον καὶ τὴν τελειοτάτην αὐτοῦ (scil. Ὀδυccέως) παρίcτηcι (scil. Ὅμηρος) λαιμαργίαν καὶ γαcτριμαργίαν (Od. 7.219 sqq.) ... ταῦτα γὰρ οὐδ' ἂν ἐκεῖνος ὁ Σαρδανάπαλλος εἰπεῖν ποτε ἂν ἐτόλμηcεν. γέρων τε ὢν
ἤcθιεν ἁρπαλέως κρέα τ' ἄcπετα καὶ μέθυ ἡδύ.   ca. 475
„versus non Homericus": Kaibel ad loc.

11 Chrysippus fr. 905 von Arnim (*S.V.F.* I i. 251 sq.) ap. Galen. *de Hippocr. et Plat. plac.* 4.1 (*Corp. Med. Graec.* V 4, 1.2 p. 236 de Lacy)

(ὁ δὲ ποιητὴϲ πλεονάζων ἐν τούτοιϲ διὰ πολλῶν παρίϲτηϲιν ὅτι καὶ τὸ λογιϲτικὸν καὶ τὸ θυμοειδὲϲ περὶ τοῦτόν ἐϲτι τὸν τόπον) ...
ὅτι μὲν γὰρ τὸ λογιϲτικόν ἐϲτιν ἐνταῦθα, διὰ τούτων ἐμφαίνεται·
 ἄλλο δ' ἐνὶ ϲτήθεϲϲι νόοϲ καὶ μῆτιϲ ἀμύμων
 ἀλλ' ἐμὸν οὔποτε θυμὸν ἐνὶ ϲτήθεϲϲιν ἔπειθεν (= *Od.* 7.258).

12 idem fr. 906 von Arnim (*S.V.F.* I i. 253) ap. Galen. *de Hippocr. et Plat. plac.* 3.2 (*Corp. Med. Graec.* V 4, 1.2 p. 180 de Lacy)

(ταυτὶ τὰ ἔπη τὰ ἐξ Ὁμήρου ϲυνειλεγμένα ...) ἐν ἅπαϲι γὰρ τούτοιϲ οὐ τὸ λογιϲτικὸν ἀλλὰ τὸ θυμοειδὲϲ ἐν τῆι καρδίαι περιέχεϲθαι δηλοῦται, ὥϲπερ, οἶμαι, κἀν τοῖϲδε ... καὶ
 πρῆϲεν ἐνὶ ϲτήθεϲϲιν ἐριϲθενέοϲ Διὸϲ ἀλκὴν
 γνωμέναι.

„frustra quaesivi" von Arnim ad loc.

idem fr. 906 (*S.V.F.* II. 254) ap. Galen. *de Hippocr. et Plat. plac.* 3.2 (*Corp. Med. Graec.* V 4, 1.2 p. 182 de Lacy) = versus heroicus 13 Allen = Hes. fr. 69 MW

Demosth. *Epitaph.* 29: cf. Iliup. F 4

13 Galen. in Hippocr. περὶ ἀγμῶν 2.70
 καὶ μέϲϲον μὲν γὰρ ὁ ποιητὴϲ ἑνικῶϲ εἶπεν αὐτό
   περὶ ζώνην
 βάλλεται ἰξύην ἑκατὸν θυϲάνοιϲ ἀραρυῖαν.

14^A Hippocr. περὶ ἄρθρων ἐμβολῆϲ 8 (2.122 sq. Kühlewein)
καλῶϲ γὰρ Ὅμεροϲ καταμεμαθήκει ὅτι πάντων τῶν προβάτων βόεϲ μάλιϲτα πονέουϲι ταύτην τὴν ὥρην, καὶ βοῶν οἱ ἀρόται, ὅτι τὸν χειμῶνα ἐργάζονται. τούτοιϲι τοίνυν καὶ ἐκπίπτει μάλιϲτα· οὗτοι γὰρ μάλιϲτα λεπτύνονται ... διὰ τοῦτο οὖν ἐποίηϲεν τάδε τὰ ἔπη·
 ὡϲ δ' ὁπότ' ἀϲπάϲιον ἔαρ ἤλυθε βουϲὶν ἕλιξιν,
ὅτι ἀϲμενωτάτη αὐτοῖϲιν ἡ βαθεῖα ποίη φαίνεται.

14^B id. μοχλικόν 5 (2.249 Kühlewein)
ὦμοϲ δὲ ἐκπίπτει κάτω ... οἷον καὶ τοῖϲι βουϲὶ χειμῶνοϲ φαίνεται διὰ λεπτότητα ... τό τε Ὁμήρειον καὶ διότι λεπτότατοι βόεϲ τηνικαῦτα.

„versus in nostris Homeri editionibus non exstat": Kühlewein ad loc.

15 Ion Chius *F. Gr. Hist.* 392 F 6 ap. Athen. 13.604ᴮ (3.332 Kaibel) = Sophocl. *Tr. G. F.* 4 T 75 Radt (p. 60)

ἀνγελάcαc ⟨δ'⟩ ἐπὶ τῶι Ἐρετριεῖ Σοφοκλῆc, ,οὐδὲ τόδε cοι ἀρέcκει ἄρα ὦ ξένε τὸ Σιμωνίδειον (585 P) ... οὐδ' ὁ ποιητήc‘ ἔφη ,λέγων χρυcοκόμην Ἀπόλλωνα ...‘

οὐδ' ὁ ποιητήc ⟨ὁ⟩ λέγων Kaibel, qui ad Pind. *Ol.* 6.41 sim. refert; obloquitur Lorimer, *Greek Poetry and Life,* p. 15 sq.   χρυcοκόμαν Athen.

16 Plato *Gorgias* 516ᶜ (p. 171 Dodds)

οὐκοῦν οἵ γε δίκαιοι ἥμεροι, ὡc ἔφη Ὅμηροc.

17 Plato *Phaedr.* 252ᴮ

λέγουcι δέ, οἶμαι, τινὲc Ὁμηριδῶν ἐκ τῶν ἀποθέτων δύο ἔπη εἰc τὸν Ἔρωτα, ὧν τὸ ἕτερον ὑβριcτικὸν πάνυ καὶ οὐ cφόδρα τι ἔμμετρον. ὑμνοῦcι δὲ ὧδε·

τὸν δ' ἤτοι θνητοὶ μὲν Ἔρωτα καλοῦcι ποτηνόν,
ἀθάνατοι δὲ πτἜρωτα διὰ πτεροφύτορ' ἀνάγκην.

cf. Hermiae schol. ad loc. (p. 188 Couvreur) et Stob. *ecl.* 1.9.11 (1.114 Wachsmuth-Hense)

1 δ'ἤτοι T, Herm.: δή τοι BDWP, Stob.   2 πτεροφύτορ' Par. 1813, Stob.: -όφυτον BDP, Herm., -όφοιτον TW

18 [Plato] *Alcib.* 2.149ᴰ

εὑρήcειc δὲ καὶ παρ' Ὁμήρωι ἕτερα παραπλήcια τούτοιc εἰρημένα. φηcὶν γὰρ τοὺc Τρῶαc ἔπαυλιν ποιουμένουc ἔρδειν ἀθανάτοιcι τελ- ηέccαc ἑκατόμβαc, τὴν δὲ κνῖcαν ἐκ τοῦ πεδίου τοὺc ἀνέμουc φέρειν οὐρανὸν εἴcω ἡδεῖαν· τῆc δ' οὔ τι θεοὺc μάκαραc δατέεcθαι οὐδ' ἐθέλειν·

μάλα γάρ cφιν ἀπήχθετο Ἴλιοc ἱρή
καὶ Πρίαμοc καὶ λαὸc εὐμμελίω Πριάμοιο.

19 [Plut.] *vit. Hom.* 2.20 (7.347 Bernardakis)

εἰcὶ δὲ παρ' αὐτῶι (scil. Ὁμήρωι) μεταφοραὶ ποικίλαι, αἱ μὲν ἀπὸ ἐμψύχων ἐπὶ ἔμψυχα, οἷον·

φθέγξατο δ' ἡνίοχοc νηὸc κυανοπρώιροιο.

„versum non inveni“: Bernardakis ad loc.

20 cf. anon. π. τρόπων (*Rhet. Gr.* 3.328 Spengel)

ἔτι τῶν μεταφορῶν αἱ μὲν ἀντιςτρέφουςιν, αἱ δ' οὔ. καὶ ἀντιςτρέ-
φουςι μὲν αἱ τοιαῦται· φθέγξατο – κυανοπρώιροιο, καὶ
ἵππων κυβερνητῆρες

fr. 19 (= *Tr. G. F.* 2 (adespota) F 443ᴮ Snell-Kannicht) etiam citatur
ap. ΣDionys. Thrac. (*Gr. Gr.* I.3 p.458 Hilgard): cf. [Oppian.] *Cyneg.* 1.96.

21 [Plut.] *vit. Hom.* 2.23 (7.349 Bernardakis) = fr. adesp. 1139 *Suppl. Hell.*

ἔςτι δὲ καὶ ἄλλος τρόπος ἡ μετωνυμία ... οἷόν ἐςτι παρ' αὐτῶι (scil. Ὁμήρωι)·

ἦμος ὅτ' αἰζηοὶ Δημήτερα κωλοτομεῦςι.

Plut. *de Is. et Os.* 66 377ᴰ (p.66 Griffiths)

ποιητὴς δέ τις ἐπὶ τῶν θεριζόντων·

τῆμος ὅτ' αἰζηοὶ Δημήτερα κωλοτομεῦςι.

22 [Plut.] *vit. Hom.* 2.55 (7.363 Bernardakis)

τὸ ἐνεργητικὸν ἀντὶ τοῦ παθητικοῦ
   δωρήςω τρίποδα χρυςούατον
                  ἀντὶ τοῦ δωρήςομαι.

„non habet Homerus": Bernardakis ad loc.

23 Probus in Verg. *Georg.* 2.506

Tyron enim Sarram appellatam Homerus docuit.

24 Servius in Verg. *Aen.* 12.691

striduntque hastilibus aurae: Homerus:

cυρίζουcα Μακηδονὶc ἵπτατο λόγχη

ΜΑΚΕΛΟΝ ΙΟΙΤΙΤΑΤΕ codd., corr. West (ἵπτατο (sic) iam Allen)

25 Strabo 13.1.41 p.601 C

οὕτω μὲν δὴ λέγουςιν οἱ Ἰλιεῖς, Ὅμηρος δὲ ῥητῶς τὸν ἀφανιςμὸν τῆς πόλεως εἴρηκεν

βουλῆι καὶ μύθοιςι καὶ ἠπεροπηΐδι τέχνηι.

id. 1.2.4 p.17 C

οὗτος δ' ὁ πτολίπορθος ἀεὶ λεγόμενος (id est Ὀδυσσεύς) καὶ τὸ Ἴλιον ἑλὼν βουλῆι κτλ.

Polyaen. Strateg. 1. prooem. 8

καὶ ἀλλαχοῦ ἄλλοι πάλιν αὖ μαρτυροῦσιν ἁλῶναι τὸ Ἴλιον Ὀδυσσέως βουλῆι κτλ.

Stob. ecl. 4.13.48 (4.364 Hense)

Ἀλέξανδρος ἐρωτηθεὶς ὑπό τινος πῶς ἐν ὀλίγωι χρόνωι τῆς οἰκουμένης ἐκυρίευσεν εἶπε· βουλῆι κτλ.

26 Suda s.v. θωύσσοντες (2.725 Adler)
  ὑλακτοῦντες· Ὅμηρος
       βαρύβρομα θωύσσοντες.

27 ΣLycophr. 86 (2.47 Scheer)

γρυνόν· ... γρυνὸν δὲ εἶπε τὸν Ἀλέξανδρον κατὰ μετωνυμίαν καλέσας· γρυνὸς γάρ ἐστιν ὁ κορμός. καὶ Ὅμηρος·
    γρυνοὶ μὲν δαίοντο, μέγας δ' Ἥφαιστος ἀνέστη.

ca. 469

γρυνοί (sic) – ἀνέστη sine poetae nomine citatur ap. Et. Mag. 241.55 et Et. Gen. ᴬ et ᴮ (γρυνοί Et. Gen. ᴬ et ᴮ, δεόντο pro δαιόντο Et. Gen. ᴬ; ἀνέστη omittunt Et. Gen. ᴬ et ᴮ) γρουνόν v.l. est in Lycophr. supra cit.

28 Xen. Sympos. 8.30

καὶ ἐγὼ δέ φημι καὶ Γανυμήδην οὐ σώματος ἀλλὰ ψυχῆς ἕνεκα ὑπὸ Διὸς εἰς Ὄλυμπον ἀνενεχθῆναι. μαρτυρεῖ δὲ τοὔνομα αὐτοῦ· ἔστι μὲν γὰρ δήπου καὶ Ὁμήρωι
          γάνυται δέ τ' ἀκούων·
τοῦτο δὲ φράζει ὅτι ἥδεται δέ τ' ἀκούων. ἔστι δὲ καὶ ἄλλοθί που
          πυκινὰ φρεσὶ μήδεα εἰδώς.
τοῦτο δ' αὖ λέγει σοφὰ φρεσὶ βουλεύματα εἰδώς.

29 Athen. 4.172ᴱ (1.388 Kaibel) = Seleucus F.Gr.Hist. 634 F 2, fr.65 Müller (*De Seleuco Homerico* (1891))

ὅτι δὲ τὸ ποίημα τοῦτο (scil. Ἆθλα ἐπὶ Πελίαι) Στησιχόρου (fr. 179 P) ἐστίν, ἱκανώτατος μάρτυς Σιμωνίδης ὁ ποιητὴς (fr. 564 P) ὃς περὶ τοῦ Μελεάγρου τὸν λόγον ποιούμενός φησιν·

ὃϲ δουρὶ πάνταϲ
νίκαϲε νέουϲ δινάεντα βαλὼν
Ἄναυρον ὕπερ πολυβότρυοϲ ἐξ Ἰωλκοῦ·
οὕτω γὰρ Ὅμηροϲ ἠδὲ Σταϲίχοροϲ ἄειϲε λαοῖϲ.

LESCHES

vid. Il. Parv. T 2 sqq.

(ep. cycl.)

MAGNES

Nicol. Damasc. *F. Gr. Hist.* 90 F 62

Μάγνηϲ ἦν ἀνὴρ Σμυρναῖοϲ ... ποιήϲει τε καὶ μουϲικῆι δόκιμοϲ ... ἐν τοῖϲ ἔπεϲιν ἧιϲεν ὁ Μάγνηϲ Λυδῶν ἀριϲτείαν ἐν ἱππομαχίαι πρὸϲ Ἀμαζόναϲ.

hinc pendent similia ap. Sudam s.v. Μάγνηϲ (3.306 Adler).

MELANIPPIDES

Suda s.v. (3.350 Adler)

Κρίτωνοϲ, γεγονὼϲ κατὰ τὴν ξε´ Ὀλυμπιάδα (annis 446/4) Μήλιοϲ. ἔγραψε δὲ ... ποιήματα ἐπικά.

cf. Marcellin. *Vit. Thuc.* 29 (1.6 Luschnat) = Praxiph. fr. 18 Wehrli (9.98)

Θουκυδίδηϲ ... ϲυνεχρόνιϲε ... Μελανιππίδηι.

MVSAEVS

testimonia et fragmenta ediderunt Diels et Kranz, *Die Frr. der Vorsokratiker* 1[6] pp. 20 sqq., 484; novum fragmentum ap. Philodem. *de pietate* servatum praebet A. Henrichs, *GRBS* 13 (1972) 72.

NICERATVS HERACLEOTA

vid. *Suppl. Hell.* p. 278

NICOSTRATVS ATHENIENSIS
vid. Theseidos T 2 infra

PANYASSIS

T

1 Suda s.v. Πανύαcιc (4, 24 sq. Adler) = *F.Gr.Hist.* 440 T 1

Πολυάρχου, Ἁλικαρναccεύc, [τερατοcκόποc καὶ] ποιητὴc ἐπῶν· ὃc cβεcθεῖcαν τὴν ποιητικὴν ἐπανήγαγε. Δοῦριc δὲ (*F.Gr.Hist.* 76 F 64) Διοκλέουc τε παῖδα ἀνέγραψε καὶ Cάμιον, ὁμοίωc δὲ καὶ †Ἡρόδοτοc Θούριον. ἱcτόρηται δὲ Πανύαcιc Ἡροδότου τοῦ ἱcτορικοῦ ἐξάδελφοc·
5 γέγονε γὰρ Πανύαcιc Πολυάρχου, ὁ δὲ Ἡρόδοτοc Λύξου τοῦ Πολυάρχου ἀδελφοῦ. τινὲc δὲ οὐ Λύξην, ἀλλὰ Ῥοιῶ τὴν μητέρα Ἡροδότου, Πανυάcιδοc ἀδελφήν, ἱcτόρηcαν. ὁ δὲ Πανύαcιc γέγονε κατὰ τὴν οη' Ὀλυμπιάδα (annis 468/5), κατὰ δέ τιναc πολλῶι πρεcβύτεροc· καὶ γὰρ ἦν ἐπὶ τῶν Περcικῶν. ἀνηιρέθη δὲ ὑπὸ Λυγδάμιδοc τοῦ τρίτου
10 τυραννήcαντοc Ἁλικαρναccοῦ. ἐν δὲ ποιηταῖc τάττεται μεθ᾽ Ὅμηρον, κατὰ δέ τιναc καὶ μετὰ Ἡcίοδον καὶ Ἀντίμαχον. ἔγραψε δὲ καὶ Ἡρακλειάδα ἐν βιβλίοιc ιδ', εἰc ἔπη θ', Ἰωνικὰ ἐν πενταμέτρωι, ἔcτι δὲ τὰ περὶ Κόδρον καὶ Νηλέα καὶ τὰc Ἰωνικὰc ἀποικίαc, εἰc ἔπη ζ'.

1 [τερατοcκόποc καὶ] del. Fabricius, ut de Panyasside iuniore (de quo vid. D. del Corno, *Graecorum de re onirocritica scriptorum reliquiae* pp. 34 sqq.). 3 †Ἡρόδοτοc codd.: Ἡρόδοτον Wesseling Ἡρόδοτον τὸν Krausse Πανυάcιδοc codd.: Πολυάρχου Heyse, Krausse 6 Λύξην (ὠνόμαcαν) vel (ἱcτόρηcαν) Tzschirner

2 Suda s.v. Χοιρίλοc (4.834 Adler) = Choeril. fr. 315 *Suppl. Hell.*

Cάμιοc, τινὲc δὲ Ἰαcέα, ἄλλοι δὲ Ἁλικαρναcέα ἱcτοροῦcι. γενέcθαι δὲ κατὰ Πανύαcιν τοῖc χρόνοιc, ἐπὶ δὲ τῶν Περcικῶν, Ὀλυμπιάδα οε' (annis 480/77), νεανίcκον ἤδη εἶναι·

3 Suda s.v. Ἀντίμαχοc (1.237 Adler) = Stesimbrotus *F. Gr. Hist.* 107 T 5 = Antim. T 9 Wyss

Κολοφώνιοc, υἱὸc Ὑπάρχου, γραμματικὸc καὶ ποιητήc. τινὲc δὲ καὶ οἰκέτην αὐτὸν ἀνέγραψαν Πανυάcιδοc τοῦ ποιητοῦ, πάνυ ψευcάμενοι. ἦν γὰρ αὐτοῦ ἀκουcτὴc καὶ Cτηcιμβρότου. γέγονε δὲ πρὸ Πλάτωνοc.

4 Euseb. (Hieron.) Ol. 72, 4 (anno 489) p. 108, 9 Helm
Panyasis poeta habetur inlustris.
cf. Syncelli *Eclog. Chronogr.* 472 (p. 298 Mosshammer): Πανύαcιc ποιητὴc ἐγνωρίζετο.

5 Avienus *Phaenomena* 2.175 (p. 10 Holder)
Panyasi sed nota tamen, cui longior aetas
Eruit excussis arcana exordia rebus

6 *I. G.* 12.1.145 (Hiller v. Gärtringen) iterum (post alios) edidit Ebert, *Philol.* 130 (1986) 37 sqq.

[- - - - - - - -]
2   λάϊνο[ν Ἀ]cϲυρίη [χῶμ]α Σεμι[ρά]μιοc·
    ἀλλ' Ἄνδρωνα οὐκ ἔcχε Νίνου πόλιc, οὐδὲ παρ' Ἰνδοῖc
4   ῥιζοφυὴc Μουcέων πτόρθοc ἐνετρέφετο·
    [κοὺ] μὴν Ἡροδότου γλύκιον cτόμα καὶ Πανύαccιν
6   ἡ[δυ]επῆ Βαβυλὼν ἔτρεφεν ὠγυγίη,
    ἀλλ' Ἁλικαρναccοῦ κραναὸν πέδον· ὧν διὰ μολπὰc
8   κλειτὸν ἐν Ἑλλήνων ἄcτεcι κῦδοc ἔχει.

vv. 1-2 = A. P. 7.748.1-2 = Antip. Sid. *HE* 410 sq. de lectionibus supplementisque consulendus Ebert

7 Pausan. 10.8.9
Πανύαccιc δὲ ὁ Πολυάρχου πεποιηκὼc ἐc Ἡρακλέα ἔπη κτλ. (= F 15 infra).

8 Clem. Alexandr. *Strom.* 6.25.1 (2.442 Stählin)
... Πανύαcίc τε ὁ Ἁλικαρναccεὺc παρὰ Κρεωφύλου τοῦ Σαμίου τὴν Οἰχαλίαc ἅλωcιν (= F 4).

9 Athen. 2.36[D] (1.84 Kaibel)
Πανύαcιc δ' ὁ ἐποποιὸc ... (= F 13).

10[A] Procl. *Vit. Hom.* 2 sq. (p. 67 Severyns); cf. Procl. ap. Phot. *Bibl.* 319[A] 18 sqq. (5.156 Henry)
γεγόναcι δὲ τοῦ ἔπουc ποιηταὶ κράτιcτοι μὲν Ὅμηροc, Ἡcίοδοc T 9[A] Jacoby (p. 111)), Πείcανδροc (T 5[A]), Πανύαccιc, Ἀντίμαχοc (T 38 Wyss). Sim. ap. Canones ed. Kroehnert (*Canones poetarum scriptorum artificum per antiquitatem fuerunt?* (diss. Regim. Pruss. 1897) tab. M cap. 1 (p. 5) = C cap. 7 (p. 12) ubi Πανύαccιc om. C.

10^B Io. Tzetzes in Hesiodi *Opera* (Colonna, *Acad. Naz. dei Lincei Boll. di. Com. per la preparazione della Ed. Naz. d. class. Gr. e Lat.* (2 (1953)) p.36; Severyns, 1.2, 84)

γεγόνασι δὲ τούτων τῶν ποιητῶν ἄνδρες ὀνομαστοὶ πέντε· Ὅμηρος ὁ παλαιός (Heinsius: πολύς), Ἀντίμαχος ὁ Κολοφώνιος, Πανύασις, Πείσανδρος ὁ Καμειρεύς, καὶ Ἀσκραῖος οὗτος Ἡσίοδος. Andronic. περὶ τάξεως ποιητῶν (*Anecd. Graec.* ed. Bekker, 3. 1461) haec exscripsit.

Πάνυσις Paris. G   Πανάκης Paris. F

10^C Io. Tzetzes, περὶ διαφορᾶς ποιητῶν 171 (*Schol. Ar.* I 1 A p.93 Koster)

Πεντὰς δὲ τούτων ἐστὶν ἐξηιρημένη, Ὅμηρος, Ἡσίοδος, Πανύασις τρίτος, Πείσανδρος, Ἀντίμαχος, οἱ δ' ἄλλοι νέοι.

nomen nostri varie deformant codd.: vid. Koster ad loc.

10^D Is. Tzetz. ad Lyc. (2.1 Scheer)

γεγόνασι δὲ ὀνομαστοὶ ποιηταὶ πέντε· Ὅμηρος, Ἡσίοδος, Πανύασις, Ἀντίμαχος, Πείσανδρος κτλ.

10^E Michael Italicus *epist.* 32 Gautier (Severyns 1.1.319; *Anecd. Graec. Oxon.* 3.189 Cramer)

εἶπον ἂν καὶ τίνες μὲν τοῦ ἔπους γεγόνασι κράτιστοι ποιηταί, ὧν ὁ Πανύασις (-ιασις cod.) γνωριμώτατος μετὰ Ὅμηρον.

11 Dionys. Halic. περὶ μιμήσεως 2.2 (2.204 Usener-Radermacher)

Ἡσίοδος (T 64 Jacoby) μὲν γὰρ ἐφρόντισεν ἡδονῆς δι' ὀνομάτων λειότητος καὶ συνθέσεως ἐμμελοῦς. Ἀντίμαχος δὲ (T 25 Wyss) εὐτονίας καὶ ἀγωνιστικῆς τραχύτητος καὶ τοῦ συνήθους τῆς ἐξαλλαγῆς. Πανύασις δὲ τάς τε ἀμφοῖν ἀρετὰς εἰσηνέγκατο, καὶ αὐτὸς πραγματείαι καὶ τῆι κατ' αὐτὸν οἰκονομίαι διήνεγκεν.

12 Quint. *inst. or.* 10.1.52 (2.578 Winterbottom)

raro assurgit Hesiodus (T 66 Jacoby) magnaque pars eius in nominibus est occupata, tamen utiles circa praecepta sententiae levitasque verborum et compositionis probabilis, daturque ei palma in illo mediocri genere dicendi. (53) contra in Antimacho (T 28 Wyss) vis et gravitas et minime volgare eloquendi genus habet laudem. sed quamvis ei secundas fere grammaticorum consensus deferat, et adfectibus et iucunditate et dispositione et omnino arte deficitur, ut plane manifesto appareat, quanto sit aliud proximum esse, aliud secundum. (54) Panyasin, ex utroque mixtum, putant in eloquendo neutrius aequare virtutes, alterum tamen ab eo materia, alterum disponendi ratione superari.

13 Macrobius *Saturnalia* 5.21.19 (1.341 Willis)
... Panyassis (*Paniastis* codd.), egregius scriptor Graecorum, ... (= F 7[B] infra).

F

1 Steph. Byz. s.v. Βέμβινα (p. 162 Meineke)
κώμη τῆς Νεμέας· Ἑλλάνικος δὲ (*F.Gr.Hist.* 4 F 102) Βέμβινον καὶ πόλιν φησίν. ὁ πολίτης Βεμβινίτης ὡς Σταγειρίτης. παρὰ δὲ Ῥιανῶι (*F.Gr.Hist.* 265 F 53) Βεμβινάτης. ἔοικεν οὖν ⟨ὡς⟩ Αἰγινάτης καὶ Αἰγινήτης κατὰ τροπὴν ὡς Πανύασις ἐν Ἡρακλείας πρώτηι·
    δέρμα τε θήρειον Βεμβινήταο λέοντος.

2 pergit idem
    καὶ ἄλλως·
        καὶ Βεμβινήταο πελώρου δέρμα λέοντος.

duo versus in unum sic reduxit Wilamowitz: δέρμα τε θήρειον Βεμβινήταο πελώρου: de fragmento secundo alii aliter dubitaverunt

3 [Eratosthen.] *Catast.* 11 (Καρκίνος: pp. 88 et 90 Robert = *Mythogr. Graec.* 3 (1) p. 13 Olivieri)
οὗτος δοκεῖ ἐν τοῖς ἄστροις τεθῆναι δι' Ἥραν, ὅτι μόνος, Ἡρακλεῖ τῶν ἄλλων συμμαχούντων ὅτε τὴν ὕδραν ἀνήιρει, ἐκ τῆς λίμνης ἐκπηδήσας ἔδακεν αὐτοῦ τὸν πόδα, καθάπερ φησὶ Πανύασις ἐν Ἡρακλείαι· θυμωθεὶς δ' ὁ Ἡρακλῆς δοκεῖ τῶι ποδὶ συνθλάσαι αὐτόν, ὅθεν μεγάλης τιμῆς τετύχηκε καταριθμούμενος ἐν τοῖς ιβ´ ζωιδίοις.

pro Ἡρακλεῖ τῶν ἄλλων συμμαχούντων coni. Heyne Ἡρακλεῖ τοῦ Ἰολάου συμμαχοῦντος

Σ German. Arat. (p. 88 Robert = p. 70 Breysig)
Cancer ⟨in⟩ astris positus esse dicitur beneficio Iunonis, quod, cum Hercules cum hydra ad fontem Laernium depugnaret, hic cancer Herculis pedem morsu deprehendit, ut Panyasis (*-iasis* codd.) auctor dicit. quem iratus Hercules calcatum contrivit beneficioque Iunonis magnis honoribus decoratus XII signorum numero adnumeratur.

Σ German. Arat. (p. 89 Robert = p. 128 Breysig)

Cancrum namque ideo fabulae locatum inter astra aiunt, quoniam Herculem aliis auxiliantem et hydriam de fonte Lernaea auferentem saliens in pede percusserit, sicut ait Panyasis in Heraclea. (*Panias* codd.)

4 Athen. 11.489ᴰ (3.99 Kaibel)

Πανύαccιc τρίτωι Ἡρακλείαc φηcίν·
τοῦ κεράcαc κρητῆρα μέγαν χρυcοῖο φαεινὸν
cκύπφουc αἰνύμενοc θαμέαc ποτὸν ἡδὺν ἔπινεν.

1 φαεινὸν: φαεινοῦ coni. Kinkel 2 αἰνυμένουc A: corr. ς ἔπινεν: ἔνειμεν Köchly

5 Σ Pind. *Pyth.* 3.177ᴮ (2.87 Drachmann)

Θυώνηι τῆι Σεμέληι· διωνυμίαι γὰρ ἐκέχρητο. εἰcὶν οἵ καὶ τὴν αὐτὴν Διώνην λέγουcιν, ὥcπερ Εὐριπίδηc ἐν Ἀντιγόνηι (fr. 177 N²) „ὦ παῖ Διώνηc, ὡc ἔφυc μέγαc θεόc, | Διόνυcε, θνητοῖc τ' οὐδαμῶc ὑπόcτατοc". ἔνιοι δὲ τὴν Θυώνην ἑτέραν τῆc Σεμέληc φαcὶν εἶναι, τροφὸν τοῦ Διονύcου, ὥcπερ Πανύαcιc ἐν τρίτωι Ἡρακλείαc·
καί ῥ' ὁ μὲν ἐκ κόλποιο τροφοῦ θόρε ποccὶ Θυώνηc.

6ᴬ Clem. Alexandr. *Protrept.* 36.2 (1.27 Stählin)

ναὶ μὴν καὶ τὸν Ἀιδωνέα ὑπὸ Ἡρακλέουc τοξευθῆναι Ὅμηροc λέγει καὶ τὸν †Ἠλεῖον Αὐγέαν Πανύαccιc ἱcτορεῖ. ἤδη δὲ καὶ τὴν Ἥραν τὴν ζυγίαν ἱcτορεῖ τοξευθῆναι ὑπὸ τοῦ αὐτοῦ Ἡρακλέουc ὁ αὐτὸc οὗτοc Πανύαccιc
ἐν Πύλωι ἠμαθόεντι.

6ᴮ Σ ad loc. (1.307 Stählin)

δαίμων τιc οὗτοc Ἠλεῖοc Αὐγέαc, ἐναντίοc τῶι Πλούτωνι, ὃν καὶ τοξευόμενον ὑπὸ Ἡρακλέουc Πανύαccιc εἰcάγει.

6ᶜ Arnob. *adv. gent.* 4.25

non ex vobis Panyassis unus est, qui ab Hercule Ditem patrem et reginam memorat sauciatam esse Iunonem?

hos tres auctores ad unum eundemque locum spectare satis constat; in A †Ἠλειὸν Αὐγέαν varie sanant docti, sed cavendum est ne Ἥλιον inseratur quod autoschediasma esset; lacunam post λέγει καὶ posuit Lloyd-Jones, sic supplendam: ⟨... ἐν τῆι μάχηι τῆι πρὸc⟩ τὸν Ἠλεῖον Αὐγέαν

7ᴬ Athen. 11.469ᴰ (3.31 Kaibel) de Solis poculo
[praecedit Pisandri F 6]

Πανύαcιc δ' ἐν πρώτωι Ἡρακλείαc παρὰ Νηρέωc φηcὶ τὴν τοῦ Ἡλίου φιάλην κομίcαcθαι τὸν Ἡρακλέα καὶ διαπλεῦcαι εἰc Ἐρύθειαν.

7ᴮ Macrob. *Saturn.* 5.21.19 (1.341 Willis)

poculo autem Herculem vectum ad Ἐρύθειαν, id est Hispaniae insulam, navigasse et Panyassis, egregius scriptor Graecorum, dicit, et Pherecydes (*F.Gr.Hist.* 3 F 18ᴬ) auctor est.

de πρώτωι Ἡρακλείαc dubitatur: τετάρτωι Dübner, πέμπτωι Robert, ιαˊ Wilamowitz

8 Σ *Od.* 12.301 de Solis pecoribus

„ἢ βοῦν ἠέ τι μῆλον"· Νυμφόδωροc ὁ τὴν Σικελίαν περιηγηcάμενοc (*F.Gr.Hist.* 572 F 3) καὶ Πολύαινοc (*F.Gr.Hist.* 639 F *7) καὶ Πανύαcιc φύλακα τῶν Ἡλίου βοῶν Φάλακρόν (Meineke: nomen varie deformant codd. (Φυλάκιόν, Φύλαιον, Φυλάϊκον, unde Φύλακον Müller)) φηcι γενέcθαι, ὃν Φιλοcτέφανοc †Αἰολιδοῦν (Αἰόλου ὑϊδοῦν West) εἶναί φηcιν καὶ ἔχειν ἐν Μύλαιc ἡρῶιον.

9 Pausan. 10.29.9 (3.159 Rocha-Pereira) de Polygnoti Necyia

κατωτέρω δὲ τοῦ Ὀδυccέωc ἐπὶ θρόνων καθεζόμενοι (Θηcεὺc καὶ Πειρίθουc) ... Πανύαccιc δὲ ἐποίηcεν ὡc Θηcεὺc καὶ Πειρίθουc ἐπὶ τῶν θρόνων παράcχοιντο cχῆμα οὐ κατὰ δεcμώταc, προcφυῆ (Hitzig: προcφυὲc codd., unde προcφύεcθαι Wilamowitz) δὲ ἀπὸ τοῦ χρωτὸc ἀντὶ δεcμῶν cφιcιν ἔφη τὴν πέτραν.

10ᴬ [Eratosthen.] *Catast.* 4 (p. 62 sqq. Robert = *Mythogr. Graec.* 3 (1) p. 4 Olivieri)

ὁ ἐν γόναcιν. οὗτόc φαcιν Ἡρακλῆc ἐcτιν ὁ ἐπὶ τοῦ Ὄφεωc βεβηκώc, ἐν ἀγῶνι δὲ ἕcτηκε τό τε ῥόπαλον ἀνατετακὼc καὶ τὴν λεοντῆν περιειλημένοc· λέγεται δέ, ὅτε ἐπὶ τὰ χρύcεα μῆλα ἐπορεύθη, τὸν ὄφιν τὸν τεταγμένον φύλακα αὐτῶν ἀνελεῖν < >, ὅθεν ἐπιτελεcθέντοc τοῦ ἔργου μετὰ ⟨μεγίcτου⟩ κινδύνου ἄξιον ὁ Ζεὺc κρίναc τὸν ἆθλον μνήμηc ἐν τοῖc ἄcτροιc ἔθηκε τὸ Εἴδωλον· ἔcτι δὲ ὁ μὲν Ὄφιc μετέωρον ἔχων τὴν κεφαλήν, ὁ δ' ἐπιβεβηκὼc αὐτῶι καθεικὼc

τὸ ἓν γόνυ, τῶι δ' ἑτέρωι ποδὶ ἐπὶ τὴν κεφαλὴν ἐπιβαίνων, τὴν δὲ δεξιὰν χεῖρα ἐκτείνων, ἐν ἧι τὸ ῥόπαλον, ὡc παίcων, τῆι δ' εὐωνύμωι χειρὶ τὴν λεοντῆν περιβεβλημένοc.
lacunam posuit Robert qui et ⟨μεγίcτου⟩ add.

10ᴮ Σ Germanici *Arat.* (p. 61 Breysig)

(Engonasin): hic est Hercules super anguem incumbens, clava reiecta, pelle leonis opertus. dicitur cum ad mala aurea profectus esset, ut refert Panuasis Heraclea, serpens hortorum custos immensae magnitudinis insomnisque fuisse. qui cum Herculi obstiterit victorque maximo periculo Hercules abierit, Iovis hunc laborem memoriae dignum honoravit et utrosque sideribus intulit, ita ut in certamine fuere eorum habitus: serpentis caput erectum, Herculem super genu prementem, altero pede caput calcantem, dextra manu cum clava exserta, sinistra leonis pelle obvoluta.

10ᶜ Hygin. *Poet. Astr.* 2.6

Engonasin: hunc Eratosthenes Herculem dicit supra draconem conlocatum, de quo ante diximus, eumque paratum ut ad decertandum, sinistra manu pellem leonis, dextra clavam tenentem. conatur interficere draconem Hesperidum, qui nunquam oculos operuisse somno coactus existimatur; qui malis custos adpositus esse demonstratur. de hoc etiam Panyasis in Heraclea dicit. horum igitur pugnam Iupiter admiratus inter astra constituit. habet enim draco caput erectum, Hercules autem dextro genu nixus, sinistro pede capitis eius dextram partem opprimere conatur, dextra manu sublata ut feriens, sinistra proiecta cum pelle leonis, ut cum maxime dimicans adpareat.

10ᴰ Σ Germanici *Arat.* 42 (p. 118 Breysig)

draconem immensae magnitudinis, hortorum custodem insomnem, dum a Iunone ad custodienda aurea mala esset constitutus, Hercules, quum ad mala aurea profectus fuisset, ut refert Panyasis in Heraclea, fertur peremisse; et idcirco inter astra Iupiter hunc laborem memoria dignum honorasse et utrosque sideribus intulisse, ita ut in certamine fuerint eorum habitus, serpentis capite iam desecto: qui ideo in genu stans, manibus sursum extensis, dextro pede contra draconem porrecto pingitur, ut certaminis labor significetur. ideo pellem leonis in sinistra manu habere fingitur, ut insigne virtutis monstretur, quia leonem inermis interfecisse narratur.

10ᴱ Avienus *Phaenomena* 169 sqq. (p. 10 sq. Holder)
Engonasin:

Inde pruinoso si lumen abusque dracone
In convexa feras oculosque in proxima mundi
Declines, qua parte globo tumet altior orbis,
Illa laboranti similis succedet imago,
Protinus expertem quam quondam dixit Aratus
Nominis et cuius latuit quoque causa laboris,
Panyasi sed nota tamen, cui longior aetas
Eruit excussis arcana exordia rebus.
Nam dura immodici memorat sub lege tyranni
Amphitryoniaden primaevo in flore iuventae,
† Qua cedunt medii longe secreta diei,
Hesperidum venisse locos atque aurea mala,
Inscia quae lenti semper custodia somni
Servabat, carpsisse manu, postquam ille novercae
Insaturatae odiis serpens victoris ab ictu
Spirarumque sinus et fortia vincula laxans
Occubuit; sic membra genu subnixa sinistro
Sustentasse ferunt, sic insidisse labore
Devictum fama est. ac tum Tirynthius aethrae
Inditus et solio fultus sublime paterno est.
Iuppiter hanc speciem, mi[se]ratus acerba laborum,
Reddidit et talem cerni permisit Olympo.
En manus ipsa dei violenta in verbera pendens
Erigitur dextraeque dehinc inpressio plantae
Tempora deculcat maculosi prona draconis.

11 Steph. Byz. s.v. Ἀcπίc (p. 134 Meineke)

πόλις Λιβύης ... ἔστι καὶ ἄλλη (scil. νῆσος), ὡς Κλέων ὁ Συρακόσιος (V: -ούσιος A et R: cf. Müller, *FHG* 4.365) ἐν τῶι περὶ τῶν λιμένων, ἄδενδρος οὖσα. ἔστι καὶ πέραν Πίσης, ὡς Πανύασις ἐν Ἡρακλείας ἑνδεκάτηι.

12 Stob. *ecl.* 3.18.21 (3.518 Hense)
Πανυάσσιδος·

ca. 465

ξεῖν' ἄγε δὴ καὶ πῖν', ἀρετή νύ τις ἔστι καὶ αὕτη,
ὅς κ' ἀνδρῶν πολὺ πλεῖστον ἐν εἰλαπίνηι μέθυ πίνηι
εὖ καὶ ἐπισταμένως, ἅμα τ' ἄλλον φῶτα κελεύηι.
ἶσον δ' ὅς τ' ἐν δαιτὶ καὶ ἐν πολέμωι θοὸς ἀνήρ

5 ὑϲμίναϲ διέπων ταλαπενθέαϲ, ἔνθα τε παῦροι
θαρϲαλέοι τελέθουϲι μένουϲί τε θοῦρον Ἄρηα.
τοῦ κεν ἐγὼ θείμην ἶϲον κλέοϲ, ὅϲ τ' ἐνὶ δαιτὶ
τέρπηται παρεὼν ἅμα τ' ἄλλον λαὸν ἀνώγηι.
οὐ γάρ μοι ζώειν γε δοκεῖ βροτὸϲ οὐδὲ βιῶναι
10 ἀνθρώποιο βίον ταλαϲίφρονοϲ, ὅϲτιϲ ἀπ' οἴνου
θυμὸν ἐρητύϲαϲ πίνει ποτὸν ἀλλ' ἐνεόφρων.
οἶνοϲ γὰρ πυρὶ ἶϲον ἐπιχθονίοιϲιν ὄνειαρ
ἐϲθλόν, ἀλεξίκακον, πάϲηϲ ϲυνοπηδὸν ἀοιδῆϲ.
ἐν μὲν γὰρ θαλίηϲ ἱλαρὸν μέροϲ ἀγλαΐηϲ τε,
15 ἐν δὲ χοροιτυπίηϲ, ἐν δ' ἱμερτῆϲ φιλότητοϲ,
ἐν δέ τε μενθήρηϲ καὶ δυϲφροϲύνηϲ ἀλεγεινῆϲ.
τῶι ϲε χρὴ παρὰ δαιτὶ δεδεγμένον εὔφρονι θυμῶι
πίνειν μηδὲ βορῆϲ κεκορημένον ἠύτε γῦπα
ἧϲθαι πλημύροντα, λελαϲμένον εὐφροϲυνάων.

Athen. 2.37ᴬ (1.86 Kaibel)

Πανύαϲιϲ δὲ λέγει· οἶνοϲ κτλ. (id est vv. 12–19 supra, sed sine v. 16)

Suda s. v. οἶνοϲ (4.624 Adler)

καὶ Πανύαϲιϲ· (vv. 12 et 13 supra)

1 αὕτη Meineke (prob. West ad Hes. *Op.* 764): αὐτή   **4** ἶϲον δ' West: ἶϲόν θ'   **5** ἔνθα τε Brunck: ἔνθα δέ   **6** μένουϲί τε: δέ mavult Gesner   **7** κεν Nauck: μέν   **8** λαὸν ἀνώγηι: φῶτα κελεύηι (sicut in v. 3) Meineke   **11** ἀλλ' ἐνεόφρων Meineke: ἄλλο νεόφρων codd.; μείνηι πότον ἀλλ' ἐνεόφρων coni. West (πίνει πότον ἀλλ' ἐνεόφρων iam Valckenaer)   **13** πάϲηϲ ... ἀοιδῆϲ Stob. (cf. F 14.2): πάϲηι ... ἀνίηι Athen., Suda, unde πάϲηι ... ἀοιδῆι Valckenaer)   **14** ἱλαρὸν Köchly: ἱερὸν Stob., ἐρατὸν Athen.   **16** μενθήρηϲ Meineke („egregie' ut dicit Hense): μὲν θήρηϲ Stob. (versus deest ap. Athen.)   ἀλεγεινῆϲ varie tentatum ab doctis (ex. gr. ἀλεωρῆ Hense): post hoc verbum aliquid excidisse putat Lloyd-Jones, fort. recte   **17** τῶι ϲε: Stob., Athen. cod. C τῶι δέ Athen. cod. E; τοῦ ϲε coni. Kaibel   δεδεγμένον: -εμένον Athen. (codd. CE)   **18** βορῆϲ κεκορημένον Athen.: βορῆι κεκακωμένον Stob.   ἠύτε γῦπα Stob.: ἠύτε παῖδα Athen.   **19** πλημύροντα: πλημμ- codd.

13 Athen. 2.36ᴰ sqq. (1.84 Kaibel)

Πανύαϲιϲ δ' ὁ ἐποποιὸϲ τὴν μὲν πρώτην πόϲιν ἀπονέμει Χάριϲιν, Ὥραιϲ, καὶ Διονύϲωι, τὴν δὲ δευτέραν Ἀφροδίτηι καὶ πάλιν Διονύϲωι, Ὕβρει δὲ καὶ Ἄτηι τὴν τρίτην. Πανύαϲίϲ φηϲι·

(i) πρώτην μὲν Χάριτέϲ τ' ἔλαχον καὶ εὔφρονεϲ Ὧραι
μοῖραν καὶ Διόνυϲοϲ ἐρίβρομοϲ οἵπερ ἔτευξαν.
τοῖϲ δ' ἔπι Κυπρογένεια θεὰ λάχε καὶ Διόνυϲοϲ,

ἔνθα τε κάλλιстοс πότοс ἀνδράсι γίγνεται οἴνου·
5 εἴ τιс μέ⟨τρα⟩ πίοι καὶ ἀπότροποс οἴκαδ' ἀπέλθοι
δαιτὸс ἀπὸ γλυκερῆс, οὐκ ἄν ποτε πήματι κύρсαι·
ἀλλ' ὅτε τιс μοίρηс τριτάτηс πρὸс μέτρον ἐλαύνοι
πίνων ἀβλεμέωс, τότε δ' Ὕβριοс αἶсα καὶ Ἄτηс
γίγνεται ἀργαλέη, κακὰ δ' ἀνθρώποιсιν ὀπάζει.
10 ἀλλά, πέπον, μέτρον γὰρ ἔχειс γλυκεροῖο ποτοῖο,
стεῖχε παρὰ μνηстὴν ἄλοχον, κοιμίζε δ' ἑταίρουс·
δείδια γὰρ τριτάτηс μοίρηс μελιηδέοс οἴνου
πινομένηс, μή с' Ὕβριс ἐνὶ φρεсὶ θυμὸν ἀέρсηι,
ἐсθλοῖс δὲ ξενίοιсι κακὴν ἐπιθῆιсι τελευτὴν
15 ἀλλὰ πιθοῦ καὶ παῦε πολὺν πότον ...

καὶ ἐξῆс περὶ ἀμέτρου οἴνου·

(ii) ἐκ γάρ οἱ Ἄτηс τε καὶ Ὕβριοс αἶс' ⟨ἅμ'⟩ ὀπηδεῖ.

(i) 1 πρώτην Hoeschel: πρῶται Athen., quod def. Kaibel 3 τοῖс δ' ἔπι: τῆс δ'
ἔπι CE 5 εἰ τιс μέ(τρα) West (cf. vv. 7, 10; F 14.5): εἴ τιс με C, εἴ τιс γε E, unde εἰ
⟨τόν⟩ γε Köchly ἀπότροποс: ὑπότρ- Peppmüller 9 ἀργαλέη: -ένς Wilamo-
witz 14 ἐсθλοῖс δὲ ξενίοιсι Kinkel (ἐсθλ. δ' ἐν ξεν. iam Meineke): ἐсθλοῖс ἐν
ξενίοιсι Athen. κακὴν ἐπιθῆιсι τελευτήν complures (praeeunte Dübner): κακὴν
δ' ἐπιθήсειε τελευτήν Athen. 15 ἀλλὰ πιθοῦ Meineke: ἀλλ' ἄπιθι Athen., quod
def. Tzschirner (ii) ἐκ γάρ: ἦ γάρ Meineke ἅμ' suppl. Naeke versum post F
14.5 posuit Meineke

14 Athen. 2.37^A (1.86 Kaibel)

Πανύαсιс δὲ λέγει· „οἶνοс γὰρ ..." (F 12.12 sqq. supra) καὶ πάλιν·

οἶνοс ⟨δὲ⟩ θνητοῖсι θεῶν πάρα δῶρον ἄριстον,
ἀγλαόс· ὧι πᾶсαι μὲν ἐφαρμόζουсιν ἀοιδαί,
πάντεс δ' ὀρχηθμοί, πᾶсαι δ' ἐραταὶ φιλότητες,
πάсαс δ' ἐκ κραδίηс ἀνίαс ἀνδρῶν ἀλαπάζει,
πινόμενοс κατὰ μέτρον· ὑπὲρ μέτρον δὲ χερείων.

Clem. Alexandr. Strom. 6.2.11 (2.431 Stählin)

Πανύαсιс γράφει· vv. 1 et 5 supra sine intervallo

1 οἶνοс δέ Musurus: οἶνοс Athen., ὡс οἶνοс Clem. 2 ἐφαρμόζουсιν: -ζουсαι E
3 ὀρχηθμοί West: ὀρχηсμοί 4 πάсαс: πάνταс E κραδίηс Kaibel: καρδίας
5 κατὰ μέτρον: κατὰ μέτρα Athen. cod. C ὑπὲρ μέτρον Athen. ὑπέρμετροс
Clem. post h. versum inseruit Meineke versum illum ab Athenaeo citatum
(36^D) = F 13 (ii) supra

15 Pausan. 10.8.9 (3.105 Rocha-Pereira)

Πανύαcιc δὲ ὁ Πολυάρχου πεποιηκὼc ἐc Ἡρακλέα ἔπη θυγατέρα Ἀχελώιου τὴν Καcταλίαν φηcὶν εἶναι. λέγει γὰρ δὴ περὶ τοῦ Ἡρακλέουc·

Παρνηccὸν νιφόεντα θοοῖc διὰ ποccὶ περήcαc
ἵκετο Καcταλίηc Ἀχελωΐδοc ἄμβροτον ὕδωρ.

16 Clem. Alexandr. *Protrept.* 35.3 (1.26 Stählin)

Πανύαccιc γὰρ πρὸc τούτοιc καὶ ἄλλοιc παμπόλλοιc ἀνθρώποιc λατρεῦcαι θεοὺc ἱcτορεῖ ὧδέ πωc γράφων·

τλῆ μὲν Δημήτηρ, τλῆ δὲ κλυτὸc Ἀμφιγυήειc,
τλῆ δὲ Ποcειδάων, τλῆ δ' ἀργυρότοξοc Ἀπόλλων
ἀνδρὶ παρὰ θνητῶι θητευέμεν εἰc ἐνιαυτόν,
τλῆ δὲ ⟨καὶ⟩ ὀβριμόθυμοc Ἄρηc ὑπὸ πατρὸc ἀνάγκηι.

3 θητευέμεν Sylburg: θητευcέμεν   4 ⟨καὶ⟩ suppl. Sylburg: δ' ὀβρ- cod.   ὑπὸ ... ἀνάγκηι coni. Düntzer, prob. Dübner: ὑπὸ ... ἀνάγκηc cod., quam lectionem (et θητευcέμεν in v. 3) defendit Giangrande, *Liverpool Classical Monthly* 2 (1977) 203 = *Scripta Minora Alexandrina* 2.589 sq.

17ᴬ Σ T *Il.* 24.616 (5.623 sq. Erbse)

„αἵ τ' ἀμφ' Ἀχελώιον"· τινὲc „αἵ τ' ἀμφ' Ἀχελήcιον" (ποταμὸc δὲ Λυδίαc, ἐξ οὗ πληροῦται ⟨ὁ⟩ Ὕλλοc) καὶ Ἡρακλέα νοcήcαντα ἐκ τῶν πόνων (Erbse: ἐπὶ τῶν τόπων) ἀναδόντων αὐτῶι θερμὰ λουτρὰ τῶν ποταμῶν, τοὺc παῖδαc Ὕλλον καλέcαι (Wilamowitz: ἐκάλεccεν) καὶ τὸν ἐξ Ὀμφάληc Ἀχέλητα, ὃc Λυδῶν ἐβαcίλευεν. εἰcὶ δὲ καὶ

νύμφαι Ἀχελήτιδεc

ὥc φηcι Πανύαccιc.

17ᴮ Σ Ap. Rhod. 4.1149 (p. 308 Wendel)

Πανύαcιc (Πάνταcιc codd.) δὲ φηcιν ἐν Λυδίαι τὸν Ἡρακλέα νοcήcαντα τυχεῖν ἰάcεωc ὑπὸ Ὕλλου τοῦ ποταμοῦ ὅc ἐcτι τῆc Λυδίαc· διὸ καὶ τοὺc δύο υἱοὺc αὐτοῦ Ὕλλουc ὀνομαcθῆναι.

similem sed multo breviorem narrationem praebet (sine Panyasidos nomine) Paus. 1.35.8.

18 Steph. Byz. s.v. Τρεμίλη (p.633 Meineke)

ἡ Λυκία ἐκαλεῖτο οὕτως [οἱ κατοικοῦντες Τρεμιλεῖς] ἀπὸ Τρεμίλου, ὡς Πανύασις·

    ἔνθα δ' ἔναιε μέγας Τρεμίλης καὶ ἔγημε θύγατρα
    νύμφην Ὠγυγίην, ἣν Πρηξιδίκην καλέουσιν,
    Σίβρωι ἐπ' ἀργυρέωι ποταμῶι περιδινήεντι·
    τῆς δ' ὀλοοὶ παῖδες Τλῶος ξανθός Πιναρός τε
5 καὶ Κράγος, ὃς κρατέων πάσας ληίζετ' ἀρούρας.

⟨οἱ κατοικοῦντες Τρεμιλεῖς⟩· sequitur Alexandri *F.Gr.Hist.* 273 F 137 ubi τοὺς Τρεμιλέας Λυκίους Βελλεροφόντης μετωνόμασεν.

οἱ – Τρεμ. sic transposuit Meineke
1 ἔγημε θύγατρα non intellegitur: γυναῖκα Meineke, δάμαρτα Niese, Schneider; ὅ ἤγαγε κούρην West 3 περιδινήεντι Schneider, Köchly: παρὰ δινήεντι Steph. (unde παραδινήεντι Tzschirner): βαθυδινήεντι (coni. Meineke, prob. Huxley) fort. praeferendum 4 ξανθός: ne Ξάνθος filius sit Praxidicae caverunt complures; Ξάνθωι gloss. ad Σίβρωι (v. 3) esse credit West, qui verbum gignendi desiderat (si recte, Τλῶος Πιναρός τ' ἐγένοντο possis)

19ᴬ Σ Eur. *Alc.* 1 (2.216 Schwartz) = *Asclepius, A Collection and Interpretation of the Testimonies* 1 (E.J. et L.Edelstein) T 71

Ἀπολλόδωρος δέ (*F.Gr.Hist.* 244 F 139) φησι κεραυνωθῆναι τὸν Ἀσκληπιὸν ἐπὶ τῶι τὸν Ἱππόλυτον ἀναστῆσαι, Ἀμελησαγόρας δέ (*F.Gr.Hist.* 330 F 3) ὅτι Γλαῦκον, Πανύασσις (-ασις, -άσσης codd.) ⟨δὲ⟩ ὅτι Τυνδάρεων.

19ᴮ Apollod. 3.10.3 (p.141 sq. Wagner) = T 70 Edelstein

εὗρον δέ τινας λεγομένους ἀναστῆναι ὑπ' αὐτοῦ (scil. Ἀσκληπιοῦ) [sequuntur Stesichori fr. 194 P et Naupact. F 10ᶜ] ... Τυνδάρεων, ὥς φησι Πανύασις.

19ᶜ Sext. Emp. *adv. mathem.* ᾱ 261 (3.65 Mau) = T 69 Edelstein [praecedit Stesichori fr. 194 P]

Πολύανθος δὲ ὁ Κυρηναῖος (*F.Gr.Hist.* 37 F 1) ἐν τῶι περὶ τῆς Ἀσκληπιαδῶν γενέσεως ὅτι τὰς Προίτου θυγατέρας κατὰ χόλον Ἥρας ἐμμανεῖς γενομένας ἰάσατο (scil. Ἀσκληπιός), Πανύασις δὲ διὰ τὸ νεκρὸν Τυνδάρεω ἀναστῆσαι (scil. Ἀσκληπιὸν κεκεραυνῶσθαι λέγουσιν).

19ᴰ Philodem. *de piet.* N 247 IV^b 5 sqq. (p. 17 Gomperz: vid. A. Henrichs, *Cron. Erc.* 5 (1975) 8 sq.) = T 73 Edelstein

τὸν Ἀcκλ[ηπιὸν δ' ὑ]∥⁵πὸ Διὸc κα[τακταν]∥θῆναι γέγρ[αφεν Ἡ]∥cίοδοc (fr. 51 MW) καὶ̣ [ ]∥δροc καὶ Φε[ρεκύδηc]∥ ὁ Ἀθηναῖοc (*F.Gr. Hist.* 3 F 35) [καὶ Πανύ]∥αccιc κτλ.

suppleverunt 5 Nauck, Gomperz, 6 Körte (κα[θαιρε]θῆναι Dietze), 7 Nauck, 9–11 idem

19ᴱ Philodem. *de piet.* N 1609 V 15 sqq. (p. 52 Gomperz: vid. Henrichs sup. cit.)

(5 sqq. Ἀcκληπιὸ[ν ǀ δὲ Ζ]ευ̣c ἐκεραύνωc[εν …) ἐν Ἐριφύληι C[τη∣cίχορ]οc ὅτι Καπ[ανέ∣α καὶ Λυ]κοῦρ̣[γον (fr. 194 P) ὡc δέ ǀ τινεc ἀν]αcτ[ήcαc τὸν Τυνδάρ]εων κτλ.

15–16 suppl. Nauck; 17 init. suppl. Nauck, fin. Gomperz; 18 suppl. Schober, 19 Gomperz
ad Panyassin referenda quae de Tyndareo hic dixit Philodemus: vid. 19^{A–C} supra; etiam a nostro orta esse quae dixerunt οἱ δὲ ap. Σ Pind. *Pyth.* 3.96 (2.75 Dr.), quae dixit Aristid. *Apol.* 10.5 (p. 14 Geffcken), ut vidit Henrichs sup. cit. p. 9 n. 24

20 Pausan. 9.11.2 (3.20 Rocha-Pereira)

ἐπιδεικνύουcι δὲ (scil. οἱ Θηβαῖοι) Ἡρακλέουc τῶν παίδων τῶν ἐκ Μεγάραc μνῆμα, οὐδέν τι ἀλλοίωc τὰ ἐc τὸν θάνατον λέγοντεc ἢ Cτηcίχοροc ὁ Ἱμεραῖοc (fr. 230 P) καὶ Πανύαccιc ἐν τοῖc ἔπεcιν ἐποίηcαν. Θηβαῖοι δὲ καὶ τάδε ἐπιλέγουcιν, ὡc Ἡρακλῆc ὑπὸ τῆc μανίαc καὶ Ἀμφιτρύωνα ἔμελλεν ἀποκτιννύναι, πρότερον δὲ ἄρα ὕπνοc ἐπέλαβεν αὐτὸν ὑπὸ τοῦ λίθου τῆc πληγῆc· Ἀθηνᾶν δὲ εἶναι τὴν ἐπαφεῖcάν οἱ τὸν λίθον τοῦτον, ὅντινα Cωφρονιcτῆρα ὀνομάζουcιν.

21 Apollod. 1.5.1 sq. (p. 14 Wagner)

ὄντοc δὲ τῆι τοῦ Κελεοῦ γυναικὶ Μετανείραι παιδίου, τοῦτο ἔτρεφεν ἡ Δημήτηρ παραλαβοῦcα· βουλομένη δὲ αὐτὸ ἀθάνατον ποιῆcαι, τὰc νύκταc εἰc πῦρ κατετίθει τὸ βρέφοc καὶ περιήιρει τὰc θνητὰc cάρκαc αὐτοῦ. καθ' ἡμέραν δὲ παραδόξωc αὐξανομένου τοῦ Δημοφῶντοc (τοῦτο γὰρ ἦν ὄνομα τῶι παιδί) ἐπετήρηcεν ἡ Μετάνειρα (coni: Aegius: ἡ Πραξιθεά A, def. Wilamowitz) καὶ καταλαβοῦcα εἰc πῦρ ἐγκεκρυμμένον ἀνεβόηcε· διόπερ τὸ μὲν βρέφοc ὑπὸ τοῦ πυρὸc ἀνηλώθη, ἡ θεὰ δὲ αὐτὴν ἐξέφηνε. Τριπτολέμωι δὲ τῶι πρεcβυτέρωι τῶν Μετανείραc (Aegius: Πραξιθέαc A, quod def. Wilamowitz) παίδων δίφρον κατασκευάσασα πτηνῶν δρακόντων τὸν (Faber: καὶ) πυρὸν ἔδωκεν, ὧι τὴν οἰκουμένην δι' οὐρανοῦ αἰρόμενος (φερόμενος Hercher) κατέσπειρε. Πανύασις δὲ Τριπτόλεμον Ἐλευσῖνος λέγει· φησὶ γὰρ Δήμητρα πρὸς αὐτὸν ἐλθεῖν. Φερεκύδης δέ (F.Gr.Hist. 3 F 53) φησιν αὐτὸν Ὠκεανοῦ καὶ Γῆς.

similia (sine Panyasidos nomine) invenies ap. Hygin. fab. 147 (p. 106 Rose)

22ᴬ Apollod. 3.14.4 (p. 159 Wagner)

Ἡσίοδος δὲ (fr. 139 MW) αὐτὸν (scil. Ἄδωνιν) Φοίνικος καὶ Ἀλφεσιβοίας λέγει, Πανύασσις δέ (Πανύασσος A, Πανύασος RᵃL) φησι Θείαντος (Galeus: Θόαντ-) βασιλέως Ἀσσυρίων, ὃς ἔσχε θυγατέρα Σμύρναν. αὕτη κατὰ μῆνιν Ἀφροδίτης (οὐ γὰρ αὐτὴν ἐτίμα) ἴσχει τοῦ πατρὸς ἔρωτα, καὶ συνεργὸν λαβοῦσα τὴν τροφὸν ἀγνοοῦντι τῶι πατρὶ νύκτας δώδεκα συνευνάσθη. ὁ δὲ ὡς ᾔσθετο, σπασάμενος ⟨τὸ add. Hercher⟩ ξίφος ἐδίωκεν αὐτήν· ἡ δὲ περικαταλαμβανομένη θεοῖς ηὔξατο ἀφανὴς γενέσθαι. θεοὶ δὲ κατοικτείραντες αὐτὴν εἰς δένδρον μετήλλαξαν, ὃ καλοῦσι σμύρναν (Rᵃ: μύρναν B, μύρνας C).

δεκαμηνιαίωι δὲ ὕστερον χρόνωι τοῦ δένδρου ῥαγέντος γεννηθῆναι τὸν λεγόμενον Ἄδωνιν, ὃν Ἀφροδίτη διὰ κάλλος ἔτι νήπιον κρύφα θεῶν εἰς λάρνακα κρύψασα Περσεφόνηι παρίστατο (παρέθετο Hercher). ἐκείνη δὲ ὡς ἐθεάσατο, οὐκ ἀπεδίδου. κρίσεως δὲ ἐπὶ Διὸς γενομένης εἰς τρεῖς (τρεῖς add. Rᵃ) μοίρας διηιρέθη ὁ ἐνιαυτός, καὶ μίαν μὲν παρ' ἑαυτῶι (ἑαυτοῦ Rᵇᶜ, compend. Rᵃ P, αὐτοῦ LT) μένειν τὸν Ἄδωνιν, μίαν δὲ παρὰ Περσεφόνηι προσέταξε, τὴν δὲ ἑτέραν παρ' Ἀφροδίτηι· ὁ δὲ Ἄδωνις ταύτηι προσένειμε καὶ τὴν ἰδίαν μοῖραν. ὕστερον δὲ θηρεύων Ἄδωνις ὑπὸ συὸς πληγεὶς ἀπέθανε.

22ᴮ Philodem. de piet. N 243 IV 3sqq. (p. 12 Gomperz: vid. Henrichs, GRBS 13 (1972) 92)

[εἶ]|τα τε [Ἀφροδίτην | ἀν]αισ[χύντως ἐρᾶν]| ἀνθρώ[πων ? Ἀδώ]|νιδο[ς ? Ἀντίμα]|χος (fr. 102 Wyss) καὶ Π[ανύασσις|

3–5 suppl. Philippson 6–7 aut - [πων τοῦ Ἀδώ]|νιδο[ς ὡς μὲν Ἀντίμα]|χος (Henrichs) aut - [πων ὡς Ἀδώ]|νιδό[ς φασιν Ἀντίμα]|χος (Philippson) Ἀντίμαχος iam suppl. Vogliano Πανύασσις suppl. Robert

22ᶜ Hesych. s.v. Ἡοίην (2.289 Latte)

τὸν Ἄδωνιν· Πανύασις.

23 Athen. 4.172ᴰ (1.387 Kaibel)

πεμμάτων δὲ πρῶτόν φηcιν μνημονεῦcαι Πανύαccιν Σέλευκοc (*F.Gr.Hist.* 634 F (2) 2) ἐν οἷc περὶ τῆc παρ' Αἰγυπτίοιc ἀνθρωποθυcίαc διηγεῖται, πολλὰ μὲν ἐπιθεῖναι λέγων πέμματα, πολλὰc δὲ νοccάδαc ὄρνιc.

[sequitur fr. 179ᴮ P Stesichori]

hexametrum sic restituit Meineke: πέμματα πόλλ' ἐπιθείc, πολλὰc δέ τε νοccάδαc ὄρνιc

24 Clem. Alexandr. *Strom.* 6.25.1 (2.442 Stählin)

αὐτοτελῶc γὰρ τὰ ἑτέρων ὑφελόμενοι ὡc ἴδια ἐξήνεγκαν, καθάπερ Εὐγάμμων ὁ Κυρηναῖοc (Telegoniae T 3) ἐκ Μουcαίου (2 B 6 D-K) τὸ περὶ Θεcπρωτῶν βιβλίον ὁλόκληρον καὶ Πείcανδροc ⟨ὁ⟩ Καμιρεὺc (T 3) Πειcίνου τοῦ Λινδίου τὴν Ἡράκλειαν (vid. p. 143) Πανύαcίc τε ὁ Ἁλικαρναccεὺc παρὰ Κρεωφύλου τοῦ Σαμίου τὴν Οἰχαλίαc ἅλωcιν (T 11).

25 Σ *Il.* 1.591 (1.157 Erbse)

ἀπὸ βηλοῦ·   h: καὶ ὁ Πανύαcιc δὲ τὰ πέδιλα † βίολα λέγει.
            *B: καὶ ὁ Πανύαcιc δὲ τὰ πέδιλα βηλὰ (Bekker: βῆλα) λέγει.

Et: Mag. s.v. βηλόc

καὶ ὁ Πανύαcιc δὲ τὰ πέδιλα (Hemsterhuys: πεδία) † βαίολα λέγει.

Photius, Suda s.v. βίολα (1.471 Adl.) = Lex. Bachm. p. 179.27 πέδιλα, ὑποδήματα.

26 PRIMI I 17 (Pack² 89) ii 50 sqq. (vid. Wyss, *Antimachi Colophonii Reliquiae* pp. 76 sqq.)

Στυγὸc ὕδωρ· ὑποτίθεται ἐν Ἅιδου, καθάπερ καὶ Πανύαcc[ιc λέγων περὶ τ]οῦ Σιc[ύ]φου ἐν Ἅιδου [ὄ]ντοc φηcίν·

ὣc ἄρα μιν εἰπόντα καταc[τέγαcε Στυγὸc] ὕδωρ.   ca. 464

λέγων suppl. Stoessl, περὶ Vogliano   καταc[τέγαcε suppl. Maas, Στυγὸc Vogliano

DUBIA

1 *Et. Gen.*^A s.v. μῦθοc (Reitzenstein, *Index Lect. in Acad. Rostoch.* (1891/2) 15)

ἡ cτάcιc· παρ' Ὁμήρωι ἅπαξ εἴρηται ἐν φ' Ὀδυccείαc (21.71), οἷον· μύθου ποιήcαcθαι ἐπιcχεcίην, καὶ Ἀνακρέων ἐν τῶι β' τῶν μελῶν (fr. 353 P) μυθιήταc τοὺc cταcιαcτὰc ἐπὶ τῶν ἁλιέων λέγει, καὶ Πανύαccιc (Πάναccιc cod.)·

ca. 465

διχθάδιόc ποτε μῦθοc· †ἄλλα δὲ μετεμέμβετο λαῶν.

ἄλλα δέ: ἄναξ tent. Reitzenstein μετεμέμβλετο pro μετεμέμβετο coni. idem   versus haud intellegitur, nec locus adeo certus: fragmentum fort. ad nostri *Ionica* potius quam ad *Heracleam* referendum?

2 Σ Nicand. *Theriaca* 256 (p.121 sq. Crugnola) = fr. adesp. 1166 *Suppl. Hell.*

„ἄνθεcι δὲ χάλκου ... · γράφεται δὲ καὶ ἄνθεcι χάλκηc ... ἔcτι δὲ ἡ χάλκη ἄνθοc, ἀφ' οὗ καὶ τὴν πορφύραν ὠνόμαcαν. ὁμοίωc (ὅμοιον γ) τὸ ἐμφερέc (ἀμφ- Κ), τὸ ἐν Ἡρακλείαι·

ca. 466

φολὶc δ' ἀπέλαμπε φαεινή,
ἄλλοτε μὲν κυάνου, τοτὲ δ' ἄνθεcιν εἴcατο χαλκοῦ.

de nostri carmine cogitat Meineke

3 Ammonius in *Il.* 21.195 (5.93 sq. Erbse) ap. P. Oxy. 221 (Pack² 1205) 8 sqq.

[Σέλ]ευκοc δ' ἐν ε' [Ἡρ]ακλείαc·

ca. 465

πῷ[c]|| δ' ἐπορ[εύθ]ηc ῥεῦμα Ἀ[χ]ελ[ω]ΐου ἀργυ[ρο]|δίνα,
Ὠκεανοῦ ποταμοῖο [δι] εὐρέοc ὑγ[ρ]ὰ κέλευθα;

omnia suppl. edd. prr. Grenfell et Hunt **1**: pro ἐπορεύθηc quidam ἐπέρηcαc (quod legi non potest) desiderant   ἀργυροδίνα quid sibi velit incertum: de ἀργυροδίνα'(ο) cogitat Wackernagel, *Spr. Unt.* p.162; obloquitur West, *Hes. Th.* p. 400, qui formam Doricam esse credit   ἀργυροδίνεω coni. Rutherford

de auctore duorum versuum omnia incerta: sec. Wilamowitz (*GGA* 162 (1900) 42) confudit Ammonius Seleucum grammaticum qui Panyasin citaverat et Panyasin ipsum; sim. iudicat O. Müller, *Über den Papyruskommentar zum Φ der Ilias* (1913) p.43 qui nomen nostri poetae post Σέλευκοc δέ huiuscemodo excidisse coni.: δ(ὲ ... ποιηταί τινεc Ἀχελώιωι τῶι ὀνόματι χρῶνται ἀντὶ τοῦ ὕδωρ, καθάπερ Πανύαcιc) ἐν ε' κτλ.: vid. Erbse ad loc. sed etiam alia possis (de Seleuco auctore Hellenistico ignoto cogitat West, *CP* 71 (1976) 173)

4 Probus in Verg. *ecl.* 2.23 = Alex. Aetol. fr. 17 Powell

Zethus humeris saxa contulit operi, Amphion cantu evocavit, si quidem sensus animalium facilius quam saxa vincuntur. † Panocus et Alexander lyram a Mercurio muneri datam dicunt, quod primus † Evianaram liberavit.

Panocus varie sanant varii: *Pannyassis* (sic) tempt. ed. pr. audacius   *Evianaram*: *Io Inachiam* tempt. Lloyd-Jones

5 Hygin. *Poet. Astr.* 2.14 Ophiuchus (alii autem Herculem esse demonstrant, in Lydia apud flumen Sagarim anguem interficientem, qui et homines complures interficiebat et ripam frugibus orbabat. pro quo facto ab Omphala, quae ibi regnabat, multis ornatum muneribus Argos remissum, ab Iove autem propter fortitudinem inter sidera collocatum).

haec e nostri *Heracleia* derivare coniecit Wilamowitz: cf. F 17 supra

PERSES

Suda s. v. (4.115)

Ἀσκραῖος, ἐποποιός· ἀδελφὸς Ἡσιόδου τοῦ ποιητοῦ.

PISANDER CAMIRENSIS

T

1 Suda s. v. Πείσανδρος (4.122 (1465) Adl.)

Πείσωνος καὶ Ἀρισταίχμας, Καμιραῖος ἀπὸ Ῥόδου· Κάμιρος γὰρ ἦν πόλις Ῥόδου. καί τινες μὲν αὐτὸν Εὐμόλπου τοῦ ποιητοῦ σύγχρονον καὶ ἐρώμενον ἱστοροῦσι, τινὲς δὲ καὶ Ἡσιόδου πρεσβύτερον, οἱ δὲ κατὰ τὴν λγ΄ Ὀλυμπιάδα (annis 646/5) τάττουσιν. ἔσχε δὲ καὶ ἀδελφὴν Διόκλειαν. ποιήματα δὲ αὐτοῦ Ἡράκλεια ἐν βιβλίοις β΄. ἔστι δὲ τὰ Ἡρακλέους ἔργα· ἔνθα πρῶτος Ἡρακλεῖ ῥόπαλον περιτέθεικε. τὰ δὲ ἄλλα τῶν ποιημάτων νόθα αὐτοῦ δοξάζεται, γενόμενα ὑπό τε ἄλλων καὶ Ἀριστέως τοῦ ποιητοῦ.

de tribus ultimis verbis valde dubitatur: Ἀριστέως: in M γρ. Καριέως superscriptum invenies; pro Ἀριστέως coni. Daub Ἀριστέω, pro ποιητοῦ coni. Wilamowitz γόητος cf. Steph. Byz. s. v. Κάμιρος

πόλις ἐν Ῥόδωι ... ὁ πολίτης Καμιρεύς. Πείςανδρος δ' ὁ διαςημότατος ποιητὴς Καμιρεὺς ἦν.

Tzetz. *Vit. Hes.* (Colonna, *Acad. Naz. dei Lincei: Boll. di Com. per la preparazione della Ed. Naz. d. class. Gr. e Lat.* (2 (1953)) p. 36) = Panyass. T 10[B]

Πείςανδρος ὁ Καμειρεύς

Strabo 14.2.13 p. 655 C

καὶ Πείςανδρος δ' ὁ τὴν Ἡράκλειαν γράψας ποιητὴς Ῥόδιος.

2 Theocrit. A. P. 9.598 = epigr. 22 Gow = Gow-Page, *Hellenistic Epigrams* 3446 sqq.

τὸν τοῦ Ζανὸς ὅδ' ὑμὶν υἱὸν ὡνήρ
τὸν λεοντομάχαν, τὸν ὀξύχειρα,
πρᾶτος τῶν ἐπάνωθε μουςοποιῶν
Πείςανδρος ςυνέγραψεν οὑκ Καμίρου
5 χὤςςους ἐξεπόναςεν εἶπ' ἀέθλους.
τοῦτον δ' αὐτὸν ὁ δᾶμος, ὡς ςάφ' εἰδῆις
ἕςταςˈ ἐνθάδε χάλκεον ποήςας
πολλοῖς μηςὶν ὄπιςθε κἠνιαυτοῖς.

3 Clem. Alexandr. *Strom.* 6.25.1 (2.442 Stählin)

αὐτοτελῶς γὰρ τὰ ἑτέρων ὑφελόμενοι ὡς ἴδια ἐξήνεγκαν, καθάπερ Εὐγάμμων (Telegoniae T 3) ... καὶ Πείςανδρος ⟨ὁ⟩ Καμειρεὺς Πειςίνου τοῦ Λινδίου τὴν Ἡράκλειαν.

4 Quint. *inst. or.* 10.1.56 sq. (2.578 sq. Winterbottom)

audire videor undique congerentes nomina plurimorum poetarum. quid? Herculis acta non bene Pisandros? Nicandrum frustra secuti Macer atque Vergilius? ... (57) nec sane quisquam est tam procul a cognitione eorum remotus ut non indicem certe ex bibliotheca sumptum transferre in libros suos possit. nec ignoro igitur quos transeo nec utique damno, ut qui dixerim esse in omnibus utilitatis aliquid.

5[A] Procl. *Vit. Hom.* 2 sq. (p. 67 Severyns)

γεγόναςι δὲ τοῦ ἔπους ποιηταὶ κράτιςτοι μὲν Ὅμηρος, Ἡςίοδος (T 9[A] Jacoby (p. 111)), Πείςανδρος, Πανύαςις (T 10[A]), Ἀντίμαχος (T 38 Wyss). cf. ad Panyass. 10[A] supra

5ᴮ Anonymus post Censorinum (Keil, *Gramm. Lat.* 6.607) = Aristoxeni fr. 92 Wehrli (2.33)

prior est musica inventione metrica. cum sint enim antiquissimi poetarum Homerus, Hesiodus, Pisander ...

cf. et Panyass. T 10^(A, D) et ^E supra

F

1 Strabo 15.1.9 p. 688 C

τῶν δὲ κοινωνηcάντων αὐτῶι (scil. Ἡρακλεῖ) τῆc cτρατείαc ἀπογόνουc εἶναι τοὺc Cίβαc, cύμβολα τοῦ γένουc cώιζονταc τό τε δορὰc ἀμπέχεcθαι, καθάπερ τὸν Ἡρακλέα, καὶ τὸ cκυταληφορεῖν καὶ ἐπικεκαῦcθαι βουcὶ καὶ ἡμιόνοιc ῥόπαλον ... (9) ... καὶ ἡ τοῦ Ἡρακλέουc δὲ cτολὴ ἡ τοιαύτη πολὺ νεωτέρα τῆc Τρωικῆc μνήμηc ἐcτί, πλάcμα τῶν τὴν Ἡράκλειαν ποιηcάντων, εἴτε Πείcανδροc ἦν εἴτ᾽ ἄλλοc τιc. τὰ δ᾽ ἀρχαῖα ξόανα οὐχ οὕτω διεcκεύαcται.

cf. T 1 supra cit.: (Πειcάνδρου) Ἡράκλεια ... ἔνθα πρῶτοc Ἡρακλεῖ ῥόπαλον περιτέθεικε et Σ Ap. Rhod. 1.1195 sq. (p. 108 sq. Wendel) = Pisandri *F.Gr.Hist.* 16 F 4: Πείcανδροc δέ φηcι χαλκοῦν εἶναι τὸ ῥόπαλον Ἡρακλέουc.

2ᴬ [Eratosthen.] *Catast.* 12 (Λέων: p. 96 Robert = *Mythogr. Graec.* 3 (1) p. 15 Olivieri)

οὗτόc ἐcτι μὲν τῶν ἐπιφανῶν ἄcτρων· δοκεῖ δ᾽ ὑπὸ Διὸc τιμηθῆναι τοῦτο τὸ ζώιδιον διὰ τὸ τῶν τετραπόδων ἡγεῖcθαι· τινὲc δέ φαcιν ὅτι Ἡρακλέουc πρῶτοc ἆθλοc ἦν, εἰc τὸ μνημονευθῆναι· φιλοδοξῶν γὰρ μόνον τοῦτον οὐχ ὅπλοιc ἀνεῖλεν, ἀλλὰ cυμπλακεὶc ἀπέπνιξεν. λέγει δὲ περὶ τούτου (Robert: αὐτοῦ) Πείcανδροc (Fellus: Πίνδαροc) ὁ Ῥόδιοc. ὅθεν (Eudocia: ὅτι) καὶ τὴν δορὰν αὐτοῦ ἔcχεν, ὡc ἔνδοξον ἔργον πεποιηκώc.

2ᴮ ΣGermanici Arat. (Robert sup. cit. = p. 128 Breysig)

hic notabilis et maximus in (Robert: *inter*) signis est, Iovis beneficio, quod virtute praeter ceteras bestias praecellat. aliis placet, quod primus Herculis labor esset, memoriae honorificae traditum, ut ait Pisandrus (Robert: *Periander*) Rhodius.

2ᶜ Hygin. *Astr.* 2.24 (p. 97 Robert)

hic dicitur ab Iove constitutus, quod omnium ferarum princeps esse existimatur. nonnulli etiam hoc amplius dicunt, quod Herculis prima fuerit haec certatio, et quod eum inermis interfecerit. de hoc et Pisandrus et complures alii scripserunt.

2ᴰ ΣGermanici Arat. (p. 131 Breysig)

Pisandrus (Robert: *Periandrus*) Rhodius refert eum ob primos labores Herculis memoriae causa honorifice astris inlatum.

3 Pausan. 2.37.4 (1.196 Rocha-Pereira)

κεφαλὴν δὲ εἶχεν (scil. ἡ Λερναία ὕδρα) ἐμοὶ δοκεῖν μίαν καὶ οὐ πλείονας, Πείσανδρος δὲ ὁ Καμιρεύς, ἵνα τὸ θηρίον τε δοκοίη φοβερώτερον ⟨τε⟩ καὶ αὑτῶι γίνηται ἡ ποίησις ἀξιόχρεως μᾶλλον, ἀντὶ τούτων τὰς κεφαλὰς ἐποίησε τῆι ὕδραι τὰς πολλάς.

4 Σ Pind. *Ol.* 3.50ᴮ (1.119 Drachm.) de cerva Cerynaea

θήλειαν δὲ εἶπε καὶ χρυσόκερων ἀπὸ ἱστορίας (Schubart: Ἰστρίας)· ὁ γὰρ ⟨τὴν add. Drachm.⟩ Θησηΐδα γράψας (F 2) τοιαύτην αὐτὴν ⟨λέγει Boeckh⟩ καὶ Πείσανδρος (idem: Πίνδαρος) ὁ Καμιρεὺς καὶ Φερεκύδης (*F.Gr.Hist.* 3 F 71).

5 Pausan. 8.22.4 (2.263 Rocha-Pereira)

ἐπὶ δὲ τῶι ὕδατι τῶι ἐν Στυμφάλωι κατέχει λόγος ὄρνιθάς ποτε ἀνδροφάγους ἐπ' αὐτῶι τραφῆναι· ταύτας κατατοξεῦσαι τὰς ὄρνιθας Ἡρακλῆς λέγεται. Πείσανδρος δὲ αὐτὸν ὁ Καμιρεὺς ἀποκτεῖναι τὰς ὄρνιθας οὔ φησιν, ἀλλὰ ὡς ψόφωι κροτάλων ἐκδιώξειεν αὐτάς.

cf. Σ Ap. Rhod. 2.1088 sq. (p. 205 Wendel) = Pisandri *F.Gr.Hist.* 16 F 6: πιθανῶς δὲ ὁ Πείσανδρος τοὺς ὄρνιθάς φησιν εἰς Σκυθίαν ἀποπτῆναι, ὅθεν καὶ ἐληλύθεσαν.

6 Athen. 11.469ᶜ sq. (3.31 Kaibel) de poculorum nominibus

Ἡράκλειον· Πείσανδρος ἐν δευτέρωι Ἡρακλείας τὸ δέπας ἐν ὧι διέπλευσεν ὁ Ἡρακλῆς τὸν Ὠκεανὸν εἶναι μέν φησιν Ἡλίου, λαβεῖν δ' αὐτὸ παρ' Ὠκεανοῦ (Musurus: ὠκεανόν) τὸν Ἡρακλέα.

7 Σ Pind. *Pyth.* 9.185ᴬ (2.238 Drachm.)

ὁ δὲ Πίνδαρος ὑπὲρ τοῦ χαρίσασθαι τῶι ἐπαινουμένωι παρατρέψας τὴν ἱστορίαν φησὶν Ἀλεξίδαμον πρόγονον τοῦ ἐπαινουμένου γενέσθαι μνηστῆρα τῆς Ἀνταίου θυγατρός· ὄνομα δὲ αὐτῆι Ἀλκηΐς, ὥς φησι Πείσανδρος (Πίνδαρος Β) ὁ Καμιρεύς· ἕτεροι δὲ Βάρκην.

8 Athen. 11.783ᶜ (3.22 Kaibel)

Πείσανδρος δέ φησιν Ἡρακλέα Τελαμῶνι τῆς ἐπὶ Ἴλιον στρατείας ἀριστεῖον ἄλεισον δοῦναι.
cf. adesp. F 9 infra

9ᴬ Σ Arist. *Nub.* 1051 (III. 1.200 Holwerda; cf. III. 2.150 et 396 Koster)

Ἡράκλεια λουτρά· RE Ἴβυκός (fr. 300 P) φηςι τὸν Ἥφαιστον κατὰ δωρεὰν ἀναδοῦναι τῶι Ἡρακλεῖ θερμῶν ὑδάτων λουτρά, ἐξ ὧν τὰ θερμά τινές φασιν Ἡράκλεια λέγεσθαι. οἱ δέ φασιν ὅτι τῶι EMANp (Cr) Ἡρακλεῖ πολλὰ μογήσαντι REMANp (Cr) περὶ Θερμοπύλας R ἡ Ἀθηνᾶ θερμὰ λουτρὰ ἐπαφῆκεν· REMANp (Cr) ὡς Πείσανδρος·

    τῶι δ' ἐν Θερμοπύληισι θεὰ γλαυκῶπις Ἀθήνη
    ποίει θερμὰ λοετρὰ παρὰ ῥηγμῖνι θαλάςςης.

RVEMNp (Cr). Cf. et Tzetz. ad loc. (IV. 2.625 Holwerda).

9ᴮ Zenob. *cent.* 6.49 (1.174 Leutsch-Schneidewin)

ψώρα Ἡράκλειος· ἡ τῶν Ἡρακλείων λουτρῶν δεομένη πρὸς θεραπείαν. ἡ γὰρ Ἀθηνᾶ τῶι Ἡρακλεῖ ἀνῆκε πολλαχοῦ θερμὰ λουτρὰ πρὸς ἀνάπαυλαν τῶν πόνων, ὥς φησι καὶ Πείσανδρος (Ruhnken: Πίνδαρος) ὁ ποιητὴς ἐν τοῖς περὶ Ἡρακλέους.
Sim. ap. cod. Atheniens. 1083: vid. Kugéas, *Corp. Par. Graec. Suppl.* V 17.

1 δ' om. Ε   θεά: θέρμα R   2 ποίει: ποιεῖ V (Cr) (et Ε ante corr.)   λοετρὰ: λου- Μ (Cr)

10 Et. Gud. s.v. ἀεί (1.25 (23 sqq.) de Stefani)

... ἔςτι καὶ ἀεὶ παρὰ τοῖς Δωριεῦσιν. ταῦτα μὲν ἀπαρένθετα. καὶ ταῦτα δώδεκα φωνὰς λέγουσιν εἶναι· ἐπειδὴ καὶ τὸ
    ἀέ
παρὰ Πεισάνδρωι.

Sim. invenies in Epim. Hom. (1.126 Dyck) ubi
ἔςτι δὲ καὶ ἀέ παρὰ Πεισάνδρωι (Ps: Πινδάρωι Os) Καμειρεῖ.

11 Plut. *de Herodot. malign.* (*moral.* 857ᶠ) 14 (p. 12 Hansen)

καίτοι τῶν παλαιῶν καὶ λογίων ἀνδρῶν οὐχ Ὅμηρος, οὐχ Ἡςίοδος, οὐκ Ἀρχίλοχος (fr. 289 W), οὐ Πείσανδρος, οὐ Στηςίχορος (fr. 231 P), οὐκ Ἀλκμὰν (fr. 72 P), οὐ Πίνδαρος Αἰγυπτίου λόγον ἔσχον Ἡρακλέους ἢ Φοίνικος, ἀλλ' ἕνα τοῦτον ἴσασι πάντες Ἡρακλέα τὸν Βοιώτιον ὁμοῦ καὶ Ἀργεῖον.

in eis quae sequuntur Heitsch = E. Heitsch, *Die gr. Dichterfr. der röm. Kaiserzeit II* (Abhandl. d. Akad. d. Wiss. in Göttingen, phil.-hist. Kl. 58 (1964)) S(upplementum) pp. 44 sqq.

DUBIA

1 Stob. *ecl.* 3.12.6 (3.445 Hense) = S 6.20 Heitsch

Πεισάνδρου·

    οὐ νέμεσις καὶ ψεῦδος ὑπὲρ ψυχῆς ἀγορεύειν.

hinc Apostol. *Cent.* 13.39ᶜ (2.582 Leutsch-Schneidewin): οὐ - ἀγορεύειν· Πισάνδρου.

2 Hesych. s.v. (2.717 Latte) = S 6.19 Heitsch

    νοῦς οὐ παρὰ Κενταύροισι.

παροιμιῶδες. ἔστι δὲ Πεισάνδρου (Valesius: Πισσάνδρου) κομμάτιον, ἐπὶ τῶν ἀδυνάτων ταττόμενον.

νοῦς οὐ παρὰ Κενταύροις sine poetae nomine ap. Diogenian. *Cent.* 6.84 (1.282 Leutsch-Schneidewin), Macar. *Cent.* 6.12 (2.190 L-S), Apostol. *Cent.* 12.12 (2.545 L-S). νοῦς οὐκ ἔνι Κενταύροις(ι) sine poetae nomine ap. Phot. (1.303 Porson) et Suda (3.483 Adl.); cf. Teleclid. fr. 45 (1.221 Kock): τῶν δυνατῶν τι κέλευ'· οὐ γὰρ παρὰ Κενταύροισιν.

3 Σ Ap. Rhod. 4.1396 (p. 315 Wendel) = Pisandri *F.Gr.Hist.* 16 F 8

„Λάδων ... παγχρύσεα ῥύετο μῆλα"· Πείσανδρος τὸν δράκοντα ὑπείληφεν ἀπὸ τῆς Γῆς γεγενῆσθαι, Ἡσίοδος δὲ (fr. spur. 391 MW) ἐκ Τυφῶνός φησιν.

4 Philodem. *de piet.* N 247 IVᵇ 5 sqq. (p. 17 Gomperz: vid. A. Henrichs, *Cron. Erc.* 5 (1975) 8 sq.)

τὸν Ἀσκλ[ηπιὸν δ' ὑ]|πὸ Διὸς κα[τακταν]θῆναι γέγρ[αφεν Ἡ]|σίοδος (fr. 51 MW) καὶ [Πείσαν]δρος καὶ Φε[ρεκύδης (*F.Gr.Hist.* 3 F 35 κτλ.

Πείσανδρος in **8** suppl. Schober, prob. Henrichs: κ'Αγ[αξίμαν]δρος (Wilamowitz: cf. Jacoby, *F.Gr.Hist.* 1ᴬ p. *9) spatio longius, ut vid.; [Πίνδ]αρος (Nauck, Gomperz) non fuit; in ceteris **5** suppl. Nauck, Gomperz, **6** Körte (etiam κα[θαιρε]θῆναι (Dietze) possis), **7** et **9** Nauck

POLYMNESTVS COLOPHONIVS

5 ibid. N 1088 II^a 17 sqq. (vid. R. Philippson, *Hermes* 55 (1920) 245) [de Prometheo]

Πε(ί)ca[ν|δροc δέ φη]cιν c[κώ|πτοντ' αὐ]τὸγ [ἐκβλη|θῆναι εἰc] ἀνό[δει|αν κτλ.

omnia suppl. Philippson

6 ibid. 1602 V. 13 sqq.

κα[ὶ πα|ρ' Ἡ]cιόδωι (fr. 210 MW) δὲ κε[ῖται τ]ὸ παραπλήc[ιον | ὁ] Πείcανδροc [| π]ερὶ Κλυμένηc [ὅτι

Πείcανδροc: Τειc

fragmentum spurium

Pisandri fr. 10 K = Olympiod. in Plat. *Alcib.* 1.157.3 (p. 100 Westerink) et Procl. in eundem locum fr. 10.5 (p. 161 Westerink) = S 6.16 Heitsch a nostro recte abiudicauit Keydell (*Hermes* 70 (1935) p. 309 et n. 4 = *Kl. Schr.* p. 361) Wilamowitzium secutus (cf. et W. McLeod, *Phoenix* 20 (1966) p. 102 n. 35).

POLYMNESTVS COLOPHONIVS

T

1 Heraclid. Pont. fr. 157 Wehrli = Clonas T supra

2 Pausan. 1.14.4 (1.32 Rocha-Pereira)

Θάλητα δὲ εἶναί φηcι Γορτύνιον Πολύμναcτοc Κολοφώνιοc ἔπη Λακεδαιμονίοιc ἐc αὐτὸν ποιήcαc.

PRODICVS PHOCAENSIS

vid. Minyad. F 4

STASINVS CYPRIVS

vid. Cypr. T 1 sqq.

TELESIS METHYMNAEVS

vid. Titanom. T 3

TERPANDER

vid. supra s. v. CLONAS

III.
TITULI CARMINUM EPICORUM PER LITTERARUM ORDINEM DISPOSITI

AETHIOPIS

vid. s.v. supr.
(ep. cycl.)

ALCMAEONIS
ΑΛΚΜΑΙΩΝΙΣ

F

1 Σ (AMNO) Eur. *Andr.* 687 (2.295 Schwartz)

„οὐδ' ἂν cὲ Φῶκον ἤθελον"· ὥcπερ ἐγὼ (scil. Μενέλαος) οὐκ ἐφόνευcα τὴν Ἑλένην, οὕτωc οὐδὲ cὺ (scil. Πηλεύc) ὤφελεc τὸν Φῶκον ἀνελεῖν, καὶ ὁ τὴν Ἀλκμαιωνίδα πεποιηκώc φηcι περὶ τοῦ Φώκου·

ἔνθα μιν ἀντίθεος Τελαμὼν τροχοειδέϊ δίcκωι
πλῆξε κάρη, Πηλεὺς δὲ θοῶς ἀνὰ χεῖρα τανύccαc
ἀξίνηι εὐχάλκωι ἐπεπλήγει μέcα νῶτα.

1 μιν Schwartz: κεν MNO καὶ A ἀντίθεος: αὐτόθεος A κύκλω δίcκω A
2 πλῆξε: πλῆξαι M ἀναχεῖρα τανύcαc MNO ἀνὰ χεῖρα πετάcαc A ἐνὶ χειρὶ τινάξαc coni. Schwartz **3** ἀξίνηι εὐχάλκωι Kinkel: ἀξίνη εὐχάλκω A ἀξ..... κον M contra detrita ἀξίνην εὔχαλκον NO μέcα: μέγα O

2 Athen. 11.460ᴮ (3.2 Kaibel)

ποτήρια δὲ πρῶτον οἶδα ὀνομάcαντα τὸν Ἀμόργιον ποιητὴν Σιμωνίδην ἐν Ἰάμβοιc οὕτωc (fr. 26 W) ... καὶ ὁ τὴν Ἀλκμαιωνίδα δὲ ποιήcαc φηcίν·

νέκυc δὲ χαμαιcτρώτου ἐπὶ τείναc
εὐρείηc cτιβάδοc παρέθηκ' αὐτοῖcι θάλειαν
δαῖτα ποτήριά τε, cτεφάνουc δ' ἐπὶ κραcὶν ἔθηκεν.

1 χαμαιcτρώτουc ἐπί τιναc A: corr. Welcker **2** παρέθηκ' Meineke: προέθηκ' A
3 δαῖτα Fiorillo: δὲ τὰ A δ' Kaibel: τ' A

3 Etym. Gud. s.v. Ζαγρεύc (2.578 de Stefani) = Cod. Barocc. 50 ap. Cramer, *Anecd. Oxon.* 2.443

ὁ μεγάλωc ἀγρεύων ὡc·
πότνια Γῆ, Ζαγρεῦ τε θεῶν πανυπέρτατε πάντων

ὁ τὴν Ἀλκμαιωνίδα γράψας ἔφη.

Seleuci gloss. 17 sec. Reitzenstein (*Geschichte der gr. Etym.* (Lipsiae 1897) p.159): vid. contra de Stefani ad loc. („auctoris nota Σελ quam lemmati praefixit Reitz. ... non huc pertinet sed ad gl. Ζεύc") Ζαγρεῦ: Ζαγρεύc cod. Barocc. πάντων – ἔφη om. cod. Barocc. qui et ὦ pro ὡc praebet

4 Apollod. 1.8.5 (p. 27 Wagner)

Τυδεὺc δὲ ἀνὴρ γενόμενοc γενναῖοc ἐφυγαδεύθη κτείναc, ὡc μέν τινεc λέγουcιν, ἀδελφὸν Οἰνέωc Ἀλκάθοον, ὡc δὲ ὁ τὴν Ἀλκμαιωνίδα γεγραφώc, τοὺc Μέλανοc παῖδαc ἐπιβουλεύονταc Οἰνεῖ Φηνέα (Φινέα Heyne) Εὐρύαλον Ὑπέρλαον (Περίλαον Heyne) Ἀντίοχον (Faber: -ιόχην) Εὐμήδην Cτέρνοπα (Cτέροπα Heyne) Ξάνθιππον Cθενέλαον.

5 ΣEur. *Or.* 995 (1.197 sq. Schwartz)

ἀκολουθεῖν ἂν δόξειε (scil. Εὐριπίδηc) τῶι τὴν Ἀλκμαιωνίδα πεποιηκότι εἰc τὰ περὶ τὴν ἄρνα, ὡc καὶ Διονύcιοc ὁ κυκλογράφοc (*F. Gr. Hist.* 15 F 7) φηcί (sequitur Pherecydes *F. Gr. Hist.* 3 F 133)) ... ὁ δὲ τὴν Ἀλκμαιωνίδα γράψαc τὸν ποιμένα τὸν προcαγαγόντα τὸ ποίμνιον τῶι Ἀτρεῖ Ἀντίοχον καλεῖ.

6 Strabo 10.2.9 p. 452 C

ὁ δὲ τὴν Ἀλκμαιωνίδα γράψαc Ἰκαρίου τοῦ Πηνελόπηc πατρὸc υἱεῖc γενέcθαι δύο, Ἀλυζέα καὶ Λευκάδιον, δυναcτεῦcαι δ' ἐν τῆι Ἀκαρνανίαι τούτουc μετὰ τοῦ πατρόc· τούτων οὖν ἐπωνύμουc τὰc πόλειc Ἔφοροc (*F. Gr. Hist.* 70 F 124) λεγέcθαι δοκεῖ.

7 Philodem. *de piet.* N 1609 IV 8 sqq. (p. 51 Gomperz; vid. Luppe, *ZPE* 62 (1986) 6 sqq.)

κα[ὶ τῆc | ἐπ]ὶ Κρόνου ζω[ῆc | εὐ]δαιμονεcτά[τηc | οὔ]cηc, ὡc ἔγραψ[α|ν Ἡ|cί]οδοc (*Op.* 109 sqq.) καὶ ὁ τὴν̣ [Ἀλ|κμ]εωνίδα ποή[cac| καὶ] Cοφοκλῆc (*Tr. G. F.* 4 F 278 Radt).

11 ἔγραψ[αν suppl. Nauck   -ψ[εν Gomperz   12 ὁ τὴν Nauck: τηc

AMAZONIA

vid. s.v. HOMERVS (T 1)

fort. eadem atque AETHIOPIS

CORINTHIACA

vid. s.v. EVMELVS

DANAIS
ΔΑΝΑΙΣ

T

Tabula Borgiana (Nap. Mus. Naz. Inv. 2408) = I.G. XIV 1292 ii (p. 341 Kaibel) = Jahn-Michaelis K = Sadurska, *Les Tables Iliaques* 10 K (p. 60) h 2 (Pl. XI)

καὶ Δαναΐδας ͵ς φ′ ἐπῶν.

F

1 Clem. Alexandr. *Strom.* 4.120.4 (2.301 Stählin)

φαςὶ ... τὰς Ἀργολικὰς ... Σπαρτιάτας ... φανείςας ... μόνον τρέψαςθαι καὶ ἐκείναις τὸ ἀδεὲς τοῦ θανάτου περιποιήςαςθαι. τὰ ὅμοια λέγει καὶ ὁ τὴν Δαναΐδα πεποιηκὼς ἐπὶ τῶν Δαναοῦ θυγατέρων ὧδε·

  καὶ τότ' ἄρ' ὡπλίζοντο θοῶς Δαναοῖο θύγατρες
  πρόςθεν ἐυρρεῖος ποταμοῦ, Νείλοιο ἄνακτος,

καὶ τὰ ἑξῆς.

post ποταμοῦ interpunxit Wilamowitz, *Aisch. Interp.* p. 16 n. 1

2 Harpocrat. s.v. αὐτόχθονες

ὁ δὲ Πίνδαρος (fr. 253 Sn.) καὶ ὁ τὴν Δαναΐδα πεποιηκὼς φαςιν Ἐριχθόνιον καὶ Ἥφαιςτον (τὸν Ἡφαίςτου Schroeder) ἐκ γῆς φανῆναι.

Cf. Tab. Borg. sup. cit. (T): Sadurska, *Les Tables Iliaques* 10 K (p. 59 sq.) g 1 sqq.

3 Philodem. *de piet.* N 1088 VI 21 sqq. (p. 42 Gomperz)

πα|ρὰ δὲ τῶι ποή[ςαν]|τι τὴν Δανα[ΐ]δα | μητρὸς τῶν θ[εῶν | θ]εράπον[τ]ες [Κου]|ρῆτες.

EPIGONI
vid. supr. s.v.

(ep. cycl.)

EVROPIA
vid. s.v. EVMELVS

HERACLEA
ἩΡΑΚΛΕΙΑ

Cf. Arist. *Poet.* 7.1451ᴬ 16 sqq. (p. 14 Kassel)
μῦθος δ' ἐςτὶν εἷς οὐχ ὥςπερ τινὲς οἴονται ἐὰν περὶ ἕνα ἦι ... διὸ πάντες ἐοίκαςιν ἁμαρτάνειν ὅςοι τῶν ποιητῶν Ἡρακληίδα Θηςηίδα (T 1) καὶ τὰ τοιαῦτα πεποιήκαςιν· οἴονται γάρ, ἐπεὶ εἷς ἦν ὁ Ἡρακλῆς, ἕνα καὶ τὸν μῦθον εἶναι προςήκειν.
Cf. Eustath. *Il.* 785.22 = Teleg. T 5

Heracleam composuisse dicuntur:

CINAETHO et (vel) CONON

ᴬ ΣApoll. Rhod. 1.1165 (p. 105 Wendel) = Conon *F. Gr. Hist.* 26 F 2
Κόνων δὲ ἐν τῆι Ἡρακλείαι φηςὶν ὅτι Αἰγαίων καταγωνιςθεὶς ὑπὸ Ποςειδῶνος κατεποντίςθη εἰς τὸ νῦν λεγόμενον ὑπὸ τοῦ Ἀπολλωνίου ἠρίον Αἰγαίωνος, τὸν αὐτὸν καὶ Βριάρεων καλῶν.

ᴮ Σ ib. 1357 (p. 122 Wendel)
ὅτι δὲ Κιανοὶ ὅμηρα ἔδοςαν Ἡρακλεῖ καὶ ὤμοςαν μὴ λήξειν ζητοῦντες Ὕλαν καὶ φροντίδα ἔχουςι Τραχινίων διὰ τὸ ἐκεῖςε κατοικιςθῆναι ὑφ' Ἡρακλεῖ τοὺς ὁμηρεύςαντας, Κιναίθων ἱςτορεῖ ἐν Ἡρακλείαι.
in primo loco Κιναίθων pro Κόνων scripserunt Keil, Türk, ad secundum spectantes, in secundo Κόνων pro Κιναίθων Bernhardy, Seeliger ad primum locum spectantes.

DEMODOCVS
[Plut.] *de fluv.* 18.4 (7.313 Bernardakis)
τὸ μὲν Ἀπέςαντον ἐκαλεῖτο πρότερον Σεληναῖον. Ἥρα γὰρ παρ' Ἡρακλέους δίκας βουλομένη λαβεῖν ςυνεργὸν παρέλαβεν τὴν Σελήνην. ἡ δὲ ἐπωιδαῖς χρηςαμένη μάγοις ἀφροῦ κίςτην ἐπλήρωςεν, ἐξ ἧς γεννηθέντα λέοντα μέγιςτον Ἶρις ταῖς ἰδίαις ζώναις ἐπιςφίγξαςα κατήνεγκεν εἰς ὄρος Ὀφέλτιον· ὁ δὲ ποιμένα τινὰ τῶν ἐγχωρίων Ἀπέςαντον ςπαράξας ἀνεῖλεν· κατὰ δὲ θεῶν πρόνοιαν ὁ τόπος Ἀπέςαντος ἀπ' αὐτοῦ μετωνομάςθη· καθὼς ἱςτορεῖ Δημόδοκος ἐν α΄ Ἡρακλείας.
de Demodoco epico poeta valde dubitatur: vid. s.v.

DIOTIMVS: fr. 393 sq. *Suppl. Hell.*

PHAEDIMVS: fr. 669 *Suppl. Hell.*

PISINVS

Clem. Alexandr. *Strom.* 6.2.25 (2.442 Stählin) = Pisandri T 3

αὐτοτελῶς γὰρ τὰ ἑτέρων ὑφελόμενοι ὡς ἴδια ἐξήνεγκαν, καθάπερ
... Πείcανδρος Καμιρεὺς Πιcίνου τοῦ Λινδίου τὴν Ἡράκλειαν.

PANYASSIS

PISANDER

nescioquis poeta ap. Σ Nic. *Ther.* 256: vid. Panyass. fr. dub. 2

Creophyli *Oechalias Halosin* cum *Heraclea* confundit Paus. 4.2.3: vid. illius carminis F 2[A]

ILIAS PARVA
vid. s. v. supr.

(ep. cycl.)

ILIVPERSIS
vid. s. v. supr.

(ep. cycl.)

Athen. 13.610[c] = Stesich. fr 199 P (ἐκ τῆc †cακατου (Ἀγία τοῦ C. F. Hermann) Ἀργείου Ἰλίου Πέρcιδος) de carmine epico agere haud veri sim.: vid. Jacoby in *F. Gr. Hist.* 305 (3[B]. 10 sq.), Fowler, *The Nature of Early Greek Lyric* (1987) p. 130 n. 38.

MEROPIS
ΜΕΡΟΠΙΣ

vid. *Suppl. Hell.* 903[A]; de carminis aetate valde ambigitur: cf. quae scripserunt Lloyd-Jones et Parsons ad loc. (pp. 405 sqq.) et Lloyd-Jones, *Atti del XVII Congresso Internazionale di Papyrologia* (1984) pp. 145 sqq.; de sexto saeculo cogitant Lloyd-Jones, alii.

MINYAS
ΜΙΝΥΑΣ

de auctore vid. F 4

1 Pausan. 10.28.1 sq. (3.154 Rocha-Pereira) de Polygnoti Necyia

τὸ δὲ ἕτερον μέρος τῆς γραφῆς ... ἐστὶν Ὀδυςςεὺς καταβεβηκὼς ἐς τὸν Ἅιδην ὀνομαζόμενον ... ἔχει δὲ οὕτω τὰ ἐς τὴν γραφήν· ὕδωρ εἶναι ποταμὸς ἔοικε, δῆλα ὡς ὁ Ἀχέρων, ... καὶ ναῦς ἐςτιν ἐν τῶι ποταμῶι καὶ ὁ πορθμεὺς ἐπὶ ταῖς κώπαις. ἐπηκολούθηςε δὲ ὁ Πολύγνωτος ἐμοὶ δοκεῖν ποιήςει Μινυάδι· ἔςτι γὰρ δὴ ἐν τῆι Μινυάδι ἐς Θηςέα ἔχοντα καὶ Πειρίθουν·

κ. 507?
    ἔνθ᾽ ἤτοι νέα μὲν νεκυάμβατον, ἣν ὁ γεραιός
    πορθμεὺς ἦγε Χάρων, οὐκ ἔλλαβον ἔνδοθεν ὅρμου.
ἐπὶ τούτωι οὖν καὶ Πολύγνωτος γέροντα ἔγραψεν ἤδη τῆι ἡλικίαι τὸν Χάρωνα.

2 ἦγε: Pa^{sv}: ἦκε β   ἔλλαβον Pa: ἔλαβον β

2 Pausan. 10.28.7 (3.156 Rocha-Pereira)

ἔςτι δὲ ἀνωτέρω τῶν κατειλεγμένων Εὐρύνομος. δαίμονα εἶναι τῶν (Pa Va Vb: τὸν β) ἐν Ἅιδου φαςὶν οἱ Δελφῶν ἐξηγηταὶ τὸν Εὐρύνομον, καὶ ὡς τὰς ςάρκας περιεςθίει τῶν νεκρῶν, μόνα ςφίςιν ἀπολείπων τὰ ὀςτᾶ. ἡ δὲ Ὁμήρου ποίηςις ἐς Ὀδυςςέα καὶ ἡ Μινυάς τε καλουμένη καὶ οἱ Νόςτοι (F 3) – μνήμη γὰρ δὴ ἐν ταύταις καὶ ⟨ἐν⟩ Ἅιδου καὶ τῶν ἐκεῖ δειμάτων ἐςτίν – ἴςαςιν οὐδένα Εὐρύνομον δαίμονα.

ἐν del. R¹ Pa Vb; μνήμη γὰρ καὶ ἐν ταύταις Ἅιδου tent. Schubart

3 Pausan. 10.31.3 sq. (3.162 sq. Rocha-Pereira)

Μελέαγρος δὲ ὁ Οἰνέως ἀνωτέρω μὲν ἢ (R^{mg} Pa Vb: ἄνωθε μὲν ἢ V¹, ἄνω τεμένη FP) ὁ τοῦ Οἰλέως Αἴας ἐςτὶν ἐν τῆι γραφῆι, ἔοικε δὲ ὁρῶντι ἐς τὸν Αἴαντα. τούτοις πλὴν τῶι Παλαμήδει γενειά ἐςτι τοῖς ἄλλοις. ἐς δὲ τοῦ Μελεάγρου τὴν τελευτὴν Ὁμήρωι μέν ἐςτιν εἰρημένα ὡς Ἐρινὺς (Pa: περίνυς VF, περίνης P, ⟨ἡ⟩ Ἐρινὺς Bekker) καταρῶν ἀκοῦςαι τῶν Ἀλθαίας καὶ ἀποθάνοι κατὰ ταύτην ὁ Μελέαγρος τὴν αἰτίαν· αἱ δὲ Ἠοῖαί τε καλούμεναι (Hes. fr. 25.12 sq. MW) καὶ ἡ Μινυὰς ὡμολογήκαςιν ἀλλήλαις· Ἀπόλλωνα γὰρ δὴ αὐταί φαςιν αἱ ποιήςεις ἀμῦναι Κούρηςιν ἐπὶ τοὺς Αἰτωλοὺς καὶ ἀποθανεῖν Μελέαγρον ὑπὸ Ἀπόλλωνος.

4 Pausan. 9.5.8 sq. (3.10 Rocha-Pereira)

λέγεται δὲ καὶ ὡς ἐν Ἅιδου δίκην δίδωσιν Ἀμφίων ὧν ἐς Λητὼ καὶ τοὺς παῖδας καὶ αὐτὸς ἀπέρριψε· κατὰ δὲ (καὶ τὰ ἐς Hitzig) τὴν τιμωρίαν τοῦ Ἀμφίονος ἐστὶν (ἔπη add. Sylburg) ποιήσεως Μινυάδος, ἔχει δὲ ἐς Ἀμφίονα κοινῶς καὶ ἐς τὸν Θρᾶικα Θάμυριν.

cf. eundem 4.33.7 (1.349 sq. Rocha-Pereira)

Πρόδικος δὲ Φωκαεύς - εἰ δὴ τούτου τὰ ἐς τὴν Μινυάδα ἔπη - προσκεῖσθαί φησι Θαμύριδι ἐν Ἅιδου δίκην τοῦ ἐς τὰς Μούσας αὐχήματος.

cf. Clem. Alexandr. *Strom.* 1.131 (2.81 Stählin) ubi εἰς Ἅιδου κατάβασις Προδίκου τοῦ Σαμίου notatur (cf. Sudam s.v. Ὀρφεύς (3.565 Adler): εἰς Ἅιδου κατάβασιν· ταῦτα Ἡροδίκου (Προδίκου K. O. Müller) τοῦ Περινθίου). vid. in primis quae scripsit W. Aly, *RE* s.v. Prodikos (1).

5 Philodem. *de piet.* 242 IV^b 5 sqq. (p. 7 Gomperz: vid. R. Philippson, *Hermes* 55 (1920) 269)

[Ὠ]|ρίωνα δὲ Ἡςιο[δος]| λέγει (fr. dub. 345 MW) καὶ ὁ τὴ[ν Μι]|γυάδα γράψ[ας]   πα[

ὑπὸ | σκορπίου] πλ[ηγῆναι suppl. Philippson in 8 sqq., ἀποθανεῖν ὑ]π᾿ Ἀ[ρτέμιδος Schober; sed, ut observant Merkelbach et West ad loc. (p. 172), „ante πα[spatium 7 litterarum vacuum, secundum delineatorem, ut litterae πα[subscriptio esse videantur"

fragmentum illud de Thesei et Pirithoi descensu in P. Ibscher servatum aut carmini Hesiodeo (fr. 280 MW) aut Minyadi nostrae tribuendum, nisi fort. credamus haec duo carmina unum atque idem opus esse: vid. supra ad F 4.

NAVPACTIA

ΝΑΥΠΑΚΤΙΑ

T

de auctore

1 Pausan. 10.38.11 (3.187 Rocha-Pereira)

τὰ δὲ ἔπη τὰ Ναυπάκτια ὀνομαζόμενα ὑπὸ Ἑλλήνων ἀνδρὶ ἐσποιοῦσιν οἱ πολλοὶ Μιλησίωι· Χάρων δὲ ὁ Πύθεω (*F. Gr. Hist.* 262 F 4) φηcιν αὐτὰ ποιῆcαι Ναυπάκτιον Καρκίνον. ἑπόμεθα δὲ καὶ ἡμεῖc τῆι τοῦ Λαμψακηνοῦ δόξηι· τίνα γὰρ λόγον ἔχοι ἂν ἔπεcιν ἀνδρὸc Μιληcίου πεποιημένοιc ἐc γυναῖκαc τεθῆναί cφιcιν ὄνομα Ναυπάκτια;

2 Pausan. 2.3.9 (1.115 Rocha-Pereira)

ἔπη δὲ ἔcτιν ἐν Ἕλληcι Ναυπάκτια ὀνομαζόμενα ...

3 Pausan. 4.2.1 (1.273 Rocha-Pereira)

πυθέcθαι δὲ cπουδῆι πάνυ ἐθελήcαc οἵτινεc παῖδεc Πολυκάονι ἐγένοντο ἐκ Μεccήνηc, ἐπελεξάμην τάc τε Ἡοίαc καλουμέναc (fr. 251[B] MW) καὶ τὰ ἔπη τὰ Ναυπάκτια, πρὸc δὲ αὐτοῖc ὁπόcα Κιναίθων καὶ Ἄcιοc ἐγενεαλόγηcαν. οὐ μὴν ἔc γε ταῦτα ἦν cφιcιν οὐδὲν πεποιημένον ...

F

1 ΣΤ Il. 15.336 (4.82 sq. Erbse)

μητρυιῆc Ἐριώπιδοc· ὁμοίωc τῶι ποιητῆι καὶ Ἑλ(λ)άνικοc (F. Gr. Hist. 4 F 121) Ἐριώπην τὴν μητέρα Αἴαντόc φηcιν. Φερεκύδηc (F. Gr. Hist. 3 F 24) δὲ ἐν πέμπτωι (Kinkel: ἐνεω Τ (V)) καὶ Μναcέαc ἐν ὀγδόωι (Erbse: ῆ Τ) Ἀλκιμάχην, ὁ δὲ τῶν Ναυπακτικῶν (Bekker: ναπακτίδων Τ (V)) ποιητὴc διώνυμον αὐτήν φηcι·

ca. 492

τὴν δὲ μεθ' ὁπλοτάτην Ἐριώπην ἐξονόμαζεν,
Ἀλκιμάχην δὲ πατήρ τε καὶ Ἄδμητοc καλέεcκεν.

1 lacunam post ὁπλοτάτην posuit West sic supplendam: ⟨τίκτεν καλὴν Ἐριώπην, | τὴν δὴ -∪∪-⟩ Ἐριώπην ἐξονόμαζεν Bekker: ἐξων- Τ (V); an ἐξονόμαξεν scribendum? 2 cave ne καλέεcκον conicias (cf. Hes. Th. 45 et West ad loc.)

eadem e Σ Τ supra cit. protulit Cramer, Anecdota Par. 3.286.

2 Herodian. περὶ μον. λεξ. p. 15 (Gr. Gr. III.2.2 p. 922 Lentz)

ἐν cυνθέcει πολύρρην παρὰ τῶι τὰ Ναυπακτικὰ ποιήcαντι·

ca. 492

ἀλλ' ὁ μὲν οὖν ἐπὶ θινὶ θαλάccηc εὐρυπόροιο
οἰκία ναιετάαcκε πολύρρην, πουλυβοώτηc.

1 ἐπὶ θινί Cramer: ἐπινευcὶ cod. ἀπάνευθε (et οὐκ pro οὖν) Lobeck 2 οἰκία Dindorf: οἰκίαν codd. πουλυβοώτηc Bloch πολυβούτηc codd. (HV) cod.

3ᴬ ΣAp. Rhod. 2.299 (p. 150 Wendel)

("Άρπυιαί ... έδυcαν) „κευθμῶνα Κρήτηс"· κοιλάδα τῆс Κρήτηс κατέδυcαν. τοῦτο δέ φηcι καὶ Νεοπτόλεμοс (F. Gr. Hist. 702 F 4 = fr. 3 Mette (Rh. Mus. 123 (1980) 2)). ὁ ⟨δὲ add. Keil⟩ τὰ Ναυπακτικὰ ποιήсαс καὶ Φερεκύδηс (F. Gr. Hist. 3 F 29) ἐν ϛ´ (L: γ´ P) φαcὶν (Keil: φηcὶν) εἰc τὸ cπέοc αὐτὰc φυγεῖν τῆс Κρήτηс τὸ ὑπὸ τῶι λόφωι τῶι Ἀργινοῦντι.

3ᴮ Philodem. de piet. 247 V^b 1 sqq. (p. 18 Gomperz)

γέγρα]φεν ὁ [τὰ Ναυπάκτια]| ποήcα[c καὶ Φερεκύ]|δηc ὁ Ἀ[θηναῖοс (F. Gr. Hist. 3 F 165). Αἰc]|χύλοc δ'[ἐν Φινεῖ (Tr. G. F. 3 F 260 Radt)]| καὶ Εἴβ[υκοc (fr. 292 P) καὶ Τε]|λέcτηc (fr. 812 P) [ποιοῦcιν]| τὰc Ἀρπ[υίαc θνῃcκ]|ούcαc ὑπ[ὸ τῶν Βορέου παί]δων.

omnia suppl. Gomperz, fort audacius: vid. Luppe, GGA 239 (1987) 29

4 ΣAp. Rhod. 3.515 sqq. (p. 234 Wendel)

ὁ μὲν Ἀπολλώνιοс τούτουс φηcὶ προαιρεῖcθαι ζεῦξαι τοὺс βόαc, ὁ δὲ τὰ Ναυπακτικὰ (ποιήcαc add. P) πάντας ἀριθμεῖ τοὺс † ὑπ' αὐτοῦ † φερομένουс ἀριcτεῖc.

ὑπ' αὐτοῦ non intellegitur: ὑπ' Ἀργοῦс tent. Robert, ἀπ' Ἀργουc Matthews: LSJ s. v. φέρω A viii (p. 1924) confert Lloyd-Jones

5 ΣL Ap. Rhod. 3.523 sq. (p. 234 Wendel)

„ἀλλά τιν' οἴω μητρὸс ἐμῆс"· δύναται, φηcίν (scil. Ἄργοс), ἡ μήτηρ ἡ ἐμὴ πεῖcαι τὴν Μήδειαν cυνεργῆcαι τὸν ἆθλον. ἐν δὲ τοῖс Ναυπακτικοῖс Ἴδμων ἀναcτὰс Ἰάcονι κελεύει (κωλύει tempt. W. Ribbeck; Ἰάcονα praefert Lloyd-Jones) ὑποcτῆναι τὸν ἆθλον.

cf. Σ P in eundem locum:

ἔτι δὲ ὁ μὲν Ἀπολλώνιοс Ἄργον φηcὶν ἐμποδίcαι τοὺс ἥρωαс ὑποcτῆναι βουλομένουс τὸν ἀγῶνα· ἐν δὲ τοῖс Ν. κτλ.

6 ΣAp. Rhod. 4.66 (p. 266 Wendel)

⟨„τὴν δ' (scil. Μήδειαν) αἶψα πόδεс φέρον"⟩· παρὰ {δὲ} τῶι τὰ Ναυπακτικὰ πεποιηκότι οὐκ ἔcτι κατὰ τὴν ἰδίαν προαίρεcιν ἐξιοῦcα ἡ Μήδεια, ἀλλ' ἐφ' ἑcτίαcιν καλουμένων τῶν Ἀργοναυτῶν (Wendel: καλουμένη οἱ γὰρ Ἀργοναῦται L) κατ' ἐπιβουλήν, ἐνcτάντοc τοῦ τῆс ἀναιρέcεωс αὐτῶν καιροῦ, προτραπομένου (F: προτρεπ- L) δὲ τοῦ Αἰήτου ἐπὶ τὴν Εὐρυλύτηс τῆс γυναικὸс cυνουcίαν, Ἴδμονοс ὑποθεμένου τοῖс Ἀργοναύταιс ἀποδιδράcκειν, καὶ Μήδεια cυνεκπλεῖ.

7ᴬ ΣAp. Rhod. 4.86 (p. 266 sq. Wendel)

ὁ μὲν Ἀπολλώνιός φηcι νυκτὸc πεφευγέναι τὴν Μήδειαν ἐπὶ τὴν ναῦν, Αἰήτου cυνέδριον ἔχοντοc Κόλχων περὶ διαφθορᾶc τῶν ἡρώων. ὁ δὲ τὰ Ναυπακτικὰ πεποιηκὼc ὑπὸ Ἀφροδίτηc φηcὶ τὸν Αἰήτην κατακοιμηθῆναι, ἐπιθυμήcαντα τῆι αὑτοῦ γυναικὶ cυγγενέcθαι, δεδειπνηκότων παρ' αὐτῶι τῶν Ἀργοναυτῶν (Keil: Κόλχων) καὶ ⟨οὐ add. Lloyd-Jones⟩ κοιμωμένων διὰ τὸ βούλεcθαι αὐτὸν τὴν ναῦν ἐμπρῆcαι·

> δὴ τότ' ἄρ' Αἰήτηι πόθον ἔμβαλε δῖ' Ἀφροδίτη
> Εὐρυλύτηc φιλότητι μιγήμεναι ἧc ἀλόχοιο,
> κηδομένη φρεcὶν ἧιcιν, ὅπωc μετ' ἄεθλον Ἰήcων
> νοcτήcηι οἰκόνδε cὺν ἀγχεμάχοιc ἑτάροιcιν.

ὁ δὲ Ἴδμων cυνῆκε τὸ γεγονὸc καί φηcι·

> φευγέμεναι μεγάροιο θοὴν διὰ νύκτα μέλαιναν.

τὴν δὲ Μήδειαν τὴν ποδοψοφίαν ἀκούcαcαν ἀναcτᾶcαν cυνεξορμῆcαι. λέγει δὲ καὶ Ἡρόδωροc (F. Gr. Hist. 31 F 52/3) ταὐτά.

φευγέμεναι: φευγέμεν ἐκ Meineke

7ᴮ cf. ΣAp. Rhod. 3.240 (p. 227 Wendel)

⟨„cὺν ἑῆι ναίεcκε δάμαρτι" (scil. Αἰήτηc)⟩· ὁ τὰ Ναυπακτικὰ πεποιηκὼc Εὐρυλύτην αὐτὴν λέγει.

lemma suppl. Wendel

8 Σ Ap. Rhod. 4.87 (p. 267 Wendel)

„δώcω δὲ χρύcειον"· ὁ μὲν Ἀπολλώνιοc μετὰ τὸ φυγεῖν τὴν Μήδειαν ἐκ τοῦ Αἰήτου οἴκου πεποίηται ὑπιcχνουμένην τὸ κῶαc τῶι Ἰάcονι· ὁ δὲ τὰ Ναυπακτικὰ γράψαc cυνεκφέρουcαν αὐτὴν τὸ κῶαc κατὰ τὴν φυγήν, κατὰ τὸν αὐτοῦ (L: om. PA) οἶκον κείμενον {τοῦ Αἰήτου del. Wendel}· ὁ δὲ Ἡρόδωροc (F. Gr. Hist. 31 F 52) μετὰ τὴν ἀνάζευξιν τῶν ἀγρίων ταύρων (Müller: Ἀργοναυτῶν) ἀποcταλῆναι τὸν Ἰάcονα ὑπὸ τοῦ Αἰήτου.

9 Pausan. 2.3.9 (cf. T 2 supra cit.)

ἔπη ... Ναυπάκτια ... πεποίηται δὲ ἐν αὐτοῖc Ἰάcονα ἐξ Ἰωλκοῦ μετὰ τὸν Πελίου θάνατον ἐc Κόρκυραν μετοικῆcαι καὶ οἱ Μέρμερον μὲν τὸν πρεcβύτερον τῶν παίδων ὑπὸ λεαίνηc διαφθαρῆναι θηρεύοντα ἐν τῆι πέραν ἠπείρωι· Φέρητι δὲ οὐδέν ἐcτιν ἐc μνήμην προcκείμενον.

10^A Philodem. *de piet.* N 1609 V 5 sqq. (p. 52 Gomperz: vid. A. Henrichs, *Cron. Erc.* 5 (1975) 8) = *Asclepius, A Collection and Interpretation of the Testimonies* (E. J. et L. Edelstein) T 73

Ἀσκληπιὸ[ν | δὲ Ζ]εὺς ἐκεραύνωc[εν | ὡc μ]ὲν ὁ τὰ Ναυπα||[κτι]ακὰ συγγράψας

10^B ibid. N 247 IV^b 16 sq. (p. 17 Gomperz: vid. Henrichs sup. cit. p. 9) = T 106 Edelstein

(5 sqq.: τὸν Ἀσκλ[ηπιὸν δ᾽ ὑ]|πὸ Διὸc κα[τακταν]||θῆναι γέγρ[αφεν Ἡ]|cίοδοc (fr. 51 MW) ...) καὶ ὁ τ[ὰ Ναυ]|πάκτια ποή[cαc]

in (A) 5–7 suppl. Nauck, 8 Schober (Ναυπα||[κτι]κά Nauck, contra vestigia); in (B) 16 sq. suppl. Nauck

10^C Apollod. 3.10.3 (p. 141 sq. Wagner) = T 70 Edelstein

εὗρον δέ τιναc λεγομένουc ἀναcτῆναι ὑπ᾽ αὐτοῦ, Καπανέα καὶ Λυκοῦργον, ὡc Στηcίχοροc (fr. 194 P) φηcιν ἐν Ἐριφύληι, Ἱππόλυτον ὡc ὁ τὰ Ναυπακτικὰ cυγγράψαc.

NOSTI

vid. supr. s. v.

(ep. cycl.)

OECHALIAE HALOSIS

ΟΙΧΑΛΙΑΣ ΑΛΩΣΙΣ

T

de Creophylo auctore

1 Plato *Resp.* 10.600^B

ὁ γὰρ Κρεώφυλοc, ὦ Σώκρατεc, ἴcωc, ὁ τοῦ Ὁμήρου ἑταῖροc, τοῦ ὀνόματοc ἂν γελοιότεροc ἔτι πρὸc παιδείαν φανείη, εἰ τὰ λεγόμενα περὶ Ὁμήρου ἀληθῆ. λέγεται γὰρ ὡc πολλή τιc ἀμέλεια περὶ αὐτὸν ἦν ὑπ᾽ (coni. Ast, prob. Adam olim, Wilamowitz, Janko, CQ 35 (1985) 24: ἐπ᾽ codd.) αὐτοῦ ἐκείνου ὅτε ἔζη.

2 Callim. epigr. 6 Pf. = Gow-Page, *Hellenistic Epigrams* 1293 sqq.

τοῦ Σαμίου πόνος εἰμὶ δόμωι ποτὲ θεῖον ἀοιδόν
δεξαμένου, κλείω δ' Εὔρυτον ὅσσ' ἔπαθεν,
καὶ ξανθὴν Ἰόλειαν, Ὁμήρειον δὲ καλεῦμαι
γράμμα. Κρεωφύλωι, Ζεῦ φίλε, τοῦτο μέγα.

3 Strabo 14.1.18 p. 638 C

Σάμιος δ' ἦν καὶ Κρεώφυλος, ὅν φασι δεξάμενον ξενίαι ποτὲ Ὅμηρον λαβεῖν δῶρον τὴν ἐπιγραφὴν τοῦ ποιήματος ὃ καλοῦσιν Οἰχαλίας ἅλωσιν. Καλλίμαχος δὲ τοὐναντίον ἐμφαίνει δι' ἐπιγράμματός τινος (= T 2 supra cit.) ὡς ἐκείνου μὲν ποιήσαντος λεγομένου δ' Ὁμήρου διὰ τὴν λεγομένην ξενίαν· [sequitur Callimachi epigr. 6 Pf.]. τινὲς δὲ διδάσκαλον Ὁμήρου τοῦτόν φασιν, οἱ δ' οὐ τοῦτον ἀλλ' Ἀριστέαν τὸν Προκοννήσιον (T 17).
hinc pendet Eust. *Il.* 330.42 (1.516 van der Valk): εἰς ἣν (scil. τὴν Οἰχαλίαν) δοκεῖ γράψαι καὶ Ὅμηρος, ὡς δηλοῖ ὁ ⟨γεωγράφος suppl. West: vid. infra ad fin.⟩ ἱστορήσας ὅτι Κρεώφυλος ὁ Σάμιος ξενίαι ποτε δεξάμενος τὸν Ὅμηρον ἔλαβε δῶρον ἐξ αὐτοῦ τὴν ἐπιγραφὴν τοῦ ποιήματος ὃ καλοῦσιν Οἰχαλίας ἅλωσιν, τουτέστιν ἔσχεν εἰς ἀντίδοσιν ἐξ Ὁμήρου τὸ μὴ ἐπιγράψαι τὸ βιβλίον ἑαυτῶι ἀλλὰ τῶι φίλωι Κρεωφύλωι, οἷον ὅτι „Κρεωφύλου Σαμίου Οἰχαλίας ἅλωσις". τινὲς δὲ ἀνάπαλίν φασι Κρεώφυλον μὲν γράψαι Ὁμήρωι δὲ ἐπιγραφῆναι τὸ βιβλίον διὰ τὴν ξενίαν διὸ καὶ Καλλίμαχος (sequitur T 2 supra cit.). τινὲς δὲ καὶ διδάσκαλον Ὁμήρου τὸν Κρεώφυλον εἶπον, ἕτεροι δὲ Ἀρισταῖον τὸν Προκοννήσιον (T 17), ὡς καὶ ταῦτα ὁ γεωγράφος ἱστορεῖ.

4 Procl. *Chrestom.* (*Vit. Hom.*) 100.11 sqq. Allen = 26.25 sqq. Wilamowitz = 30 sqq. Severyns

λέγουσιν οὖν αὐτὸν (scil. Ὅμηρον) εἰς Ἴον (sic) πλεύσαντα διατρῖψαι μὲν παρὰ Κρεωφύλωι, γράψαντα δὲ Οἰχαλίας ἅλωσιν τούτωι χαρίσασθαι, ἥτις νῦν ὡς Κρεωφύλου περιφέρεται.

cf. *Certamen Hom. et Hes.* 321 sqq. Allen = 44.27 sqq. Wilamowitz

τῆς δὲ πανηγύρεως λυθείσης ὁ ποιητὴς εἰς Ἴον (sic) ἔπλευσε πρὸς Κρεώφυλον κἀκεῖ χρόνον διέτριβε πρεσβύτης ὢν ἤδη.

5 Suda s. v. Κρεώφυλος (3.185 Adler)

Ἀστυκλέους, Χῖος ἢ Σάμιος, ἐποποιός· τινὲς δὲ [T 8 infra] ..., οἱ δὲ φίλον μόνον γεγονέναι αὐτὸν Ὁμήρου λέγουσι, καὶ ὑποδεξάμενον Ὅμηρον λαβεῖν παρ' αὐτοῦ τὸ ποίημα τὴν τῆς Οἰχαλίας ἅλωσιν.

6 Photius s. v. Κρεόφυλος (1.177.12 Porson)

Πολιτείας ι'· „ὁ γὰρ Κρ. - ἑταῖρος" (T 1 sup. cit.)· τοῦτον τινὲς καὶ διδάσκαλον Ὁμήρου λέγουσι γεγονέναι· καὶ ἔστιν αὐτοῦ ποίημα Οἰχαλίας ἅλωσις· ἀρχαῖος μὲν οὖν ἐστι· νεώτερος δὲ ἱκανῶς Ὁμήρου.

7 ΣPlat. Resp. 600ᴮ (p. 273 Greene)

Κρεώφυλος Χῖος, ἐποποιός. τινὲς δὲ αὐτὸν ἱστορήκασι γαμβρὸν Ὁμήρου ἐπὶ θυγατρί, καὶ ὅτι ὑποδεξάμενος Ὅμηρον ἔλαβε παρ' αὐτοῦ τὸ ποίημα τῆς Ἰλιάδος (sic).

8 Suda s. v. Ὅμηρος (3.526 Adler)

(ἀναφέρεται δὲ εἰς αὐτὸν καὶ ἄλλα τινα ποιήματα· Ἀμαζονία ...) Οἰχαλίας (Pearson: Σικελίας) ἅλωσις.

9 confuse Clem. Alexandr. Strom. 6.25.1 (2.442 Stählin)

αὐτοτελῶς γὰρ τὰ ἑτέρων ὑφελόμενοι ὡς ἴδια ἐξήνεγκαν, καθάπερ ... Πανύασις ὁ Ἁλικαρνασσεὺς (F 24) παρὰ Κρεωφύλου τοῦ Σαμίου τὴν Οἰχαλίας ἅλωσιν.

F

1 Epimerism. alphab. in Hom. (Anecd. Ox. 1.327 Cramer)

ἔνθεν λύσομεν καὶ τὸ ἐν Ὀδυσσείαι προτεινόμενον (Od. 14.343)· ῥωγαλέα τὰ καὶ αὐτὸς ἐν ὀφθαλμοῖσιν ὄρηαι. τοῦτο δὲ εὑρήσομεν καὶ ἐν τῆι Οἰχαλίας (Χαλίας cod.) ἁλώσει, ἣ εἰς Ὅμηρον ἀναφέρεται, ἔστι δὲ Κρεώφυλος ὁ ποιήσας. Ἡρακλῆς δ' ἐστὶν ὁ λέγων πρὸς Ἰόλην·

ὦ γύναι 〈   〉 ταυτά γ' ἐν ὀφθαλμοῖσιν ὄρηαι.

⟨αὐτὴ⟩ suppl. Köchly, ⟨ἦ μὲν⟩ Burkert   γ' (quod noluit Köchly) Peppmüller, alii: τ' cod., quod delendum censuit Nauck (ταῦθ' ἅ τ' tempt. West)

2^A Pausan. 4.2.3 (1.274 Rocha-Pereira) = F.Gr.Hist. 427 F 4

Θεςςαλοὶ δὲ καὶ Εὐβοεῖς (ἥκει γὰρ δὴ ἐς ἀμφιςβήτηςιν τῶν ἐν τῆι Ἑλλάδι ⟨τὰ⟩ πλείω) λέγουςιν οἱ μὲν ὡς τὸ Εὐρύτιον (χωρίον δὲ ἔρημον ἐφ' ἡμῶν ἐςτι τὸ Εὐρύτιον) πόλις τὸ ἀρχαῖον ἦν καὶ ἐκαλεῖτο Οἰχαλία, τῶι δὲ Εὐβοέων λόγωι Κρεώφυλος ἐν Ἡρακλείαι (sic) πεποίηκεν ὁμολογοῦντα, Ἑκαταῖος δὲ ὁ Μιλήςιος (F.Gr.Hist. 1 F 28) ἐν Σκίωι μοίραι τῆς Ἐρετρικῆς ἔγραψεν εἶναι Οἰχαλίαν.

2^B cf. Strab. 9.5.17 p. 438 C

τὴν δ' Οἰχαλίαν πόλιν Εὐρύτου λεγομένην ἔν τε τοῖς τόποις τούτοις (scil. Θεςςαλικοῖς) ἱςτοροῦςι καὶ ἐν Εὐβοίαι καὶ ἐν Ἀρκαδίαι καὶ μετονομάζουςιν ἄλλοι ἄλλως, ὃ καὶ ἐν τοῖς Πελοποννηςιακοῖς εἴρηται (8.3.6 p. 339) περὶ δὲ τούτων ζητοῦςι καὶ μάλιςτα τίς ἦν ἡ ὑπὸ Ἡρακλέους ἁλοῦςα καὶ περὶ τίνος ςυνέγραψεν ὁ ποιήςας τὴν Οἰχαλίας ἅλωςιν.

3 ΣSoph. Trach. 266 (p. 296 Papageorg.)

διαφωνεῖται δὲ ὁ τῶν Εὐρυτιδῶν ἀριθμός. Ἡςίοδος (fr. 26.27–31 MW) μὲν γὰρ τέςςαράς φηςιν ἐξ Εὐρύτου καὶ Ἀντιόχης παῖδας οὕτως· ἣ δ' ὑποκυςαμένη καλλίζωνος Στρατονίκη | Εὔρυτον ἐν μεγάροιςιν ἐγείνατο φίλτατον υἱόν. | τοῦ δ' υἱεῖς ἐγένοντο Διδαίων (Rzach, prob. Burkert: Δηίων) ⟨τε⟩ Κλυτίος τε | Τοξεύς τ' ἀντίθεος ἠδ' Ἴφιτος ὄζος Ἄρηος·| τοὺς δὲ μεθ' ὁπλοτάτην τέκετο ξανθὴν Ἰόλειαν | Ἀντιόχη κρείουςα † παλαιὸν γένος † Ναυβολίδαο. Κρεώφυλος δὲ δύο, Ἀριςτοκράτης (F.Gr.Hist. 591 F 6) δὲ τρεῖς, Τοξέα Κλυτίον Διδαίονα (Rzach, prob. Burkert: Δηίονα).

ad Hes. fr. 26.31 a (Ἀντιόχη κρείουςα κτλ.) vid. quae adnotaverunt Merkelbach et West; in primis notanda sententia haec: ‚conicere possis ultimum versum Hesiodeum non esse, fortasse ex Creophylo ad schol. Soph. adscriptum'.

fragmentum spurium

ΣEur. Med. 264 (2.160 Schwartz) = Creophylus Ephes. F.Gr.Hist. 417 F 3

Δίδυμος δὲ (p. 244 Schmidt) ἐναντιοῦται τούτωι (scil. Παρμενίςκωι (fr. 13 Breithaupt)) καὶ παρατίθεται τὰ Κρεωφύλου ἔχοντα οὕτως· τὴν γὰρ Μήδειαν λέγεται διατρίβουςαν ἐν Κορίνθωι τὸν ἄρχοντα τότε τῆς πόλεως Κρέοντα ἀποκτεῖναι φαρμάκοις. δείςαςαν δὲ τοὺς φίλους καὶ τοὺς ςυγγενεῖς αὐτοῦ φυγεῖν εἰς Ἀθήνας, τοὺς δὲ υἱούς, ἐπεὶ νεώτεροι ὄντες οὐκ ἠδύναντο ἀκολουθεῖν, ἐπὶ τὸν βωμὸν τῆς

Ἀκραίας Ἥρας καθίςαι νομίςαςαν τὸν πατέρα αὐτῶν φροντιεῖν τῆς ςωτηρίας αὐτῶν. τοὺς δὲ Κρέοντος οἰκείους ἀποκτείναντας αὐτοὺς διαδοῦναι λόγον ὅτι ἡ Μήδεια οὐ μόνον τὸν Κρέοντα ἀλλὰ καὶ τοὺς ἑαυτῆς παῖδας ἀπέκτεινε.

OEDIPODIA

vid. supr. s.v.

(ep. cycl.)

PHOCAIS
ΦΩΚΑΙΣ

F

1 *Vita Hom. Herodot.* 202 sqq. Allen = 16 p.9.30 sqq. Wilamowitz

διατρίβων δὲ παρὰ τῶι Θεςτορίδηι ποιεῖ (scil. Ὅμηρος) Ἰλιάδα τὴν ἐλάςςω (Τ 1 et F 1) ... καὶ τὴν καλουμένην Φωκαΐδα, ἥν φαςιν οἱ Φωκαεῖς Ὅμηρον παρ' αὑτοῖςι ποιῆςαι. ἐπεὶ δὲ τήν τε Φωκαΐδα καὶ τἄλλα πάντα παρὰ τοῦ Ὁμήρου ὁ Θεςτορίδης ἐγράψατο, διενοήθη ἐκ τῆς Φωκαίης ἀπαλλάςςεςθαι, τὴν ποίηςιν θέλων τοῦ Ὁμήρου ἐξιδιώςαςθαι.

PHORONIS
ΦΟΡΩΝΙΣ

F

1 Clem. Alexandr. *Strom.* I. 102.5 sqq. (2.66 Stählin)

ἦν δὲ κατὰ τὴν Ἑλλάδα κατὰ μὲν Φορωνέα τὸν μετὰ Ἴναχον ὁ ἐπὶ Ὠγύγου κατακλυςμὸς καὶ ἡ ἐν Σικυῶνι βαςιλεία, πρώτου μὲν Αἰγιαλέως, εἶτα Εὔρωπος, εἶτα Τελχῖνος καὶ ἡ Κρητὸς ἐν Κρήτηι. Ἀκουςίλαος (*F.Gr.Hist.* 2 F 23[A]) γὰρ Φορωνέα πρῶτον ἄνθρωπον γενέςθαι λέγει· ὅθεν καὶ ὁ τῆς Φορωνίδος ποιητὴς εἶναι αὐτὸν ἔφη „πατέρα θνητῶν ἀνθρώπων". ἐντεῦθεν ὁ Πλάτων ἐν Τιμαίωι (22[A]) κατακολουθήςας Ἀκουςιλάωι γράφει· „καί ποτε προαγαγεῖν βουληθεὶς αὐτοὺς περὶ τῶν ἀρχαίων εἰς λόγους τῶν τῆιδε τῆι πόλει τὰ ἀρχαιότατα λέγειν ἐπιχειρεῖ, περὶ Φορωνέως τε τοῦ πρώτου λεχθέντος καὶ Νιόβης καὶ τὰ μετὰ τὸν κατακλυςμόν."

2 ΣApoll. Rhod. 1.1129 (p. 101 sq. Wendel)

Δάκτυλοι Ἰδαῖοι· ἑκατέρους πέντε φαςὶ τούτους εἶναι, δεξιοὺς μὲν τοὺς ἄρςενας, ἀριςτεροὺς δὲ τὰς θηλείας. Φερεκύδης (*F.Gr.Hist.* 3 F 47) δὲ τοὺς μὲν δεξιοὺς κ' λέγει, τοὺς δὲ εὐωνύμους λβ'. γόητες δὲ ἦςαν καὶ φαρμακεῖς καὶ δημιουργοὶ ςιδήρου λέγονται πρῶτοι καὶ μεταλλεῖς γενέςθαι· ἀριςτεροὶ μὲν αὐτῶν, ὥς φηςι Φερεκύδης (ut supra cit.) οἱ γόητες, οἱ δὲ μεταλλεύοντες δεξιοί. ὡς ⟨δὲ⟩ Ἑλλάνικός (*F.Gr. Hist.* 4 F 89) φηςι, Ἰδαῖοι Δάκτυλοι ἐκλήθηςαν, ὅτι ἐν τῆι Ἴδηι ςυντυχόντες τῆι Ῥέαι ἐδεξιώςαντο τὴν θεὸν καὶ τῶν δακτύλων αὐτῆς ἥψαντο. ὡς δὲ Μναςέας ἐν τῶι ἀ περὶ Ἀςίας Ἰδαῖοι Δάκτυλοι λέγονται ἀπὸ τοῦ πατρὸς Δακτύλου καὶ τῆς μητρὸς Ἴδης. ὁ δὲ τὴν Φορωνίδα ςυνθεὶς γράφει οὕτως·

                   ἔνθα γόητες
Ἰδαῖοι Φρύγες ἄνδρες ὀρέςτεροι οἴκι' ἔναιον
Κέλμις Δαμναμενεύς τε μέγας καὶ ὑπέρβιος Ἄκμων
εὐπάλαμοι θεράποντες ὀρείης Ἀδρηςτείης,
5 οἳ πρῶτοι τέχνην πολυμήτιος Ἡφαίςτοιο
εὗρον ἐν οὐρείηιςι νάπαις ἰόεντα ςίδηρον
ἤνεγκάν τ' ἐς πῦρ καὶ ἀριπρεπὲς ἔργον ἔδειξαν.

ca. 492

1 ἔνθα P: ἐνθάδε L   2 ὀρέςτεροι: ὀρέςτερα West   5 τέχνην: τέχνηις tempt. idem   7 ἤνεγκάν τ' ἐς πῦρ Wilamowitz: ἐς πῦρ τ' ἤνεγκαν codd.

2^A Strabo 10.3.19 p. 471 C

ὁ δὲ τὴν Φορωνίδα γράψας αὐλητὰς καὶ Φρύγας τοὺς Κουρῆτας λέγει.

γόητας pro αὐλητάς coni. Bethe et ad F 2.1 sq. refert.

3 Clem. Alexandr. *Strom.* I. 164.1 sq. (2.102 Stählin)

πρὶν γοῦν ἀκριβωθῆναι τὰς τῶν ἀγαλμάτων ςχέςεις κίονας ἱςτάντες οἱ παλαιοὶ ἔςεβον τούτους ὡς ἀφιδρύματα (Victorius: ἀμφι- L) τοῦ θεοῦ. γράφει γοῦν ὁ τὴν Φορωνίδα ποιήςας·

Καλλιθόη κλειδοῦχος Ὀλυμπιάδος βαςιλείης,
Ἥρης Ἀργείης, ἣ ςτέμμαςι καὶ θυςάνοιςι
πρώτη κόςμηςε⟨ν⟩ περὶ κίονα μακρὸν ἀνάςςης.

ca. 492

1 sq. Ὀλυμπιάδος ... Ἀργείης interpolatori tribuit Jacoby, haud recte

4 Et. Gen.^B s.v. ἐριούνιοc (teste Alpers)

ἐπίθετον Ἑρμοῦ· εἴρηται δὲ καὶ ἐπὶ ἄλλων ἁπλούcτερον παρὰ τὸ ἔρι ἐπιτατικὸν καὶ τὴν ὄνηcιν ὁ μεγάλωc ὠφελῶν. ὠφελιμώτατοc γὰρ ὁ Ἑρμῆc. καὶ γὰρ ὁ τὴν Φορωνίδα γράψαc φηcίν·

Ἑρμείαν δὲ πατὴρ Ἐριούνιον ὠνόμαc᾽ αὐτόν·
πάνταc γὰρ μάκαράc τε θεοὺc θνητούc τ᾽ ἀνθρώπουc
κέρδεcι κλεπτοcύνηιcι τ᾽ ἐκαίνυτο τεχνηέccαιc.

similia ap. Et. Magn. s.v.

3 κλεπτοcύνηιcι τ᾽ ἐκαίνυτο Düntzer (κλεπτοcύνηιcιν ἐκ- iam Heyne): κλεπτοcύνηιc αἷc τ᾽ ἐξαίνυτο Et. Gen.^B, κλεπτοcύναιc ἐξαίνυτο Et. Mag.

5 P. Oxy. 2260 (= Pack² 2471) col. i 1 sqq. ed. Lobel saec. ii p.C. (de Minervae epitheto δολιχαόρωι)

καὶ ὁ τὴν Φορ[ωνίδα] πεποιηκώc, ἐν ο[ἷc φη]cίν·
 οὐδ᾽ ἔτι κουρ[-
ἀρκέcει ἐγρεμάχη δολιχάοροc ἀγρομε[ν-

omnia suppl. Lobel   1 οὐδ᾽ ἔτι: vel οὐδέ τι   κουρ[: κούρη, κούροιc, κούραιc supplere possis, Lobel secutus   2 ἀγρομε[: ἀλ̇κ̇ο̇μ̇ε Π: de Ἀλκομενηίc cogitat Lobel   ἀγρομέ[νοιcιν vel -[νηιcιν supplendum (Lobel)

THEBAIS
vid. supr. s.v.
(ep. cycl.)

THESEIS
ΘΗΣΗΙΣ

T

1 Arist. Poet. 7.1451^A16 sqq. (p.14 Kassel)

μῦθοc δ᾽ ἐcτὶν εἷc οὐχ ὥcπερ τινὲc οἴονται ἐὰν περὶ ἕνα ἦι ... διὸ πάντεc ἐοίκαcιν ἁμαρτάνειν ὅcοι τῶν ποιητῶν Ἡρακληίδα Θηcηίδα καὶ τὰ τοιαῦτα πεποιήκαcιν· οἴονται γάρ, ἐπεὶ εἷc ἦν ὁ Ἡρακλῆc, ἕνα καὶ τὸν μῦθον εἶναι προcήκειν.

2 Diogen. Laert. 2.59 (1.82 Long) = Xenoph. Athen. *F.Gr.Hist.* 111 T 1

γεγόνασι δὲ Ξενοφῶντες ἑπτά· ... δεύτερος Ἀθηναῖος, ἀδελφὸς Νικοστράτου (BF: πυο-P) τοῦ τὴν Θησηίδα πεποιηκότος.

Δίφιλος ὁ τὴν Θησηίδα ποιήσας citatur ap. Σ Pind. *Ol.* 10.83 (1.331 sq. Dr. = West, *Iambi et Elegi Graeci* 2.61 sq.: vid. West ad loc.)

F

1 Plut. *vit. Thes.* 28

ἦν γὰρ ὁ τῆς Θησηίδος ποιητὴς Ἀμαζόνων ἐπανάστασιν γέγραφε, Θησεῖ γαμοῦντι Φαίδραν τῆς Ἀντιόπης ἐπιτιθεμένης καὶ τῶν μετ' αὐτῆς Ἀμαζόνων ἀμυνομένων καὶ κτείνοντος αὐτὰς Ἡρακλέους, περιφανῶς ἔοικε μύθωι καὶ πλάσματι.

2 ΣPind. *Ol.* 3.50^B (1.119 Drachmann)

θήλειαν δὲ εἶπε (scil. τὴν ἔλαφον) καὶ χρυσόκερων ἀπὸ ἱστορίας· ὁ γὰρ ⟨τὴν⟩ Θησηίδα γράψας τοιαύτην αὐτὴν ⟨λέγει⟩ καὶ Πείσανδρος ὁ Καμιρεὺς (F 4) καὶ Φερεκύδης (*F.Gr.Hist.* 3 F 71).

TELEGONIA

vid. supr. s. v.

(ep. cycl.)

THESPROTIS

quae de *Thesprotide* dicit Pausan. 8.12.5 ad *Telegoniam* (F 1) referenda credo.

IV.
ADESPOTA VEL DUBIA

ADESPOTA vel DUBIA

cf. ‚incertae sedis fragmenta' ap. Kinkel (pp. 70 sqq.), ‚versus heroicos' ap. Allen (p. 147 sqq.)

F

1 Ammonius, *de adfin. vocab. diff.* (300) s. v. ληιτουργεῖν (p. 79 Nikkau)

τὸ μὲν γὰρ ληιτουργεῖν τὸ τῶι δήμωι ὑπηρετεῖν, λῆιτον γάρ φασι τὸ δημόσιον·

λήϊτον ἀμφεπένοντο.

ibid. (363) s. v. οὗτος καὶ οὑτοσί (p. 95 Nickau) = fr. 19 Allen = *Il.* 10.341, 477 init.

2 Aristoph. *Pax* 1282 sqq.

παιδίον α΄· ὣς οἱ μὲν δαίνυντο βοῶν κρέα, καὐχένας ἵππων
          ἔκλυον ἱδρώοντας, ἐπεὶ πολέμου ἐκόρεσθεν.
Τρυγαῖος· εἰέν· ἐκόρεσθεν τοῦ πολέμου καῖτ' ἤσθιον.
          ταῦτ' ἆιδε, ταῦθ', ὡς ἤσθιον κεκορημένοι.
π. α΄·   θωρήσσοντ' ἄρ' ἔπειτα πεπαυμένοι –
Τρ.·   ἄσμενοι, οἶμαι.
π. α΄·   πύργων δ' ἐξεχέοντο, βοὴ δ' ἄσβεστος ὀρώρει.

1282 sq.   *Cert. Hom. et Hes.* 107 sq. Allen = 38.7 sq. Wilamowitz (ποιουμένου τοῦ Ἡσιόδου·)

δεῖπνον ἔπειθ' εἵλοντο βοῶν κρέα καὐχένας ἵππων
ἔκλυον ἱδρώοντας, ἐπεὶ πολέμοιο (Stephanus: -μου
                                    codd.) κορέσθην.

3 Arist. *Soph. El.* 4 p. 166ᴬ3

ὁ γὰρ αὐτὸς λόγος διηιρημένος καὶ συγκείμενος οὐκ ἀεὶ ταὐτὸ σημαίνειν ἂν δόξειεν, οἷον „ἐγὼ σ' ἔθηκα δοῦλον ὄντ' ἐλεύθερον" (com. fr. adesp. 210 (3.448 Kock) = Eur. *Alcmaeon.* fr. ap. P. Oxy. 3215 (fr. 1.11)) καὶ τὸ

πεντήκοντ' ἀνδρῶν ἑκατὸν λίπε δῖος Ἀχιλλεύς

‚fortasse cyclici carminis versus est': Meineke (*FCG* 4.604); ad *Cypria* refert Schneidewin cf. Archil. fr. 192 W: πεντήκοντ' ἀνδρῶν λίπε Κοίρανον Ἵππιος Ποσειδέων.

Arist. *Poet.* 1457ᴮ13 sqq. = frr. 5 et 6 Kinkel = Empedocl. 31 B 138 DK (30 Zuntz) et B 143 DK (35 Zuntz)

4 Chrysippus fr. dial. 180.20 von Arnim (S. V. F. II. 57)
ap. Pap. Par. (W. Brunet de Presle et E. Egger, Les Papyrus grecs du Musée du Louvre, et de la Bibliothèque Impériale. Notices et extraits des manuscrits de la Bibliothèque Nationale vol. 18 (1866)) 2 (= Pack² 246) col. ii v 27.

εἰ Ἀγαμέμνων οὕτως ἀπέφασκεν·
οὐκ ἐφάμην Ἀχιλῆι χολώςειν ἄλκιμον ἦτορ
ὧδε μάλ' ἐκπάγλως ἐπεὶ ἦ μάλα μοι φίλος ἦεν.

χολώςειν Π: χολωςέμεν Nauck   μάλα Π   ἐπεὶ ἦ Π: ἐπειδὴ von Arnim sine adnotat. (id est preli mendo)   ἦεν Bergk: ἤην Π

5 Diogen. Laert. 2.117 (1.106 Long) = Bion. Borysthen. fr. 25 Kindstrand

Βιώνα ἐρωτηθέντα εἰ θεοί εἰςιν εἰπεῖν (scil. φαςιν)
οὐκ ἀπ' ἐμοῦ ςκεδάςεις ὄχλον, ταλαπείριε πρέςβυ;

Athen. 1.4ᴮ (1.7 sq. Kaibel) = Clearchi fr. 90 Wehrli (3².34)
(παροιμίαι εἰς ἕκαςτον τῶν ἐν τοῖς δείπνοις παρατιθεμένων) εἰς δὲ τὸ ἐν τοῖς ἑψητοῖς ὡραῖον· οὐκ - ὄχλον.

Philodem. de piet. 229 VIII 3 sqq. (p. 150 Gomperz)
ἦν πολὺς ἐν | τοῖς ὄχλοις Σωκρά|της, δέον καὶ τοῖς | ἐπάγουςιν τὸν „οὐ|κ - ςκεδά|ςεις (ὄχλον add. Obbink)" λόγον πρόχει|ρον ἔχειν.

poetae cyclico tribuit Meineke

ΣPind. Nem. 2.17 (3.34 sq. Drachmann)
fragmenta incerti auctoris (Hes. frr. 169, 170 MW) fort. Titanomachiae tribuenda: vid. supra s. v.

6 ΣPind. Nem. 3.40 (3.48 Drachmann)
αἱ δὲ Ἡράκλειαι ϲτῆλαι καὶ Βριάρεω λέγονται εἶναι, καθά φηϲι ⟨ ⟩·

ϲτῆλαί τ' Αἰγαίωνος ἁλὸς μεδέοντι Γίγαντος

nomen poetae post φηϲι excedisse valde dolendum: Titanomachiae tribuunt Voss, alii, prob. Welcker: cf. F 2 illius carminis (Εὔμηλος ... τὸν Αἰγαίωνα Γῆς καὶ Πόντου φηϲὶ παῖδα, κατοικοῦντα δὲ ἐν τῆι θαλάςςηι τοῖς Τιτᾶςι ςυμμαχεῖν). sed etiam alia possis: de Cinaethonis Heraclea cogitat Meineke, de Euphorione auctore complures: vid. Σ Dion. Perieg. 64 de Herculis columnis: πρότερον Κρόνου ἐλέγοντο ϲτῆλαι ... δεύτερον δὲ ἐλέχθηςαν Βριάρεω, ὥς φηςιν Εὐφορίων (fr. 166 Powell)

ADESPOTA vel DUBIA

7 ΣPind. Nem. 3.64 (3.52 Drachmann) = fr. adesp. 1168 Suppl. Hell.
περὶ τοῦ καὶ ἐπὶ τὰς Ἀμαζόνας ςυςτρατεῦςαι·
   Τελαμὼν ἀκόρητος ἀϋτῆς   (a.50?)
   ἡμετέροις ἑτάροιςι φόως πρώτιςτος ἔθηκε
   κτείνας ἀνδρολέτειραν ἀμώμητον Μελανίππην
   αὐτοκαςιγνήτην χρυςοζώνοιο ἀνάςςης.

Hesiodi *Eoeis* tribuit Lübbert (fr. 278 Rzach: non receperunt Merkelbach et West); Cinaethoni Coray, *Heracleae* Wilamowitz (cf. Pisandri F 8)

8 Plut. vit. Thes. 32.6 = fr. adesp. 1155 Suppl. Hell.
ἐλθόντες οὖν ἐπὶ τὰς Ἀφίδνας (scil. οἱ Διόςκουροι) καὶ μάχηι κρατήςαντες, ἐξεῖλον τὸ χωρίον. ἐνταῦθά φαςι καὶ Ἀλυκὸν πεςεῖν τὸν Σκείρωνος υἱόν, ςυςτρατευόμενον τοῖς Διοςκούροις (V: -ίδαις UMA), ἀφ' οὗ καὶ τόπον τῆς Μεγαρικῆς Ἀλυκὸν καλεῖςθαι τοῦ ςώματος ἐνταφέντος. Ἡρέας (F.Gr.Hist. 486 F 2) δ' ὑπὸ Θηςέως αὐτοῦ περὶ Ἀφίδνας ἀποθανεῖν τὸν Ἀλυκὸν ἱςτόρηκε, καὶ μαρτύρια ταυτὶ τὰ ἔπη παρέχεται περὶ τοῦ Ἀλυκοῦ·
   τὸν ἐν εὐρυχόρωι ποτ' Ἀφίδνηι   (a.502)
   μαρνάμενον Θηςεὺς Ἑλένης ἕνεκ' ἠϋκόμοιο
   κτεῖνεν.

1 -χώρωι codd.: corr. Aem. Portus
Cypriis tribuit Allen, *Theseidi* Wilamowitz; de *Megaricis* cogitant Lloyd-Jones et Parsons

9 Plut. de ser. num. vind. 557ᴰ (3.418 Pohlenz-Sieveking)
καὶ μὴν οὐ πολὺς χρόνος ἀφ' οὗ Λοκροὶ πέμποντες εἰς Τροίαν πέπαυνται τὰς παρθένους
   αἳ καὶ ἀναμπέχονοι γυμνοῖς ποςὶν ἠΰτε δοῦλαι   (a.493)
   ἠοῖαι ςαίρεςκον Ἀθηναίης περὶ βωμόν
   νόςφι κρηδέμνοιο καὶ εἰ βαρὺ γῆρας ἱκάνοι
διὰ τῆς Αἴαντος ἀκολαςίαν.

1 ἀναμπέχονοι: ἀναμπεχόμενοι Ω C¹ (-εναι), J, ἀμπεχόμενοι R, ἀμπέχονοι N
2 ἠοῖαι: ἢ οἶαι (vel ἢ οἴαις αἴρ-) Ω corr. X³   3 βαρὺ O: βαθὺ C¹

auctor ignotus: ‚de Euphorione inde a Toup, *epist. crit.* 163, usque ad Powell fr. 53, complures vv. dd. sine iusta causa cogitaverunt' ut Pfeiffer ad Callim. fr. 35 (1.41) dicit; (cf. Bethe p. 191) de *Iliuperside* Herwerden

10 Ael. Dion. α76 Erbse (*Untersuch. z. d. Attizistischen Lexica ADAW Berlin* phil.-hist. Kl. (1950) p. 102) ap. Eust. *Il.* 239.20 (1.364 van der Valk), Sudam s.v. cὺν δὲ θεοὶ μάκαρες (4.464 Adler), al. (vid. Erbse ad loc.)

(ἀρχὴ ἐξοδίου ῥαψωιδ<ικ>οῦ)·
    νῦν δὲ θεοὶ μάκαρες τῶν ἐcθλῶν ἄφθονοι ἔcτε.
deest ap. Kinkel, Allen, Bethe, ut notat Erbse

V.
DUBIA ET SPURIA

ARCTINVS

F

1 Diomedes (Gramm. Lat. 1.477 Keil)

alii a Marte ortum Iambum strenuum ducem tradunt, qui cum crebriter pugnas iniret et telum cum clamore torqueret †apo tu eim και ban† Iambus appellatur: idcirco ex brevi et longa pedem hunc esse compositum, quod hi qui iaculentur ex brevi accessu in extensum passum proferuntur, ut promptiore nisu telis ictum confirment. auctor huius vibrationis (Schneidewin: *librationis* vel sim. codd.) Arctinus Graecus his versibus perhibetur: ὁ ῎Ιαμβος

> ἐξ ὀλίγου διαβὰς προφόρωι ποδί †ὄφρα οἱ γυῖα†
> τεινόμενα ῥώοιτο καὶ εὐςθενὲς εἶδος ἔχηιςι

apo tu eim και ban: ἀπὸ τοῦ ἰέναι καὶ βοᾶν Keil (παρὰ τὸ ἰ. κ. β. iam Putsch) ἀπὸ τοῦ ἰεῖν καὶ βοᾶν West, ἀπὸ τοῦ εἶμι καὶ βαίνω Ludwich *Arctinus:* nomen varie deformant codd. (*Arctinius* AB, *Artinius* M, *Agretinus* ς) *Arctinus* coni. Scaliger, receperunt complures, sed *Iambus ... perhibetur* exspectes ὁ ῎Ιαμβος delend. censuit Welcker

1 ὄφρα οἱ γυῖα (*ofra oi gya* vel *gria*): varie sanant varii (ὄφρ᾽ οἱ Keil, τόφρ᾽ ἔτι Naeke) 2 τεινομένωι Luzack ἴχνος pro εἶδος Ruhnke

CHERSIAS

T

Plut. *sept. sap. conviv.* 13 (*moral.* 156)^F: apud convivium adest

Χερςίας ὁ ποιητής (ἀφεῖτο γὰρ ἤδη τῆς αἰτίας καὶ διήλλακτο τῶι Περιάνδρωι νεωςτί, Χίλωνος δεηθέντος).

F

2 Pausan. 9.38.9 sq. (3.76 Rocha-Pereira)

Ἀςπληδόνα δὲ ἐκλιπεῖν τοὺς οἰκήτοράς φαςιν ὕδατος ςπανίζοντας (Musurus: -ίζοντος)· γενέςθαι δὲ τὸ ὄνομα ἀπὸ Ἀςπληδόνος τῆι πόλει, τοῦτον δὲ εἶναι νύμφης τε Μιδείας (Pa: Μηδείας β) καὶ Ποςειδῶνος. ὁμολογεῖ δὲ καὶ ἔπη ςφίςιν (Siebelis: φηςὶν) ἃ ἐποίηςε Χερςίας, ἀνὴρ Ὀρχομένιος (-ομενος F)·

> ἐκ δὲ Ποςειδάωνος ἀγακλειτῆς τε Μιδείης
> Ἀςπληδὼν γένεθ᾽ υἱὸς ἀν᾽ εὐρύχορον πτολίεθρον.

τοῦδε (Bekker: οὐδὲ) τοῦ Χερcίου τῶν ἐπῶν οὐδεμία ἦν ἔτι κατ' ἐμὲ μνήμη, ἀλλὰ καὶ τάδε ἐπηγάγετο ὁ Κάλλιππος ἐς τὸν αὐτὸν λόγον τὸν ἔχοντα ἐς Ὀρχομενίουc (*F.Gr.Hist.* 385 F 2)· τούτου δὲ τοῦ Χερcίου καὶ ἐπίγραμμα (vid. Paus. 9.38.4 (3.74 R.-P.) = *Inscr. Gr. Metr.* 19 Preger) οἱ Ὀρχομένιοι τὸ ἐπὶ τῶι Ἡcιόδου τάφωι μνημονεύουcιν (Hes. T 40 (p. 122 Jacoby)).

1 Μιδείης edd.: Μηδ-

cf. Asclepiad. fr. 219 *Suppl. Hell.*

HEGESINVS

3 Pausan. 9.29.1 sq. (3.53 sq. Rocha-Pereira)

ταῦτα μὲν δὴ ἔχοντά ἐcτιν οὕτω, θῦcαι δὲ ἐν Ἑλικῶνι Μούcαιc πρώτους καὶ ἐπονομάcαι τὸ ὄρος ἱερὸν εἶναι Μουcῶν Ἐφιάλτην καὶ Ὦτον λέγουcιν, οἰκίcαι δὲ αὐτοὺς καὶ Ἄcκρην, καὶ δὴ καὶ Ἡγηcίνουc (*F.Gr.Hist.* 331 F 1) ἐπὶ τῶιδε ἐν τῆι Ἀτθίδι ἐποίηcεν·

    Ἄcκρηι δ' αὖ παρέλεκτο Ποcειδάων ἐνοcίχθων,
    ἣ δή οἱ τέκε παῖδα περιπλομένων ἐνιαυτῶν
    Οἴοκλον, ὃς πρῶτος μετ' Ἀλωέος ἔκτιcε παίδων
    Ἄcκρην, ἥ θ' Ἑλικῶνος ἔχει πόδα πιδακόεντα.

ταύτην τοῦ Ἡγηcίνου τὴν ποίηcιν (*F.Gr.Hist.* 331 T 1) οὐκ ἐπελεξάμην, ἀλλὰ πρότερον ἄρα ἐκλελοιπυῖα ἦν πρὶν ἢ ἐμὲ γενέcθαι· Κάλλιππος δὲ Κορίνθιος ἐν τῆι ἐς Ὀρχομενίους cυγγραφῆι (*F.Gr.Hist.* 385 F 1) μαρτύρια ποιεῖται τῶι λόγωι τὰ (Ἡγηcίνου) ἔπη, ὡcαύτως δὲ καὶ ἡμεῖς πεποιήμεθα παρ' αὐτοῦ Καλλίππου διδαχθέντες.

MNASEAS

4 Epim. Hom. (*Anecd. Oxon.* 1.277 Cramer)

Μοῦcα· ἀπὸ μιᾶς αἱ πᾶcαι λέγονται· Μναcέας δέ φηcιν ὅτι αἱ πᾶcαι τρεῖς εἰcιν, Μοῦcα, Θεά, Ὑμνώ. ἐν μὲν οὖν Ἰλιάδι μεμνῆcθαι τῆς Θεᾶς· μῆνιν ἄειδε Θεά, ἐν δὲ Ὀδυccείαι τῆς Μούcης· ἄνδρα μοι ἔννεπε Μοῦcα, ἐν δὲ τῆι Παλαμηδείαι τῆς Ὑμνοῦς.

5 Arnob. *adv. gent.* 3.37

Musas Mnaseas auctor est filias esse Telluris et Coeli ... Ephorus (*F.Gr.Hist.* 70 F 222) has igitur numero esse tres effert; Mnaseas quem diximus quattuor; Myrtilus inducit septem; octo asseverat Crates ad extremum Hesiodus (*Th.* 76 sqq.) novem cum nominibus prodit.

versus epici qui ad nostrum libellum pertinent fortasse latent in

Vita Homeri Herodotea: vid. Allen p. 151

Adespotis Gnomicis: vid. West, *Theognidis et Phocylidis Fragmenta* (Berol. 1978) p. 40 et sqq. (praesertim frr. 2, 3, 15)

frustulis adespotis *Supplementi Hellenistici*

fragmentis adespotis *Poetarum Melicorum Graecorum*: vid. frr. 1044 et 1045 P

vasibus pictis: vid. ex. gr. Immerwahr, *Classical, Medieval, and Renaissance Studies in Honor of B. L. Ullmann* (1964) 1. 17 sqq. et *Antike Kunst* 16 (1973) 143 sqq.

INDICES

COMPARATIO NUMERORUM

I. EPICUS CYCLUS

(a) epica quae 'Troica' vocantur

	haec editio	Kinkel	Allen	Bethe
Cypria	1	1	1	1
	2		2	2
	3	2	3	3
	4	3	4	4
	5	4	5	5 [5^A, 5^B = huius editionis F dub. 1, 2]
	6	5	6	6
	7	6	7	7
	8			8
	9	7	8	9
	10		9	
	11	8	12	10
	12		10	'Cyclici' F 2
	13	9	11	11
	14			
	15	10	13	12
	16	11	14	13
	17	12	15	14
	18	14	17	15
	19	17	20	17
	20	18	21	16
	21	15	18	18
	22	16	19	19
	23	19	22	20
	24	20	23	22
	25	22	25	23
	26	21	24	21
	27		26	24
		[Kinkel F 13 = huius editionis F adesp. 4]	Allen F 16 = huius editionis F adesp. 4]	
Aethiopis	1	2	2	2
	F dup.			3
	F spur.	1	1	1

COMPARATIO NUMERORUM

	haec editio	Kinkel	Allen	Bethe
Il. Parv.	1	1	1	1
	2A	2	2	3
	2B		2	3
	3	3	3	4
	4	4	4	5
	5	5	5	2
	6	6	6	6
	7	7	7	7
	8	8	8	8
	9	9	9	9
	10		22	10
	11	11	12	11
	12	12	13	Iliup. F 5
	13	13	14	” 8
	14	14	15	” 7
	15	15	16	” 9
	16	15	16	” 10
	17	15	16	” 11
	18	15	16	” 12, 13
	19	16	17	14
	20	18	19	13
	21	18	19	13
	22	19	20	12
	23	17	18	Iliup. F 14
	F dub. 1	18	21	13
	2		23	16
Iliup.	1	[Aeth. F 3]	5	2
	2			
	3	2	2	15
	4	3	3, 4	3
	F dub.	1	1	
Nost.	1			
	2			
	3	1–6 eadem numeratio		
	4			
	5			
	6			
	7	8	8	7
	8			Atr. Red. F 1
	9	10	10	Atr. Red. F 2
	F dub. 1	9	9	8
	2	7	7	9
Teleg.	1			1
	2		1	2

COMPARATIO NUMERORUM

	haec editio	Kinkel	Allen	Bethe
Frr. incert. loc.	1	Epigon. F 4	Epigon. F 2	
	2			
	3			
	4			
	5	p. 59	Nost. F 11	
	6	p. 58	Nost. F 12	
	7		Il. Parv. F 11	
	8		Il. Parv. F 10	
	9			

(b) alia epica intra cyclum locanda

	haec editio	Kinkel	Allen
Titanom.	1^A	1	1
	1^B	1 (p. 312)	1
	2		
	3	2	2
	4	3	3
	5	5	5
	6	6	6
	7	8 (p. 312)	7
	8	4	4
	9	7	p. 111
	10	9 (p. 312)	8
Oedipod.	1	2	2
	2	1	1
Theb.	1		1
	2		2
	3		3
	4		7
	5		
	6		4
	7		5
	8		6
	9	p. 59 sq.	p. 144
Epig.	1		1
	2		3
	3		4

II. ALIA EPICA QUAE VETERES 'HOMERO' TRIBUEBANT

	haec editio	Kinkel	Allen
Oech. Hal.	1		1
	2		2
	3		3
	F spur.		4
		pp. 70 sqq.	pp. 147 sqq.
'Homerus'	1	9	6
	2		22
	3		
	4A		8
	4B		
	5		9–11
	6	7	
	7	4	
	8	8	7
	9		
	10		
	11		14
	12		12
	13		21
	14A	2	1
	14B		2
	15		
	16	3	3
	17		5
	18		
	19	12	16
	20		16
	21	11	15
	22	13	17
	23	16	24
	24	15	23
	25	10	
	26	17	25
	27	14	18
	28		4
	29	[Kinkel F1 = huius editionis F adesp. 2]	[Allen F20 = huius editionis F adesp. 1]

III. ALIA CARMINA EPICA

(a) epicorum poetarum nomina per litterarum ordinem disposita

	haec editio	Kinkel
Arist. Proc.	1	1
	2 (i)	2
	2 (ii)	3
	2 (iii)	4
	3A	5
	3B–C	6
	4A	cf. p. 247 n. 1
	4B	cf. p. 246 n. 1
	4C	7
Asius	eadem numeratio	
Cinaetho	eadem numeratio	
Eumelus Corinthiaca	1A	cf. p. 185
	1B	1
	2A	2
	2B	cf. p. 189
	3A	3
	3B	cf. p. 190
	4	
	5	4
	6	5
	7	8
	8	6
	9	7
Europia	1	10
	2	11
	3	12
Panyassis	1–19 eadem numeratio; tunc:	
	20	22
	21	24
	22A	25
	23	26
	24	
	25	23
Pisander	1	1
	2	
	3	2
	4	3

	haec editio	Kinkel
Pisander	5	4
	6	5
	7	6
	8	
	9	7
	10	11
	11	
	F dub 1	8
	2	9
	3	
	4	
	5	
	6	
	F spur	[Kinkel F 10]

(b) tituli carminum per litterarum ordinem dispositi

	haec editio	Kinkel
Alcmaeonis	1	1
	2	2
	3	3
	4	4
	5	6
	6	5
	7	7 (p. 313)
Danais	1	1
	2	2
	3	3 (p. 313)
Minyas	1	1
	2	2
	3	5
	4	3, 4
	5	6
Naupact.	1	1
	2	2
	3A	3
	4	5
	5	6
	6	7
	7	8
	8	9
	9	10
	10A	12

COMPARATIO NUMERORUM

	haec editio	Kinkel
Naupact.	10^C	11
Phoronis	1	1
	2	2^A
	2^A	3
	3	4
	4	5
	5	

INDEX FONTIUM

editiones quae mihi praesto essent citanti et auctores qui epica laudant et fragmenta alia quae apud eosdem inveniuntur si quaeritur, liber consulendus qui *Canon of Greek Authors and Works*[2] (Oxon. 1986) inscribitur.

[Acro] in Hor. *A.P.* 136: vid. ad Ep. Cycl. *T 10
Ael. *Var. Hist.* 9.15: *Cypr.* T 1
Ael. Dion. α 76 Erbse: F dub. 10
Aeschin. *in Timarch.* 128: 'Homerus' F 1
Ammonii *de adfin. vocab. diff.* 300: F adesp. 1
Ammonii in Porphyrii *Isagogen* Proem. 4 r: 'Homerus' F 2
Ammonius in *Il.* 21.195: Panyass. F dub. 3
Anecd. Oxon.
   1.75 Cramer: *Titanom.* F 1[A]
     277: F spur. 4
     327: vid. *Epimerism. alphab. in Hom.*
   3.189: vid. Michael Ital. et ad Ep. Cycl. *T 5
Anon.
   cert. Hom. et. Hes. 265 sqq. Allen = 15 p. 42 sqq. Wil.: *Theb.* T 2 = F 1, *Epigon.* T 2 = F 1
   in *Anecd. Graec.* Boisonardii 3.286: 'Homerus' F 19
   post Censorinum (Keil, *Gramm. Lat.* 6.607): Pisand. T 5[B]
Antig. Caryst. *mir.* 25: 'Homerus' F 3
Apollod.
   Bibl. 1.5.1: Panyass. F 21
     8.4: *Theb.* F 8
     8.5: *Alcmaeon.* F 4
     2.1.5: *Nost.* F 1
     3.8.2: Asius F 9, Eumelus *Cor.* F 10
     9.1: Eumelus *Cor.* F 11
     10.3: Panyass. F 19[B], *Naupact.* F 10[C]
     11.1: Eumelus *Cor.* F 9
     14.4: Panyass. F 22[A]

   epit. 5.14: *Il. Parv.* F 10
   epigr. p. 3. Wagner: vid. ad Ep. Cycl. *T 9
Apollon. *Hist. Mirab.* 2: Arist. Procon. T 6
Apostol. *cent.* 13.39[C]: Pisand. F dub. 1
Argum.: vid. Hypoth.
Aristoph. *Pax*
   1270: vid. *Epigon.* F 1
   1282: F adesp. 2
Aristot.
   de anima 1.404[A] 25: 'Homerus' F 4[A]
   Eth. Nic. 3.1116[B] 26: 'Homerus' F 5
   Metaph. 14.1009[B] 28: 'Homerus' F 4[B]
   Poet. 7.1451[A] 16: cf. *Heracleam, Theseida*
     23.1459[A] 37: *Cypr.* T 13, *Il. Parv.* T 5
   Pol. 3.1285[A] 10: 'Homerus' F 6
     8.1338[A] 24: 'Homerus' F 7
   Soph. El. 166[A] 3: F dub. 3
     fr. 167 Rose: 'Homerus' F 8
Arnobius
   adv. gent. 3.37: F spur. 5
     4.25: Panyass. F 6[C]
Athen.
   4[B]: F. adesp. 5
   22[C]: *Titanom.* F 5
   35[C]: *Cypr.* F 15
   36[D]: Panyass. T 9 = F 13
   37[A]: Panyass. F 12, 14
   59: Arist. Proc. T 10
   73[E]: *Il. Parv.* F dub. 3
   137[E]: 'Homerus' F 9
   172[D]: Panyass. F 23
   172[E]: 'Homerus' F 29
   277[D]: *Titanom.* T 2 = F 8
   277[E]: Ep. Cycl. *T 4
   281[B]: *Nost.* F 9
   334[B]: *Cypr.* F 7

347ᴱ: 'Homerus' T 2
399ᴬ: *Nost.* F 8
412ᴰ: 'Homerus' F 10
460ᴮ: *Alcmaeon.* F 2
465ᴱ: *Theb.* F 2
469ᶜ: Pisand. F 6
469ᴰ: Panyass. F 7ᴬ
470ᴮ: *Titanom.* F 7
489ᴰ: Panyass. F 4
525ᴱ: Asius F 13
604ᴮ: vid. Ionem Chium
605ᶜ: Arist. Proc. T 10
682ᴰ: *Cypr.* T 2 = F 4, 7
783ᶜ: Pisand. F 8
Aulus Gellius 9.4.1: Arist. Proc. T 1
Avienus *Phaenomena*
  169: Panyass. F 10ᴱ
  175: Panyass. T 5

Callim. epigr.
  6 Pf.: *Oech. Hal.* T 2
  28: Ep. Cycl. *T 5
Chrysipp. Stoic. fr.
  180.20 von Arnim: F dub. 4
  905–6: 'Homerus' F 11–12
  937 et 1177: vid. ad *Cypr.* F 1
Clem. Alexandr.
  Protr. 2.30.4: *Cypr.* F 6
       35.3: Panyass. F 16
       36.2: Panyass. F 6ᴬ
  Strom. 1.21: Ep. Cycl. *T 7, Arist. Proc. T 12; vid. et. Phaenian Eresium
      73.3: *Titanom.* F 6
     102.5: *Phoronis* F 1
     104.1: *Il. Parv.* F 11ᴮ
     131.8: Eumelus T 1
     133.2: Arist. Proc. T 12
     164.1: *Phoronis* F 3
        3: Eumel. *Europ.* F 2
  4.120.4: *Danais* F 1
  6.2.11: Panyassis F 14.1 et 5
    12.7: Antim. Teius F 2 et *Nost.* F 7
    25.1: *Teleg.* T 3 = Panyass. T 8 et F 24 = Pisand. T 3 = *Oech. Hal.* T 9

11.1: Eumel. F dub. 2
19.1: *Cypr.* F 25
26.7: Eumel. *Cor.* T 2

Demosth. *epitaph.* 29: vid. ad *Iliup.* F 4
[Dio] *Or.* 20: Eumelus F 12
Diog. Laert.
  2.46: vid. Antiph. Athen.
    59: *Theseis* T 2
  117: F adesp. 5
Diomedes (*Gramm. Lat.* 1.477 Keil): F spur. 1
Dion Hal.
  ant. rom. 1.68.2: *Iliup.* F dub.
  Thuc. 23: Arist. Proc. T 2
  περὶ μιμ. 2.2: Panyass. T 11

Epimerism. alphab. s.v.
  ἀέ: Pisand. F 10
  Ἄκμονα: *Titanom.* F 1ᴬ
  in Hom.: *Oech. Hal.* F 1
[Eratosthen.] *Catast.*
  4: Panyass. F 10ᴬ
  11: Panyass. F 3
  12: Pisand. F 2
Etym.
  gen.ᴬ* s.v. γρουνοί: 'Homerus' F 27
    ᴮs.v.ἐριούνιος: *Phoronis* F 4
    ᴬs.v.μῦθος: Panyass. F dub. 1
  Gud. s.v. ἀεί: Pisand. F 10
    Ζαγρεύς: *Alcmaeon.* F 3
    νεκάδες: F incert loc. intra Cycl. Ep. 5
  magn. s.v. βηλός: Panyass. F 25
    γρουνοί: 'Homerus' F 27
    ἐριούνιος: *Phoronis* F 4
    νεκάδες: F incert. loc. intra Cycl. Ep. 5
Euseb.
  chron. Ol.
    1.1 (Hieron.) 1.2 (Armen.): Arctin T 1
    4.1 (Hieron.) 3.4 (Armen.): *Teleg.* T 4
    5.2 (Hieron.) 3.4 (Armen.): Eumelus T 2

---

* photographias cod. A ipse contuli; de cod. B me certiorem fecit K. Alpers.

5.2 (Hieron.)   4.4 (Armen.):
   Aeth. T 2
9.2 (Hieron.)   9.1 (Armen.):
   Eumelus T 3
30.1 (Hieron.) 30.2 (Armen.):
   Il. Parv. T 4^A
56.2 (Hieron.) 53.2 (Armen.):
   Teleg. T 2^A
72.4 (Hieron.):   Panyass. T 4
praep. evang.
   10.11.27:   Arist. Proc. T 18
   12.2:   *Il. Parv.* F 11^B
Eustath.
   Il.   119.4:   *Cypr.* F 22
      785.22:   *Teleg.* T 5
      859.42:   *Iliup.* F 1
      1321.38:   *Cypr.* F 7
   Od. 160.25:   *Titanom.* F 5
      1796.3:   *Theb.* F 2; *Teleg.* F 2
      45:   *Nost.* F dub. 1
   cf. et F incert. loc. intra Ep. Cycl. 4

Favorinus: vid. [Dionem Prus.]

Galen
   de Hippocr. et Plat. plac. 3.2:   vid.
      Chrysipp. Stoic. frr. 905–6
   in Hippocr. περὶ ἀγμῶν 2.70:   'Homerus' F 13
Gregor. Naz. *Oratio* 4.59:   Arist. Proc.
   T 14

Harpocrat. s.v. αὐτόχθονες: *Danais*
   F 2
Herodian.
   p.1:   *Cypr.* F 26
   p.15:   *Naupact.* F 2
Herodotus
   2.117:   *Cypr.* T 5 = F 11
   4.13:   Arist. Proc. F 3^A
   4.14:   Arist. Proc. T 4
   16:   Arist. Proc. F 3^B
   32:   *Epigon.* T 1 = F 2
   5.67:   vid. *Theb.* T ad init. (p. 21)
[Herodotus] *vita Homeri*
   9:   *Theb.* F 9
   11:   *Il. Parv.* T 1 = F 1
   202:   *Phocais* F 1

Hesych. s.v.
   Διομήδειος ἀνάγκη: *Il. Parv.* F 9
   'Hοίην: Panyass. F 22^C
   νοῦς οὐ παρὰ Κενταύροις: Pisand.
      F dub. 2
Hippocr.*:   'Homerus' F 14^A et ^B
Horat. *A.P.* 136:   F incert. loc. intra
   Cycl. Ep. 9
Hygin.
   Astr. 2.6:   Panyass. F 10^C
      14:   Panyass. F dub. 5
      24:   Pisand. F 2^C
   fab. 183:   *Titanom.* F 4^B
Hypoth. Eur. Med.:   *Nost.* F 6

Iamblichus *Vita Pythag.* 138:   Arist.
   Proc. T 13
Ioannes Laur. Lydus *De mens.* 4.71:
   Eumel. F dub. 4
Ion Chius *F. Gr. Hist.* 392 F 6:   'Homerus' F 15
Isidor. *Etym.* 6.17.4 Lindsay: vid. ad
   Ep. Cycl. *T 10

Longin. *de subl.* 10.4:   Arist. Proc. F 1

Macrobius *Saturnalia* 5.21.19:   Panyass. T 13 = F 7^B
Marcellin. *Vit. Thuc.* 29:   Melanippides
Maxim. Tyr. 10.2; 38.3:   Arist. Proc.
   T 11
Michael Italicus *epist.* 32:   Panyass. T
   10^E (cf. et ad Ep. Cycl. *T 5)

Nicol. Damasc. *F. Gr. Hist.* 90 F 62:
   Magnes

Origen. *contra Celsum* 3.26:   Arist.
   Proc. T 9

Pausan.
   1. 2.1:   *Nost.* F dub. 2
      24.6:   Arist. Proc. F 4^C
   2. 1.1:   Eumelus *Cor.* T 1, F 1^A,
      F 5
      2.2:   Eumelus *Cor.* F 6

---

* ex editione Kühleweiniana citavi; editionem quam curavit W. H. S. Jones (1927) etiam contuli (3.83 sqq.).

INDEX FONTIUM

3.9:	Cinaeth. T1 = F2 = Naupact. T2, F9
10:	Eumelus *Cor.* F3[A]
6.3:	Asius F1
5:	Asius F11
18.6:	Cinaeth. F4
29.4:	Asius F5
38.9:	F spur. 2
3.13.8:	Asius F6
16.1:	*Cypr.* F9
26.9:	*Il. Parv.* F7
37.4:	Pisand. F3
4. 2.1:	Asius F12; *Naupact.* T3; cf. Cinaeth. T1, F5, *Oech. Hal.* F2[A]
7:	*Cypr.* F18
4.1:	Eumelus T4
5. 7.9:	Arist. Proc. F3[C]
17.7:	Asius F4
7. 4.1:	Asius T = F7
8. 1.4:	Asius F8
12.5:	*Teleg.* F1
22.4:	Pisand. F5
25.7:	*Theb.* F6[A]
53.5:	Cinaeth. F1
9. 5.8:	Eumel. *Europ.* F3 = *Minyas* F4
5.10:	*Oedipod.* F2
9.1 et 5:	*Theb.* T1
11.2:	Panyass. F20
18.6:	*Theb.* F4
23.6:	Asius F3
29.1:	F spur. 3
38.9:	F spur. 2
10. 8.9:	Panyass. T7 = F15
25.5:	
8–9:	*Il. Parv.* F23 et 21
26.1:	*Cypr.* F23; *Il. Parv.* F22
26.4:	*Cypr.* F16; *Il. Parv.* F14
7:	*Il. Parv.* F13
27.1:	*Il. Parv.* F15–18
28.1:	*Minyas* F1
7:	*Nost.* F3 = *Minyas* F2
29.6:	*Nost.* F4
9:	Panyass. F9
30.5:	*Nost.* F5
31.1:	*Cypr.* F20
3:	*Minyas* F3
38.9:	F spur. 2
38.11:	*Naupact.* T1

Phaenius Eresius fr. 33 Wehrli: Arctin. T3
Philo Byblius *F. Gr. Hist.* 90 F2: *Titanom.* T1
Philod. *de piet.*

N 229 VIII 3:	F dub. 5
242 IV[b] 5:	*Minyas* F5
243 IV 3:	Panyass. F22[B]
247 IV[b] 5:	Pisand. F dub. 4
247 IV[b] 16:	*Naupact.* F10[B]
242 V[a] 24 +	
247 V[a] 23 +	
247[b] 1:	*Cypr.* F14
247 IV[b] 5:	Panyass. F19[D] = Pisand. F dub. 4
247 V[b] 1:	*Naupact.* F3[B]
1088 II[a] 17:	Pisand. F dub. 5
VI 21:	*Danais* F3
VII 24:	*Titanom.* F10
1602 V 13:	Pisand. F dub. 6
1609 IV 8:	*Alcmaeon.* F7
1609 V 5:	*Naupact.* F10[A]
15:	Panyass. F19[E]
1610 III 10:	*Titanom.* F1[B]
Hercul. voll. coll. alt. VIII 105.7:	*Cypr.* F2
fr. incert. loc.:	*Cypr.* F8

Philopon. in Arist. *Anal. Post.* 77[B] 32: Ep. Cycl. *T2, 'Homerus' T1
Phot. *Bibl.*: vid. Procl.
Photius s. v. Κρεόφυλος: *Oech. Hal.* T6
Plato
  Euthypr. 12[A]: *Cypr.* F24
  Gorg. 516[C]: 'Homerus' F16
  Hipp. min. 368[B]: Hippias
  Phaedr. 252[B]: 'Homerus' F17
  Resp. 600[B]: *Oech. Hal.* T1
[Plato] *Alcib.* 149[D]: 'Homerus' F18
Plin. *Nat. Hist.*
  7.10: Arist. Proc. F4[B]
  174: Arist. Proc. T7
Plut. *vit.*
  Romuli 12.2: Antim. Teius F1
  28.4: Arist. Proc. T8
  Thes. 28.1: *Thes.* F1
  32.6: F adesp. 8
[Plut.] *vit. Hom.*
  2.20: 'Homerus' F19
  23: 'Homerus' F21
  55: 'Homerus' F22

Mor. 153^F: *Il. Parv.* F dub. 2
    156^F: cf. ad F spur. 2
    377^D: 'Homerus' F 21
    557^D: F adesp. 9
    857^F: Pisand. F 11
    1049^B: vid. Chrysipp. Stoic. frr. 937 et 1177
[Plut.] 1132^B: [Demodocus]
    1132^C: Clonas
Pollian. *A. P.* 11.130.1: Ep. Cycl. *T 8
Polyaen. *Strateg.* 1. prooem. 8: 'Homerus' F 25
Porph. *quaest. Hom. paralipom.* fr. 4 Schrader: *Il. Parv.* F 3
Porph. in Hor. *A. P.* 132: Ep. Cycl. *T 10
Probus in Verg.
    Ecl. 2.23: Panyass. F dub. 4
    Georg. 2.506: 'Homerus' F 23
Procl. *Chrestom.*
    15 sqq. (p. 35 Severyns): Panyass. T 10^A = Pisand. T 5^A
    17 ap. Phot. *Bibl.* 319^A 21: Ep. Cycl. *T 1 = *Titanom.* F 2 = *Cypr.* T 3, 8, 11
    142^B 10: Ep. Cycl. *T 9
Procl. in Platonis *Rem publicam*:
    Arist. Proc. T 15
    vit. Hom. 73: 'Homerus' T 1
        74: Ep. Cycl. *T 3
        100.11: *Oech. Hal.* T 4

Quintil. *Inst. Or.*
    10.1.52: Panyass. T 12
        56: Pisand. T 4

Schol. Ap. Rhod.
    1. 146: Eumelus F 8
    308^B: *Epigon.* F 3
    554: *Titanom.* F 9
    1129: *Phoronis* F 2
    1165: *Titanom.* F 3; cf. *Heracleam*
    1357: cf. *Heracleam*
    2. 299: *Naupact.* F 3^A
    946: Eumelus *Cor.* F 7
    1088: cf. Pisand. F 5
    3. 240: cf. *Naupact.* F 7^B
    515: *Naupact.* F 4
    523: *Naupact.* F 5
    1354: Eumelus *Cor.* F 4
    4. 66: *Naupact.* F 6
    86: *Naupact.* F 7^A
    87: *Naupact.* F 8
    1149: Panyass. F 17^B
    1212: Eumelus *Cor.* F 1^B
    1396: Pisand. F dub. 3
Schol. Aristoph.
    Eq. 1056: *Il. Parv.* F 2^A
    1321: *Nost.* F 6
    Lysistr. 155: *Il. Parv.* F 19
    Nub. 1051: Pisand. F 9^A
    Pax 1270: vid. ad *Epigon.* F 1
Schol. Clem. Alexandr.
    Protr. 22.22: Ep. Cycl. *T 6 *Cypr.* T 10 = T 14 = F 11
    36.2: Panyass. F 6^B
Schol. Dion. Thrac. 1 p. 471, 35 Hilgard: *Cypr.* T 6
Schol. Eur.
    Alc. 1: Panyass. F 19^A
    Andr. 10: *Iliup.* F 3
    14: vid. ad. *Il. Parv.* F 20
    687: *Alcmaeon.* F 1
    898: *Cypr.* F 10
    Hec. 41: *Cypr.* F 27
    910: *Il. Parv.* F 11^A
    Med. 9 et 19: Eumelus *Cor.* F 3^B
    264: *Oech. Hal.* F Spur.
    Or. 995: *Alcmaeon.* F 5
    1391: *Il. Parv.* F 6
    1641: vid. ad *Cypr.* F 1
    Phoen. 1760: *Oedipod.* F 1
    Troad. 31: *Iliup.* F 4
    822: *Il. Parv.* T 2 = F 6
German. *Arat.*: Panyass. F 3, 10^A; Pisand. F 2^{B et D} Hes.: vid. Tzetz. ad Hes. *Op.*
Schol. Hom.
    Il. 1.5: *Cypr.* F 1
    365: *Cypr.* F 22
    591: Panyass. F 25
    3.175: Cinaeth. F 3
    242: *Cypr.* F 12
    5.126: *Theb.* F 5
    6.131: Eumel. *Europ.* F 1
    11.515: *Iliup.* F 1
    15.336: *Naupact.* F 1
    16.57: *Cypr.* F 21
    140: *Cypr.* F 3
    142: *Il. Parv.* F 5

18.486: F incert. loc. intra Ep. Cycl. 2
19.326: *Il. Parv.* F 4, F incert. loc. intra Ep. Cycl. 4
21.195: vid. Ammonium in *Il.*
22.295: *Titanom.* E 4[A]
23.346 sq.: *Theb.* F 6[B–C]
23.660: F incert. loc. intra Ep. Cycl. 3
24.420: vid. Arist. fr. 167 Rose
616: Panyass. F 17[A]
804: *Aeth.* F Spur.
Od. 2.120: F. incert. loc. intra Ep. Cycl. 6
3.267: [Demodocus]
4.12: *Nost.* F 2
247: F incert. loc. intra Ep. Cycl. 7
285: incert. loc. intra Ep. Cycl. 8
797: Asius F 10
11.547: *Il. Parv.* F 2[B]
12.301: Panyass. F 8

Schol. Horat.: vid. [Acronem] et Porphyr. in *A. P.*

Schol. Lycophr.
86: 'Homerus' F 27
570: *Cypr.* F 19
780: *Il. Parv.* F 8

Schol. Nicand. *Ther.* 256: Panyass. F dub. 2

Schol. Pind.
Is. 4.58: *Aeth.* F 1
Ol. 3.50[B]: Pisand. F 4, *Thes.* F 2
6.15: *Theb.* F 7
13.31[A]: Eumel. F dub. 1
74: Eumelus *Cor.* F 2[A]
Pyth. 3.177[B]: Panyass. F 5
9.185[A]: Pisand. F 7
Nem. 2.1[C]: Cynaethus
17: vid. *Titanom.* ad fin. (p. 19) et ad F adesp. 5
3.40: F adesp. 6
64: F adesp. 7
6.55: *Il. Parv.* F 5
10.110: *Cypr.* F 13

Schol. Plato
Euthyphr. 12[A]: *Cypr.* F 24
Resp. 600[B]: *Oech. Hal.* T 7
Schol. Soph.
El. 157: *Cypr.* F 17
O. C. 378: *Epigon.* F Spur.
O. C. 1375: *Theb.* F 3
Trach. 266: *Oech. Hal.* F 3
Tzetz.: vid. Tzetz. (Io.)
Schol. in *Aen.* 2.15: *Iliup.* F 2 (i)
Serv. 12.691: 'Homerus' F 24
Daniel. 2.15: *Iliup.* F 2 (ii)
Sext. Emp. *adv. mathem.* ᾱ 261: Panyass. F 19[C]
Steph. Byz. s. v.
ἀσπίς: Panyass. F 11
Βέμβινα: Panyass. F 1 et 2
Κάμιρος: Pisand. T 1
Τρεμίλη: Panyass. F 18
Stob. *ecl.* 3.12.6: Pisand. F dub. 1
18.21: Panyass. F 12
31.12: *Cypr.* F 24
4.13.48: 'Homerus' F 25
Strabo 17: 'Homerus' F 25
21: Arist. Proc. F 4[A]
265: Asius F 2
438: *Oech. Hal.* F 2[B]
452: *Alcmaeon.* F 6
471: *Phoronis* F 2[A]
589: Arist. Proc. T 16
601: 'Homerus' F 25
638: *Oech. Hal.* T 3
639: Arist. Proc. T 17
655: Pisand. T 1
688: Pisand. F 1
Suda s. v.
Ἀντιφῶν: Antipho Athen. T
Ἀντίμαχος: Panyass. T 3
Ἀριστέας: Arist. Proc. T 3
Ἀρκτῖνος: Arctin. T 2
Ἀσκραῖος: Perses
θωύσσοντες: 'Homerus' F 26
Κράτης: Epilycus
Κρεώφυλος: *Oech. Hal.* T 5
Κρίτωνος: Melanippides
οἶνος: Panyass. F 12. 12 sq.
Ὅμηρος: Ep. Cycl. *T 3 = *Cypr.* T 2 = *Aeth.* T 2 = *Nost.* T 1 = 'Homerus' T 1 = *Oech. Hal.* T 8

Πανύαϲιϲ: Panyass. T 1
Πείϲανδροϲ: Pisand. T 1
Πείϲανδροϲ Πείϲωνοϲ: Arist. Proc. T 19
Τευμηϲία: F incert. loc. intra Ep. Cycl. 1
Χοιρίλοϲ: Panyass. T 2
Syncellus *Eclog. Chronogr.*
   400: Arctin. T 1
   402: *Il. Parv.* T 4[B]
   454: *Teleg.* T 2[B]
   472: Panyass. T 4
Synesius *epist.* 123: *Nost.* F 6

Theocrit. *A. P.* 9.598: Pisand. T 2
Tzetz. (Io.)
  Chil. 2.713: *Cypr.* F 13
     726: Arist. Proc. T 5
    7.668: Arist. Proc. F 2
   13.630: *Cypr.* T 4 = T 7

exeg. in *Il.*: *Il. Parv.* T 2
  ad. Hes. *Op.* prolegom.: Panyass. T 10[B]
  ad. Hes. *Op.* 1: Eumel. F dub. 3
  in Lycophr. 344: *Il. Parv.* F 11[C]
           480: Eumelus *Cor.* F 11
          1024: Eumelus *Cor.* F 2[B]
          1232: *Il. Parv.* F dub. 1
          1268: *Il. Parv.* F 20
         170: Panyass. T 10[C]
  vit. Hes. p. 49, 27 sq. Wil.: *Theb.* T 4; 'Homerus' F 28; Panyass. T 10[B]; Pisand. T 1
  περὶ διαφορᾶϲ ποιητῶν 171: Panyass. T 10[C]
Tzetz. (Is.)
  ad Lyc. (2.1 Scheer): Panyass. T 10[D]

Xen. *Sympos.* 8.30: 'Homerus' F 28
Zenob. *Cent.* 6.49: Pisand. F 9[B]

INDEX VERBORUM CERTORUM

Lexici Homerici sodales Fiorella Grensemann et Michael Meier-Brügger confecerunt. Paginam 10, fragmentum 12, versum 4 indicat ex.gr. p.10 *12,4*.

ἀβλεμέως p.122 *13i,8*
ἀγάλλομαι p.87 *2i*
Ἀγαμέμνων p.64 *4,1*
ἀγανός p.55 *6,2*
ἄγε v. ἄγω
ἀγείρω p.155 *5,2*
ἀγλαΐη p.121 *12,14*
ἀγλαός p.97 *2^A,3*
ἀγχέμαχος p.148 *7^A,4*
ἄγχι p.40 *13,7*
Ἀγχίσης p.59 *20,9*
ἄγω (ἄγε) p.18 *6,1* p.59 *20,11* p.120 *12,1* p.144 *1,2* v. κατ-
ἀγών p.101 *12,3*
Ἄδμητος p.146 *1,2*
Ἀδρηστείη p.154 *2,4*
ἀέ v. αἰεί
ἄεθλος p.148 *7^A,3*
ἀεθλοφόρος p.40 *13,6*
ἀεί v. αἰεί
ἀείδω p.22 *1* p.37 *5,5* p.53 *1,1*
ἀείρω p.53 *2^AI,1* p.122 *13i,13*
ἀθάνατος p.23 *3,3* p.37 *6,2* p.109 *17,2*
Ἀθηναίη, Ἀθήνη p.133 *9^A,1* p.161 *9,2*
αἶα p.35 *1,2*
Αἴας Τελαμώνιος p.53 *2^AI,1* p.63 *1,7*
Αἰγαίων p.160 *6*
Ἀΐδης Ἄϊδος p.23 *3,4*
αἰδώς p.38 *7,5* p.43 *24,2*
αἰεί p.22 *2,10* p.38 *7,11* p.133 *10*
αἰζηός p.110 *21*
Αἰήτης p.97 *2^A,1.5.6* p.148 *7^A,1*
αἷμα p.106 *5d*
Αἰνείας p.59 *20,10*
αἰνός p.38 *7,12*
αἴνυμαι p.117 *4,2*
αἱρέω v. ἑλεῖν

αἶσα p.37 *6,1* p.122 *13i,8 13ii*
Αἴσων p.69 *6,1*
αἰχμή p.55 *5,2*
αἶψα p.22 *2,7* p.40 *13,1*
αἰωρέομαι p.91 *13,5*
ἀκέομαι p.63 *1,4*
Ἄκμων p.154 *2,3*
ἀκόρητος p.161 *7,1*
ἀκούω p.111 *28*
ἀκριβής p.63 *1,5*
ἀκροθίνιον p.102 *2,1*
ἄκρος p.40 *13,3*
ἀλεγεινός p.121 *12,16*
ἀλεξίκακος p.121 *12,13*
ἀλκή p.108 *12,1*
Ἀλκιμάχη p.146 *1,2*
ἄλκιμος p.160 *4,1*
ἀλλά p.53 *2^AI,5* p.97 *2^A,1* p.107 *7* p.108 *11,2* p.122 *13i,7.10.15* p.146 *2,1*
ἀλλήλων p.23 *3,4*
ἄλλος p.23 *3,3* p.59 *20,11* p.97 *2^A,7* p.108 *11,1* p.120 *12,3* p.121 *12,8.11*
ἄλλοτε p.38 *7,8.10.11*
ἀλλοφρονέων p.106 *4^A*
ἄλοχος p.59 *20,2* p.122 *13i,11* p.148 *7^A,2*
ἅλς p.160 *6*
ἄλφιτα p.107 *9*
Ἀλωεύς p.97 *2^A,1.4*
ἅμα p.37 *5,4* p.101 *12,4* p.120 *12,3* p.121 *12,8* p.122 *13ii*
ἀμβρόσιος p.18 *8,2* p.36 *4,5*
ἄμβροτος p.123 *15,2*
ἀμείβομαι p.59 *20,8*
ἄμπελος p.55 *6,1*
ἀμύμων p.108 *11,1*
ἀμφί p.55 *5,1* p.91 *13,6*
Ἀμφιγυήεις p.123 *16,1*

Ἀμφίλοχος p.105 3,1
ἀμφιπένομαι p.159 1
ἀμφίπολος p.37 5,1
Ἀμφίων p.89 1,1
ἀμφότεροι p.22 2,10 p.63 1,2
ἄμφω p.40 13,5
ἀμώμητος p.161 7,3
ἄν p.53 2ᴬI,5 p.122 13i,6
ἀνά p.37 5,3 p.38 7,10.11 p.86 1,5 p.106 5c
ἀναβαίνω p.40 13,3
ἀναβάλλω p.86 1,6
ἀνάγκη p.37 7,3 p.109 17,2 p.123 16,4
ἀναδίδωμι p.90 8,2
ἀναλθής p.63 1,6
ἀναμπέχονος p.161 9,1
ἄναξ p.22 1 p.141 1,2
ἄνασσα p.154 3,3 p.161 7,4
ἀνατίθημι p.53 2ᴬI,4
ἄνδιχα p.97 2ᴬ,2
ἀνδρολέτειρα p.161 7,3
Ἀνδρομάχη p.59 20,6
ἄνεμος p.91 13,5
ἀνήρ p.18 5 p.26 1 p.53 2ᴬI,4 p.59 20,8 p.86 1,2 p.87 2iii,2 p.120 12,2.4 p.122 13i,4 p.123 16,3 p.154 2,2 p.159 3
ἄνθος p.36 4,2.4.6 p.37 5,2
ἄνθρωπος p.35 1,4 p.41 15,2 p.69 7 p.79 2 p.87 2ii,1 p.121 12,10 p.122 13i,9 p.155 4,2
ἀνίστημι p.111 27
ἀντί p.55 6,4
ἀντίθεος p.90 8,1
Ἀντιόπη p.89 1,1 p.97 2ᴬ,2
ἄνωγα p.121 12,8
ἀοιδή p.121 12,13
ἅπας p.40 13,3 p.97 2ᴬ,5
ἀπαφεῖν p.69 7
ἀπελθεῖν p.122 13i,5
ἀπεχθάνομαι p.109 18,1
ἀπό p.59 20,4 p.86 1,2 p.121 12,10 p.122 13i,6 p.160 5
ἄποινα p.55 6,1
Ἀπόλλων p.109 15 p.123 16,2
ἀποξύω p.69 6,2
ἀποσκεδάσαι p.41 15,2
ἀπότροπος p.122 13i,5

ἄρα p.40 13,7 p.63 1,5 p.91 13,6 p.97 2ᴬ,6 p.127 26 p.141 1,1 p.148 7ᴬ,1
ἀράομαι p.22 2,8
ἀραρίσκω p.105 2 p.108 13,2
ἀργαλέος p.22 2,8 p.54 4ᴬ,2 p.122 13i,9
Ἀργεῖος p.154 3,2
Ἄργος p.22 1
ἀργύρεος p.22 2,3 p.124 18,3
ἀργυρότοξος p.123 16,2
ἀρετή p.120 12,1
Ἄρης p.37 6,2 p.53 1,2 p.121 12,6 p.123 16,4
ἀριπρεπής p.154 2,7
ἀριστεύς p.59 20,7
ἄριστος p.41 15,1
Ἀρίων p.24 6ᴬ
ἀρκέω p.155 5,2
ἁρμόζω v. ἐφ-
ἄρουρα p.124 18,5
ἁρπαλέος p.107 10
ἄρχω p.26 1
ἀσκέω v. ἐπ-
ἄσκοπος p.63 1,6
ἀσπάσιος p.108 14ᴬ
ἄσπετος p.107 10
ἀστήρ (ἄστρα) p.86 1,4
ἀστράπτω p.55 5,2 p.63 1,8
Ἀσωπός p.89 1,2 p.97 2ᴬ,4
Ἄτη p.122 13i,8 13ii
ἀτρύγετος p.38 7,6
αὖθι p.26 1
αὐτάρ p.22 2,1.3.5 p.37 6,2 p.59 20,1
αὐτή p.161 7,1
αὐτίκα p.69 6,1
αὐτοκασιγνήτη p.161 7,4
αὐτός p.18 8,1 p.55 5,2 p.59 20,7.9 p.63 1,1 p.91 13,4 p.97 2ᴬ,7 (bis) p.139 2,2 p.155 4,1
αὔτως p.91 13,1
αὐχήν p.101 12,1
ἄφθονος p.162 10
Ἀφίδνη p.161 8,1
ἀφνειός p.87 2ii,3
Ἀφροδίτη p.36 4,6 p.37 5,1.4 p.148 7ᴬ,1
Ἀχελῆτις p.123 17ᴬ
Ἀχελωΐς p.123 15,2

INDEX VERBORUM CERTORUM

ἄχθος p.53 2^A I,4
Ἀχιλ(λ)εύς p.54 4^A,1 p.59 20,1 p.159 3 p.160 4,1

βαθυδινήεις p.89 1,2
βαθύστερνος p.35 1,2
βαίνω p.59 20,10 v. ἀνα-, κατα-, προσ-
βάλλω p.23 3,1 p.108 13,2 v. ἀνα-, ἐμ-
βάπτω p.36 4,2
βάρος p.35 1,6
βαρύς p.161 9,3
βαρύβρομος p.111 26
βαρύνω p.63 1,8
βασίλεια p.154 3,1
βασιλεύς p.23 3,3 p.37 7,3
βέλεμνον p.63 1,3
Βεμβινήτης p.116 1 2
βίος p.121 12,10
βιῶναι p.121 12,9
βορέης p.87 2ii,2 p.121 12,18
βότρυς p.55 6,3
βουλή p.35 1,7 p.110 25
Βοῦνος p.97 2^A,6
βραχίων p.91 13,6
βροτόεις p.107 8
βροτός p.37 7,1 p.121 12,9
βοῦς p.108 14^A
βωμός p.161 9,2

γαῖα p.35 1,4 p.37 5,2 p.38 7,10 p.90 8,2 p.97 2^A,8 et v. γῆ
γαμέω p.124 18,1
γάνυμαι p.111 28
Γανυμήδης p.55 6,4
γάρ p.38 7,4.5 p.43 24,2 p.53 2^A I,1 p.63 1,1 p.69 7 p.79 2 p.86 1,3 p.107 6 p.109 18,1 p.121 12,9. 12.14 p.122 13i,10.12 13ii p.155 4,2
γε p.22 2,5 p.37 6,2 p.54 4^A,2 p.121 12,9 p.151 1
γενέτωρ p.101 12,3
γένος p.18 6,1 p.90 8,2
γεραιός p.144 1,1
γέρας p.22 2,6 p.59 20,8.11
γῆ, Γῆ p.38 7,6 p.139 3 v. γαῖα
γῆρας p.69 6,2 p.161 9,3
Γίγας p.160 6

γίγνομαι p.38 7,11 p.122 13i,4.9 v. ἐκ-
γιγνώσκω p.63 1,6 p.108 12,2
γλαυκῶπις p.133 9^A,1
γλυκερός p.122 13i,6.10
γόης p.154 2,1
γόνος p.59 20,9
γρυνός p.111 27
γυμνός p.161 9,1
γυνή p.53 2^A I,4 p.151 1
γύψ p.121 12,18

δαιδάλεος p.91 13,6
δαίς p.107 7 p.120 12,4 p.121 12,7.17 p.122 13i,6 p.139 2,3
δαίω p.111 27
Δαμναμενεύς p.154 2,3
Δαναοί p.53 1,2 p.59 20,11
Δαναός p.141 1,1
Δαρδανίη p.53 1,1
δατέομαι p.22 2,10 p.97 2^A,3
δε p.18 5 8,1 p.22 2,7.8.10 p.23 3,3 p.35 1,3.6.7 p.36 4,6 p.37 5,1.4 6,1 7,1 p.38 7,6.7 (bis).11 p.40 13,1.3.4.7 p.43 24,1 p.54 4^A,1 p.55 5,1 6,4 p.59 20,3.4.6 p.63 1,2.5 p.64 4,1 p.69 6,1 p.70 8,1 p.86 1,4 p.87 2iii,1 p.89 1,1 p.90 8,1 p.91 13,1.4.5.6 p.97 2^A,1.2. 5.6.8 p.101 12,4 p.105 1 p.106 5c p.107 8 9 p.108 11,1 14^A p.109 17,1.2 19 p.111 27 28 p.120 12,4 p.121 12,15 (bis).16 13i,3 p.122 13i,8.9.11.14 p.123 16,1.2 (bis).4 p.124 18,1.4 p.133 9^A,1 p.139 2,1.3 p.146 1,1.2 p.155 4,1 p.162 10 v. οὐδέ
δείδω p.122 13i,12
δείκνυμι p.18 6,1 p.154 2,7
δεινός p.40 13,5
δέκατος p.102 2,1
δέος p.43 24,2
δέπας p.22 2,4
δέρκομαι v. δια-
δέρμα p.116 1 2
δεσμός p.91 13,5
δέχομαι p.121 12,17
δή p.120 12,1 p.148 7^A,1
δηιοτής p.53 2^A I,1
Δημήτηρ p.110 21 p.123 16,1

δῆμος p.105 *3,2*
διά p.18 *8,2* p.109 *17,2* p.123 *15,*1 p.148 *7ᴬ*,5
διαδέρκομαι p.40 *13,3*
δίδωμι p.55 *6,4* p.59 *20,8* p.63 *1,*1 p.97 *2ᴬ*,5 v. ἀνα-, παρα-
διέπω p.121 *12,5*
δικαιοσύνη p.18 *6,*1
δίκροος p.55 *5,2*
διογενής p.22 *2,*1
Διόνυσος p.121 *13i,*2.3
δῖος p.53 *2ᴬᴵ,2* p.89 *1,*1 p.97 *2ᴬ*,4 p.148 *7ᴬ*,1 p.159 *3*
Δῖος p.89 *2*
διώκω p.38 *7,7*
δοκέω p.121 *12,9*
δολιχάορος p.155 *5,2*
δούλη p.161 *9,*1
δριμύς p.106 *5c*
δρῦς p.40 *13,*5.7
δύστηνος p.86 *1,3*
δυσφροσύνη p.121 *12,*16
δωρέω p.110 *22*
δῶρον p.64 *4,*1 p.69 *7* p.79 *2*

ἕ v. οἱ
ἔαρ p.108 *14ᴬ*
ἐγείρω p.106 *5b*
ἐγρεμάχη p.155 *5,2*
ἔγχος p.70 *8,2*
ἐγώ (ἐμοί etc.) p.23 *3,2* p.105 *3,*1 p.107 *6* p.121 *12,*7.9 p.160 *4,2* *5* v. ὤμοι
ἐθέλω p.43 *24,2* p.53 *2ᴬᴵ,2* v. θέλω
εἰ p.122 *13i,*5 p.161 *9,3*
εἰαρινός p.36 *4,2*
εἴδομαι p.38 *7,9*
εἶδον v. ἰδεῖν
εἰδώς v. οἶδα
εἰλαπίνη p.120 *12,2*
εἷμα p.24 *6ᴬ* p.36 *4,*1.7 p.91 *13,2*
εἰμί p.22 *2,9* p.35 *1,*1 p.86 *1,3* p.87 *2ii,*1 p.90 *8,2* p.91 *13,6* p.107 *7* p.120 *12,*1 p.160 *4,2* p.162 *10* v. παρ-
εἰπεῖν p.23 *3,*1 p.43 *24,2* p.53 *2ᴬᴵ,3* p.127 *26*
εἰς p.18 *6,*1 p.91 *13,2* p.97 *2ᴬ*,7 p.123 *16,3* v. ἐς
εἷς p.87 *2iii,*1

εἰσιδεῖν p.40 *13,4*
εἰσόκεν v. εἰς, ὅς et κεν
εἴσω p.23 *3,4* v. ἔσω
ἐκ p.59 *20,*3.6.11 p.63 *1,3* p.79 *2* p.102 *2,2* p.117 *5* p.122 *13ii* v. ἐξ
ἕκαστος p.87 *2iii,*1
ἑκατόν p.108 *13,2* p.159 *3*
ἐκγίγνομαι p.97 *2ᴬ*,1
ἐκεῖνος p.54 *4ᴬ*,2
ἐκπάγλως p.160 *4,2*
Ἑκτόρεος p.59 *20,2*
Ἕκτωρ p.59 *20,7* p.106 *4ᴬ*
ἐκφέρω p.53 *2ᴬᴵ,*1
ἑκών p.97 *2ᴬ*,6
ἐλαύνω p.122 *13i,7*
ἐλεέω p.35 *1,3*
ἐλεῖν p.59 *20,*3.6 p.63 *1,4*
Ἑλένη p.37 *7,*1 p.161 *8,2*
ἐλθεῖν p.105 *1* p.108 *14ᴬ* v. ἀπ-
ἕλιξ p.108 *14ᴬ*
ἕλκος p.63 *1,4*
ἑλλός p.18 *8,*1
ἐμβάλλω p.106 *5a* p.148 *7ᴬ*,1
ἐμός p.101 *12,3* p.108 *11,2*
ἐμπίμπλημι p.22 *2,4*
ἐμπίπτω (-πεσεῖν) p.22 *2,6*
ἐν p.18 *8,*1 p.35 *1,3* p.36 *4,*2.3 (bis).4.5 p.38 *7,4* p.59 *20,*10 p.86 *1,*2.4 p.90 *8,*1 p.117 *6ᴬ* p.120 *12,*2.4(bis) p.121 *12,*14.15(bis).16 p.133 *9ᴬ,*1 p.151 *1* p.154 *2,6* p.161 *8,*1 v. ἐνί
ἔνδοθεν p.144 *1,2*
ἐνεγκεῖν p.101 *12,4* p.154 *2,7* v. φέρω
ἕνεκα p.161 *8,2*
ἐνεόφρων p.121 *12,*11
ἔνθα p.43 *24,2* p.54 *4ᴬ*,2 p.101 *12,2* p.121 *12,5* p.122 *13i,4* p.124 *18,*1 p.144 *1,*1 p.154 *2,*1
ἔνθεν p.22 *1*
ἐνί p.35 *1,6* p.36 *4,4* p.63 *1,5* p.86 *1,4* p.89 *2* p.91 *13,5* p.108 *11,*1.2 *12,*1 p.121 *12,7* p.122 *13i,*13
ἐνιαυτός p.123 *16,3*
ἕννυμι (ἕστο) p.36 *4,*1.7
Ἐνοσίγαιος p.63 *1,*1
ἐξ p.97 *2ᴬ*,7 v. ἐκ
ἐξονομάζω p.146 *1,*1
ἐξοροθύνω p.38 *7,9*

ἔξοχος p. 59 20,11
ἑός p. 22 2,5.7   p. 97 2^A,3   v. ὅς (ἥ, ὅν)
ἐπαρή p. 22 2,7
ἐπασκέω p. 55 6,3
ἐπεί p. 53 2^A I,4   p. 105 2   p. 160 4,2
ἔπειτα p. 22 2,3
ἐπί p. 55 5,2   p. 59 20,2   p. 69 6,3   p. 91 13,4   p. 107 7   p. 121 13 i,3   p. 124 18,3   p. 139 2,1.3   p. 146 2,1
ἐπίηρος p. 59 20,8
ἐπισταμένως p. 120 12,3
ἐπιτίθημι p. 122 13 i,14
ἐπιφωνέω p. 53 2^A I,3
ἐπιχθόνιος p. 121 12,12
ἕπω v. δι-, μεθ-
Ἐπωπεύς p. 89 1,3
ἔργον p. 69 7   p. 86 1,3   p. 154 2,7
ἔρδω (ἐρξ-) p. 43 24,1
ἐρητύω p. 121 12,11
ἐρίβρομος p. 121 13 i,2
ἐρινύς p. 22 2,8
Ἐριούνιος p. 155 4,1
ἔρις p. 35 1,5
ἐρισθενής p. 108 12,1
Ἐριώπη p. 146 1,1
Ἑρμείας p. 155 4,1
Ἑρμιονεύς p. 70 8,1
ἔρχομαι v. ἐλθεῖν
Ἔρως p. 109 17,1
ἐς p. 54 4^A,2   p. 105 1   p. 154 2,7   v. εἰς
ἐσθίω p. 107 10
ἐσθλός p. 87 2 ii,2   p. 121 12,13   p. 122 13 i,14   p. 162 10
ἔσω p. 40 13,5   v. εἴσω
ἑταῖρος, ἔταρος p. 122 13 i,11   p. 148 7^A,4   p. 161 7,2
ἕτερος p. 63 1,2 (bis)
ἔτι p. 155 5,1
εὖ p. 120 12,3
εὐειδής p. 89 2
εὔζωνος v. ἠύ-
εὐμμελίης p. 109 18,2
εὐπάλαμος p. 154 2,4
εὐπλόκαμος p. 59 20,3
εὔπωλος p. 53 1,1
εὑρίσκω p. 154 2,6
εὐρρεής p. 141 1,2
εὐρύπορος p. 146 2,1

εὐρύς p. 91 13,3   p. 139 2,2
Εὐρυλύτη p. 148 7^A,2
εὐρύχορος p. 161 8,1
εὐφροσύνη p. 121 12,19
εὔφρων (εὔφρων) p. 121 12,17   13 i,1
εὔχομαι (εὖκτο) p. 23 3,3   p. 86 1,6
εὐώδης p. 37 5,2
ἐφαρμόζω p. 105 3,2
Ἐφύρειος p. 101 12,2
Ἐφύρη p. 97 2^A,5
ἐχθάνομαι v. ἀπ-
ἔχω p. 59 20,8   p. 86 1,3.4.5   p. 87 2 iii,1   p. 91 13,3   p. 97 2^A,4   p. 105 3,1   p. 122 13 i,10
ἕψω p. 69 6,3

Ζαγρεύς p. 139 3
ζάθεος p. 102 2,2
Ζεύς (Διός, Ζηνί etc.) p. 23 3,3   p. 35 1,3.7   p. 37 7,3   p. 38 7,5.7   p. 43 24,1   p. 55 6,3   p. 89 1,3   p. 108 12,1
ζέω p. 106 5 d
Ζῆθος p. 89 1,1
ζώνη p. 108 13,1
ζώω p. 121 12,9

ἦ, ἤ p. 86 1,5   p. 97 2^A,7.8 (bis)   p. 160 4,2
ἡβάω p. 69 6,1
ἠδέ p. 64 4,2   p. 69 7
ἡδύς p. 22 2,4   p. 36 4,5   p. 107 10   p. 117 4,2
Ἥλιος p. 97 2^A,2   p. 101 12,4
ἠμαθόεις p. 117 6^A
ἧμαι p. 121 12,19
ἡμεῖς p. 86 1,1
ἡμέτερος p. 86 1,1   p. 161 7,2
ἦμος p. 110 21   v. τῆμος
ἡνίοχος p. 109 19
ἠοῖος p. 161 9,2
ἤπειρος p. 38 7,11.12
ἠπεροπηΐς p. 110 25
Ἥρη p. 91 13,2   p. 154 3,2
ἥρως p. 22 2,1   p. 35 1,7   p. 40 13,4   p. 53 2^A I,2   p. 105 3,1
ἤτοι p. 109 17,1   p. 144 1,1
ἦτορ p. 160 4,1
ἤΰζωνος p. 59 20,6
ἠΰκομος p. 161 8,2
ἠΰτε p. 121 12,18   p. 161 9,1

Ἥφαιστος p.55 6,3 p.111 27 p.154 2,5

θάλαςςα p.38 7,8 p.133 9ᴬ,2 p.146 2,1
θαλέθω p.36 4,4
θάλεια p.107 7 p.139 2,2
θαλίη p.121 12,14
θαμέες p.117 4,2
θάνατος p.35 1,6 p.37 6,1 p.59 20,5 p.107 6
θαρςαλέος p.121 12,6
θαῦμα p.37 7,1 p.86 1,1
θεά p.22 1 p.37 5,3 p.121 13i,3 p.133 9ᴬ,1
θέλω p.38 7,4 v. ἐ-
θεός p.18 5 p.22 2,8 p.37 7,3 p.41 15,1 p.86 1,5 p.102 2,1 p.139 3 p.155 4,2 p.162 10
θεόφρων p.22 2,3
θεράπων p.53 1,2 p.154 2,4
θερμός p.133 9ᴬ,2
Θερμοπύλαι p.133 9ᴬ,1
θήρειος p.116 1
θηρίον p.38 7,12
Θηςείδης p.64 4,1
Θηςεύς p.161 8,2
θητεύω p.123 16,3
θίς p.146 2,1
θνητός p.18 6,1 p.37 6,1 p.41 15,2 p.90 8,2 p.109 17,1 p.123 16,3 p.155 4,2
θοός p.120 12,4 p.123 15,1 p.141 1,1 p.148 7ᴬ,5
θοῦρος p.121 12,6
θρώςκω (θορεῖν) p.117 5
θυγάτηρ p.124 18,1 p.141 1,1
θύελλα p.54 4ᴬ,1
θυμός p.22 2,6 p.38 7,7 p.106 5a 5b p.108 11,2 p.121 12,11.17 p.122 13i,13
θύςανος p.108 13,2 p.154 3,2
θυςίη p.18 6,2
θύω p.36 4,7
Θυώνη p.117 5
θωύςςω p.111 26

ἰάομαι p.63 1,6
Ἰδαῖος p.154 2,2
ἰδεῖν p.35 1,3 v. εἰςιδεῖν, ὁράω

Ἴδη p.37 5,5
ἱερός v. ἱρός
Ἰήςων p.148 7ᴬ,3
ἱκάνω p.161 9,3
Ἰκάριος p.90 10
ἱκνέομαι (ἱκέςθαι) p.54 4ᴬ,2 p.97 2ᴬ,7.8 p.105 3,2 p.123 15,2
ἱλαρός p.18 6,2 p.121 12,14
Ἰλιακός p.35 1,5
Ἴλιος p.53 1,1 p.109 18,1
ἱμερτός p.121 12,15
ἵνα p.43 24,2 p.90 8,2
ἰξύην p.108 13,2
ἰόεις p.154 2,6
ἴον p.36 4,4
ἱππόδαμος p.40 13,6 p.59 20,9
ἵππος p.87 2ii,3 p.110 20
ἵπταμαι p.110 24
ἱρός p.109 18,1
ἶςος p.120 12,4 p.121 12,7.12
Ἴςος p.70 8,1
Ἰςςηδοί p.87 2i
ἵςτημι p.40 13,7 v. ἀν-ιςχίον p.23 3,1
ἰχθύς p.18 8,1 p.38 7,9

Κάδμος p.22 2,3
καθύπερθεν p.87 2ii,1
καί p.18 6,2(bis) p.23 3,3 p.35 1,3 p.36 4,1.2.6 p.37 5,4 p.38 7,6 (bis). 10 p.40 13,6 p.43 24,1.2 p.53 1,1 2ᴬI,1.4 p.55 5,2 p.59 20,5 p.63 1,4.6.7 p.69 7 p.86 1,1 p.87 2ii,1.2 p.89 1,1.3 p.90 10 p.97 2ᴬ,1.2 p.102 2,2 p.106 5b p.107 10 p.108 11,1 p.109 18,2(bis) p.110 25(bis) p.116 2 p.117 5 p.120 12,1(bis).3.4 p.121 12,16 13i,1.2.3 p.122 13i,5.8.15 13ii p.123 16,4 p.124 18,1.5 p.141 1,1 p.146 1,2 p.154 2,3.7 3,2 p.161 9,1.3 v. τε
καίνυμαι p.155 4,3
κακός p.22 2,6 p.79 2 p.86 1,6 p.122 13i,9.14
καλέω p.107 7 p.109 17,1 p.124 18,2 p.146 1,2
Καλλιθόη p.154 3,1
καλλίκομος p.37 7,2
καλός p.22 2,2.4 p.36 4,4 p.37 5,5 p.91 13,2 p.122 13i,4

κάλυξ p. 36 4,5
κάρη p. 139 2,3
καρπάλιμος p. 70 8,1
κάρτα p. 87 2ii,2
Κασταλίη p. 123 15,2
Κάστωρ p. 37 6,1 p. 40 13,6
κατά p. 35 1,1 p. 37 5,5 p. 38 7,6.8
    p. 53 2^A I,3 p. 105 3,2
καταβαίνω p. 23 3,4
κατάγω p. 59 20,2
καταλείπω p. 43 25
καταστεγάζω p. 127 26
κε(ν) p. 53 2^A I,4 (bis) p. 97 2^A,7 p.
    105 3,2 p. 120 12,2 p. 121 12,7
κεῖμαι p. 106 4^A v. παρα-
κελεύω p. 120 12,3
Κέλμις p. 154 2,3
κεν v. κε
κενόω p. 35 1,6
κεράννυμι p. 117 4,1
κέρδος p. 155 4,3
κεφαλή p. 37 5,3
κήδω p. 148 7^A,3
κίων p. 102 2,2 p. 154 3,3
κλειδοῦχος p. 154 3,1
κλέος p. 121 12,7
κλεπτοςύνη p. 155 4,3
κλυτός p. 59 20,9 p. 123 16,1
κοῖλος (κόιλος) p. 40 13,5 p. 59 20,2
κοιμίζω p. 122 13i,11
κόλπος p. 59 20,3 p. 117 5
Κολχίς p. 97 2^A,8
κομάω p. 55 6,2
κορέννυμι p. 121 12,18
κόρος p. 69 6,1
κορύμβη p. 91 13,4
κοσμέω p. 154 3,3
κόσμος p. 53 2^A I,3
κούρη p. 89 1,2 p. 90 10 p. 101 12,2
    (p. 155 5,1)
κοῦρος v. κόρος
κουφίζω p. 35 1,4
κουφότερος p. 63 1,3
Κράγος p. 124 18,5
κραταιός p. 59 20,5
κρατερός p. 37 7,3
κρατέω p. 124 18,5
κρέας p. 107 10
κρείων p. 64 4,1
κρεμάννυμι p. 102 2,1

κρήδεμνον p. 161 9,3
κρητήρ p. 117 4,1
κρόκος p. 36 4,3
Κρονίδης p. 55 6,1
Κρονίων p. 38 7,5
κτεατίζω p. 97 2^A,5
κτείνω p. 35 1,7 p. 43 25 p. 161 7,3 8,3
κτενίζω p. 91 13,1
κυανόπρωιρος p. 109 19
κυανοχαίτης p. 24 6^A
κυβερνητήρ p. 110 20
κύδιμος p. 40 13,4
κυδρός (κυδίων) p. 63 1,2
κῦμα p. 38 7,8
Κυπρογένεια p. 121 13i,3
κύρω p. 122 13i,6
κύω (κυσαμένη) p. 89 1,3
κωλοτομέω p. 110 21

λαγχάνω p. 121 13i,1.3
λαμβάνω p. 38 7,7 p. 59 20,5 p. 144 1,2
Λάμια p. 101 12,3
λανθάνω p. 22 2,8 p. 121 12,19
Λαομέδων p. 55 6,4
λαός p. 64 4,2 p. 89 1,3 p. 109 18,2
    p. 121 12,8
λάσιος p. 87 2iii,2
λέβης p. 69 6,3
λείπω p. 159 3 v. κατα-
λείριον p. 36 4,6
λέων p. 116 1 2
ληίζομαι p. 124 18,5
λήιτος p. 159 1
λιλαίομαι p. 38 7,7
λιμήν p. 54 4^A,2
λιπαροκρήδεμνος p. 37 5,3
λόγχη p. 110 24
λοετρόν p. 133 9^A,2
Λυγκεύς p. 40 13,1
λυγρός p. 24 6^A

μάκαρ p. 155 4,2 p. 162 10
Μακηδονίς p. 110 24
μακρός p. 154 3,3
μάλα p. 109 18,1 p. 160 4,2 (bis)
μανθάνω p. 63 1,7
μάρναμαι p. 161 8,2
μάχη p. 22 2,10
μαχητής p. 87 2ii,2
μάχομαι p. 53 2^A I,5

μεγάθυμος p. 59 *20*,1
μεγαλήτωρ p. 64 *4*,2
μέγαρον p. 89 *2* p. 148 *7^A*,5
μέγας (μεγάλη) p. 22 *2*,6 p. 23 *3*,2 p. 35 *1*,5 p. 40 *13*,7 p. 86 *1*,1 p. 111 *27* p. 117 *4*,1 p. 124 *18*,1 p. 154 *2*,3
μεδέων p. 160 *6*
Μέδη p. 90 *10*
μεθέπω p. 70 *8*,1
μέθυ p. 107 *10* p. 120 *12*,2
μείγνυμι v. μίςγω
Μελανίππη p. 89 *2* p. 161 *7*,3
μέλας p. 38 *7*,6 p. 90 *8*,2 p. 148 *7^A*,5
μελεδώνη p. 41 *15*,2
μελιηδής p. 122 *13i*,12
μέν p. 22 *2*,2 p. 36 *4*,1 p. 37 *6*,1 p. 38 *7*,8 p. 53 *2^AI*,1 p. 63 *1*,3 p. 97 *2^A*,4 p. 107 *7* p. 109 *17*,1 p. 111 *27* p. 117 *5* p. 121 *12*,14 *13i*,1 p. 123 *16*,1 p. 144 *4*,1 p. 146 *2*,1
Μενέλαος p. 41 *15*,1
Μενεςθεύς p. 64 *4*,2
μενθήρη p. 121 *12*,16
μένος p. 106 *5b5c*
μένω p. 121 *12*,6
μέρος p. 121 *12*,14
μέςςος p. 18 *5*
μετά p. 37 *7*,1 p. 146 *1*,1 p. 148 *7^A*,3
μεταμφότεροι p. 22 *2*,7
μέτρον p. 122 *13i*,5.7.10
μέτωπον p. 87 *2iii*,1
μή p. 122 *13i*,13
μηδέ p. 121 *12*,18
μῆδος p. 111 *28*
μήτηρ p. 101 *12*,3
μῆτις p. 108 *11*,1
μιν p. 127 *26* v. νιν
μίςγω (μιγεῖν) p. 37 *7*,2 p. 38 *7*,4 p. 148 *7^A*,2
μνηςτός p. 122 *13i*,11
μοῖρα p. 59 *20*,5 p. 121 *13i*,2 p. 122 *13i*,7.12
μοῦνος p. 101 *12*,4
Μοῦςα p. 26 *1*
μῦθος p. 23 *3*,1 p. 110 *25*
μυρίος p. 35 *1*,1
μύω p. 107 *8*

ναιετάω p. 146 *2*,2
ναίω p. 86 *1*,2 p. 124 *18*,1 p. 154 *2*,2

νάπη p. 154 *2*,6
νάρκιςςος p. 36 *4*,6
ναῦς p. 59 *20*,2. 10 p. 109 *19* p. 144 *4*,1
Νεῖλος p. 141 *1*,2
νεκτάρεος p. 36 *4*,5
νεκυάμβατος p. 144 *4*,1
νέκυς p. 139 *2*,1
νέμεςις (Νέμεςις) p. 37 *7*,2 p. 38 *7*,6
νήπιος p. 43 *25*
νῆςος p. 40 *13*,3
νηῦς v. ναῦς
νήχω p. 18 *8*,2
νιν p. 38 *7*,12 v. μιν
νιφόεις p. 123 *15*,1
νοέω p. 23 *3*,1
νόημα p. 63 *1*,8
νόος (νοῦς) p. 69 *7* p. 105 *3*,1 p. 108 *11*,1
νοςτέω p. 148 *7^A*,4
νόςφι p. 161 *9*,3
νυ p. 120 *12*,1 v. νῦν
νύμφη (Νύμφη) p. 37 *5*,4 p. 123 *17^A* p. 124 *18*,2
νῦν p. 26 *1* p. 162 *10* v. νυ
νύξ p. 54 *4^A*,2 p. 148 *7^A*,5
νύςςω p. 40 *13*,7 p. 70 *8*,2

ξανθός p. 22 *2*,1 p. 124 *18*,4
ξένιος p. 122 *13i*,14
ξένος (ξεῖνος) p. 120 *12*,1
ξύω v. ἀπο-

ὁ (ἡ, τό) p. 22 *2*,1.5 p. 35 *1*,6 p. 36 *4*,1 p. 37 *6*,2 *7*,1.2 p. 43 *24*,1 p. 55 *6*,4 p. 59 *20*,4 p. 63 *1*,3.5 p. 91 *13*,1 p. 97 *2^A*,8 p. 105 *3*,2 (bis) p. 109 *17*,1 p. 117 *4*,1 *5* p. 121 *12*,7.17 *13i*,3 p. 124 *18*,4 p. 133 *9^A*,1 p. 144 *4*,1 p. 146 *1*,1 *2*,1 p. 161 *8*,1 p. 162 *10* v. ὅς (ἥ, ὅ)
ὀβριμόθυμος p. 123 *16*,4
ὅδε (ἥδε, τόδε) p. 23 *3*,2 p. 43 *24*,1
Ὀδυςςεύς p. 53 *2^AI*,2
ὄζος p. 37 *6*,2
οἱ p. 22 *2*,6.9 p. 36 *4*,1 p. 37 *6*,1 p. 59 *20*,7 p. 122 *13ii*
οἶδα (εἰδώς) p. 69 *6*,2 p. 111 *28*
Οἰδιπόδης p. 22 *2*,2
οἴκαδε p. 122 *13i*,5

οἰκία p.146 2,2   p.154 2,2
οἶκόνδε p.148 7ᴬ,4
οἶνος p.22 2,4   p.41 15,1   p.121 12,10.12   p.122 13i,4.12
οἷος p.36 4,3.6   p.107 7
ὄλβιος p.101 12,1
ὀλοός p.124 18,4
Ὀλυμπιάς p.154 3,1
Ὄλυμπος p.18 6,2
ὄμμα p.63 1,8   p.86 1,4
ὄμουρος p.87 2ii,1
ὄνειαρ p.121 12,12
ὀνείδειος p.23 3,2
ὀνομάζω p.155 4,1   v. ἐξ-
ὀπάζω p.122 13i,9
ὀπηδέω p.122 13ii   v. ςυνοπηδόν
ὁπλίζω p.141 1,1
ὁπλότερος (ὁπλότατος) p.26 1   p.146 1,1
ὁπότε p.108 14ᴬ
ὅπως p.91 13,1   p.148 7ᴬ,3
ὁράω (ὄρηαι) p.151 1   v. ἰδεῖν
ὄρειος p.154 2,4   v. οὔρειος
ὀρέςτερος p.154 2,2
ὅρκος p.18 6,2
ὅρμος p.144 4,2
ὀροθύνω v. ἐξ-
ὄρος p.37 5,5   p.90 8,1
ὀρχέομαι p.18 5
ὅς (ἥ, ὅ) p.37 5,1   p.43 24,1 25   p.53 1,2   p.55 6,1 (bis).3   p.59 20,7   p.63 1,7   p.97 2ᴬ,4.5.7   p.120 12,2.4   p.121 12,7   p.124 18,2.5   p.144 4,1   p.154 2,5 3,2   p.161 9,1   v. ὁ (ἡ, τό), ὅςπερ, ὅςτις
ὅς (ἥ, ὅν) p.148 7ᴬ,2.3   v. ἑός
ὅςος p.38 7,12
ὅςπερ p.121 13i,2
ὅςτις p.121 12,10
ὅτε p.35 1,1   p.97 2ᴬ,1   p.110 21   p.122 13i,7   v. τότε
οὔ v. οἱ
οὐ(κ) p.22 2,8.9   p.43 24,2   p.53 2ᴬ 1,3.5   p.121 12,9   p.122 13i,6   p.144 4,2   p.160 4,1 5
οὐδέ p.38 7,4   p.53 2ᴬ1,2   p.121 12,9   p.155 5,1
οὐκ v. οὐ
οὖν v.146 2,1
οὔποτε p.108 11,2   v. ποτε

οὔρειος p.154 2,6   v. ὄρειος
οὗτος p.86 1,1   p.97 2ᴬ,4   p.120 12,1   p.151 1
ὀφθαλμός p.40 13,5   p.87 2iii,1   p.151 1
ὄφρα p.35 1,6   p.38 7,12   p.102 2,1
ὄχλος p.160 5

παίζω p.18 8,2
παῖς p.22 2,7   p.23 3,2   p.43 25   p.55 6,1   p.59 20,3   p.97 2ᴬ,3.8   p.124 18,4
παμβώτωρ p.35 1,4
Παναχαιοί p.59 20,7
παντοῖος p.36 4,7
πανυπέρτατος p.139 3
παρά p.107 6   p.121 12,17   p.122 13i,11   p.123 16,3   p.133 9ᴬ,2
παραδίδωμι p.97 2ᴬ,6
παράκειμαι p.22 2,5
παράκοιτις p.59 20,6
παρατίθημι p.22 2,2   p.139 2,2
πάρειμι p.121 12,8
Παρνηςςός p.123 15,1
πᾶς p.43 24,1   p.59 20,11   p.63 1,4.5   p.87 2iii,2   p.121 12,13   p.124 18,5   p.139 3   p.155 4,2
πάςχω p.53 1,2
πατήρ p.18 5   p.22 2,5   p.38 7,5   p.43 25   p.55 6,3   p.63 1,1   p.123 16,4   p.146 1,2   p.155 4,1
πατρώιος p.22 2,9
παῦρος p.121 12,5
παύω p.122 13i,15
πέδον p.91 13,3
πείθω p.40 13,2   p.108 11,2   p.122 13i,15
πεῖραρ p.38 7,10
πέλαγος p.86 1,2
Πελαςγός p.90 8,1
πέλομαι p.79 2
Πέλοψ p.40 13,4
πέλωρον p.116 2
πέμπω p.23 3,2
πένομαι v. ἀμφι-
πεντήκοντα p.159 3
πέπρωται v. πορεῖν
πέπων p.122 13i,10
περ v. ὅςπερ
περάω p.123 15,1

περί p. 53 *1,2* p. 107 *8* p. 108 *13*,1 p. 154 *3*,3 p. 161 *9*,2
περιδινήεις p. 123 *18*,3
πεcεῖν v. πίπτω
Πηλείδης p. 53 $2^{A}1,2$ p. 54 4^{A},1
πῆμα p. 122 *13 i*,6
Πηνελόπεια p. 90 *10*
πίμπλημι v. ἐμπίμπρημι p. 108 *12*,1
Πιναρός p. 124 *18*,4
πίνω p. 117 *4*,2 p. 120 *12*,1.2 p. 121 *12*,11.18 p. 122 *13 i*,5.8.13
πίπτω (πεcεῖν) p. 59 *20*,4 p. 63 *1*,1 v. ἐμπλάζω p. 35 *1*,1
πλάτος p. 35 *1*,2
πλεῖcτος v. πολύς
πλέκω p. 37 *5*,2
πλημύρω p. 121 *12*,19
πλόκαμος p. 91 *13*,1
πλωτός p. 18 *8*,1
πόθος p. 148 7^{A},1
ποιέω p. 36 *4*,2 p. 41 *15*,1 p. 133 9^{A},2
ποιμήν p. 64 *4*,2 p. 89 *1*,3
πολεμιcτής p. 91 *13*,7
πόλεμος p. 22 *2*,10 p. 35 *1*,5 p. 120 *12*,4
πολυβούτης p. 87 *2 ii*,3
πολυβῶλαξ p. 38 *7*,11
Πολυδεύκης p. 37 *6*,2 p. 40 *13*,6
πολυδίψιος p. 22 *1*
πολύμητις p. 154 *2*,5
Πολυνείκης p. 22 *2*,1
πολυπῖδαξ p. 37 *5*,5
πολύρρην p. 87 *2 ii*,3 p. 146 *2*,2
πολύς (πολλά, πλεῖcτος) p. 38 *7*,9 p. 53 *1*,2 p. 69 *6*,3 p. 79 *2* p. 86 *1*,5 p. 87 *2 ii*,2 p. 120 *12*,2 (bis) p. 122 *13 i*,15
πολύφλοιcβος p. 38 *7*,8
πονηρός p. 86 *1*,3
ποντοπόρος p. 59 *20*,10
πόντος p. 38 *7*,9 p. 86 *1*,4
πορεῖν (πέπρωται) p. 37 *6*,1 p. 55 *6*,1.4 p. 63 *1*,3 p. 64 *4*,1 p. 97 2^{A},4
πορθμεύς p. 144 *4*,2
πόρκης p. 55 *5*,1
πορφύρεος p. 59 *20*,5
Ποcειδάων (-ών) p. 101 *12*,2 p. 123 *16*,2

ποταμός p. 38 *7*,10 p. 89 *1*,2 p. 124 *18*,3 p. 141 *1*,2
ποτε p. 37 *7*,2 p. 122 *13 i*,6 p. 161 *8*,1 v. οὔποτε
ποτηνός p. 109 *17*,1
ποτήριον p. 139 *2*,3
πότνια p. 139 *3*
ποτόν p. 117 *4*,2 p. 121 *12*,11 p. 122 *13 i*,10
πότος p. 122 *13 i*,4.15
που p. 86 *1*,5
πουλυβοώτης p. 146 *2*,2
πουλύπος p. 105 *3*,1
πούς p. 40 *13*,2 p. 59 *20*,4 p. 70 *8*,1 p. 117 *5* p. 123 *15*,1 p. 161 *9*,1
πραπίδες p. 35 *1*,3 p. 69 *6*,2
πρέcβυς p. 160 *5*
Πρηξιδίκη p. 124 *18*,2
Πρίαμος p. 109 *18*,2 (bis)
πρός p. 87 *2 ii*,2 p. 122 *13 i*,7
προcβαίνω p. 40 *13*,2
πρόcθεν p. 141 *1*,2
προτίθημι p. 101 *12*,3
πρῶτος p. 22 *2*,2 p. 63 *1*,7 p. 101 *12*,4 p. 121 *13 i*,1 p. 154 *2*,5 *3*,3 p. 161 *7*,2
πτεροφύτωρ p. 109 *17*,2
πτέρως p. 109 *17*,2
πυκάζω p. 91 *13*,2
πυκινός p. 35 *1*,3 p. 111 *28*
Πύλος p. 117 6^{A}
πῦρ p. 121 *12*,12 p. 154 *2*,7
πύργος p. 59 *20*,4
πῶς p. 53 $2^{A}1,3$ (bis)

ῥα p. 63 *1*,7 p. 117 *5*
ῥηγμῖνι p. 133 9^{A},2
ῥιπίζω p. 35 *1*,5
ῥίπτω p. 59 *20*,4
ῥίς p. 106 *5 c*
ῥόδον p. 36 *4*,4

cαίρω p. 161 *9*,2
cάρξ p. 63 *1*,4
cθένος p. 106 *5 a*
Cίβρος p. 124 *18*,3
cίδηρον p. 154 *2*,6
cκεδάννυμι v. ἀποcκεδάcαι
cκέδαcις p. 160 *5*

cκύπφοc   p. 117 *4*, 2
Cκῦροc   p. 54 *4*ᴬ, 1
cυρίζω   p. 110 *24*
coφόc   p. 105 *2*
cπλάγχνα   p. 86 *1*, 6
cταθμόc   p. 102 *2*, 2
cτεγάζω   v. κατα-
cτείχω   p. 122 *13 i*, 11
cτέμμα   p. 154 *3*, 2
cτέφανοc   p. 37 *5*, 2   p. 139 *2*, 3
cτῆθοc   p. 63 *1*, 5   p. 108 *11*, 1. 2 *12*, 1
cτήλη   p. 160 *6*
cτιβαρόc   p. 87 *2 iii*, 2
cτιβάc   p. 139 *2*, 2
cτρατόc   p. 105 *1*
Cτύξ   p. 127 *26*
cύ (cέ)   p. 121 *12*, 17   p. 122 *13 i*, 13   v. τοι
cύν   p. 24 *6*ᴬ   p. 37 *5*, 1   p. 148 *7*ᴬ, 4
cυνοπηδόν   p. 121 *12*, 13   v. ὀπηδέω
cυντίθημι   p. 35 *1*, 4
cυρίζω   p. 110 *24*
cφεῖc (cφιν)   p. 63 *1*, 1   p. 109 *18*, 1
cχῆμα   p. 18 *6*, 2

ταλαπείριοc   p. 160 *5*
ταλαπενθήc   p. 121 *12*, 5
ταλαcίφρων   p. 121 *12*, 10
ταναόc   p. 87 *2 i*
Ταντταλίδηc   p. 40 *13*, 4
τάχα   p. 40 *13*, 4
ταχύc   p. 40 *13*, 2
τε   p. 18 *5*(bis) *6*, 1   p. 22 *2*, 10 (bis)   p. 23 *3*, 1   p. 36 *4*, 1. 3 (bis). 4 (bis). 5   p. 40 *13*, 6   p. 55 *6*, 3   p. 59 *20*, 7. 9   p. 63 *1*, 3. 4. 6. 8 (bis)   p. 87 *2 ii*, 2   p. 89 *1*, 3   p. 90 *10*   p. 97 *2*ᴬ, 2   p. 102 *2*, 1   p. 107 *10*   p. 111 *28*   p. 116 *1*   p. 120 *12*, 3. 4   p. 121 *12*, 5. 6. 7. 8. 14. 16   *13 i*, 1   p. 122 *13 i*, 4 *13 ii*   p. 124 *18*, 4   p. 139 *2*, 3   *3*   p. 146 *1*, 2   p. 154 *2*, 3. 7   p. 155 *4*, 2 (bis). 3   p. 160 *6*   v. καί
τείνω   p. 139 *2*, 1
τείρω   p. 38 *7*, 5
τέκνον   p. 105 *3*, 1
τέκτων   p. 105 *2*
Τελαμών   p. 161 *7*, 1
τελέθω   p. 121 *12*, 6
τελείω   p. 35 *1*, 7
τελευτή   p. 122 *13 i*, 14

τέμενοc   p. 91 *13*, 2
τέρπω   p. 121 *12*, 8
τεταγών   p. 59 *20*, 4
τέττιξ   p. 91 *13*, 4
τέχνη   p. 110 *25*   p. 154 *2*, 5
τεχνήειc   p. 155 *4*, 3
τῆμοc   p. 110 *22*   v. ἦμοc
Τηΰγετοc   p. 40 *13*, 2
τίθημι   p. 37 *5*, 3   p. 63 *1*, 2. 5   p. 69 *6*, 1   p. 121 *12*, 7   p. 139 *2*, 3   p. 161 *7*, 2   v. ἀνα-, ἐπι-, παρα-, προ-, cυν-
τιθήνη   p. 59 *20*, 3
τίκτω (τεκεῖν)   p. 37 *7*, 1. 3   p. 89 *1*, 1   *2*
τιμή   p. 101 *12*, 4
τιμήειc   p. 22 *2*, 6
τιc   p. 86 *1*, 3   p. 97 *2*ᴬ, 7   p. 120 *12*, 1   p. 122 *13 i*, 5. 7   v. ὅcτιc
τλῆναι   p. 123 *16*, 1 (bis). 2 (bis). 4
Τλῶοc   p. 124 *18*, 4
τμήγω   p. 63 *1*, 4
τοι   p. 41 *15*, 1   v. cύ
τότε   p. 97 *2*ᴬ, 2   p. 122 *13 i*, 8   p. 141 *1*, 1   p. 148 *7*ᴬ, 1   v. ὅτε, ποτε
τράπεζα   p. 22 *2*, 2
Τρεμίληc   p. 124 *18*, 1
τρέφω   p. 38 *7*, 12
τρίποc   p. 110 *22*
τρίτατοc   p. 37 *7*, 1   p. 122 *13 i*, 7. 12
Τροίη   p. 35 *1*, 6
τροφόc   p. 117 *5*
τυγχάνω (τεῦξαι)   p. 121 *13 i*, 2

ὑάκινθοc   p. 36 *4*, 3
Ὕβριc   p. 122 *13 i*, 8. 13   *13 ii*
ὕδωρ   p. 18 *8*, 2   p. 38 *7*, 6   p. 86 *1*, 2   p. 123 *15*, 2   p. 127 *26*
υἱόc   p. 59 *20*, 1   p. 97 *2*ᴬ, 3
υἱωνόc   p. 97 *2*ᴬ, 8
ὑαcπίδιοc   p. 91 *13*, 7
ὑπέρβιοc   p. 154 *2*, 3
Ὑπερίων   p. 97 *2*ᴬ, 3
ὑπό   p. 23 *3*, 4   p. 37 *7*, 3   p. 123 *16*, 4
ὑcμίνη   p. 121 *12*, 5
ὑψηλόc   p. 102 *2*, 2
ὑψίκομοc   p. 90 *8*, 1

φαεινόc   p. 117 *4*, 1
φαίδιμοc   p. 59 *20*, 1
φάοc   v. φῶc
φάρμακον   p. 69 *6*, 3

φέρω p.24 6^A p.53 2^{A}i,4 p.54 4^A,1
   v. ἐκφέρω, ἐνεγκεῖν
φεύγω p.38 7,4.7.12 p.148 7^A,5
φήμη p.105 *1*
φημί p.87 2*ii*,1 p.160 4,1
φθέγγομαι p.109 *19*
φιλομμειδής p.37 *5*,1
φίλος p.69 6,1 p.86 *1*,5 p.160 4,2
φιλότης p.22 2,9 p.37 7,2 p.38 7,4
   p.121 *12*,15 p.148 7^A,2
φοιτάω p.91 *13*,1
φορέω p.36 4,3
φόως v. φῶς
φράζω p.22 2,5
φρένες p.38 7,5 p.86 *1*,1 p.111 *28*
   p.122 *13i*,13 p.148 7^A,3
Φρύγες p.154 2,2
φυλάςςω p.97 2^A,6
φύλλον p.55 6,2
φῦλον p.35 *1*,1
φυτεύω p.43 *24*,1
φύρω p.107 *9*
φωνέω v. ἐπι-
φῶς (φόως) p.161 7,2
φώς (φωτός) p.120 *12*,3

χαίτη p.87 2*i* 2*iii*,2 p.91 *13*,5
χαμαί p.23 *3*,1
χαμαίςτρωτος p.139 2,1
χαρίεις p.87 2*iii*,1
Χάριτες p.36 4,1 p.37 *5*,4 p.121
   13i,1

Χάρων p.144 4,2
χείρ p.23 *3*,4 p.63 *1*,3 p.86 *1*,5
χθών p.35 *1*,1 p.86 *1*,2 p.91 *13*,3
χιόνεος p.91 *13*,3
χιτών p.91 *13*,3
χλιδών p.91 *13*,6
χολόω p.160 4,1
χοροιτυπίη p.121 *12*,15
χρή p.121 *12*,17
χρύςε(ι)ος p.22 2,4 p.37 *5*,4 p.55
   5,2 6,2 p.69 6,3 p.91 *13*,4.5
χρυςόζωνος p.161 7,4
χρυςοκόμης p.109 *15*
χρυςός p.117 4,1
χρυςούατος p.110 *22*
χρυςῶπις p.18 8,1
χρώς p.36 4,1
χώομαι p.63 *1*,7
χώρη p.97 2^A,2

ψύαι p.70 8,2
ψυχή p.86 *1*,4

ὦ p.151 *1* v. ὤμοι
Ὠγυγίη p.124 *18*,2
ὧδε p.160 4,2
Ὠκεανός p.38 7,10 p.101 *12*,2
ὤμοι p.23 *3*,2
Ὧραι p.36 4,1.3 p.121 *13i*,1
ὤρη p.36 4,7
ὥς p.91 *13*,4 p.127 *26*
ὡς p.22 2,5.9 p.23 *3*,1 p.108 *14*^{A}
ὠτειλή p.107 *8*

Josef-Hans Kühn / Ulrich Fleischer

INDEX HIPPOCRATICUS

Cui elaborando interfuerunt sodales Thesauri Linguae Graecae Hamburgensis. Curas postremas adhibuerunt K. Alpers, A. Anastassiou, D. Irmer, V. Schmidt.

Das Werk erscheint in 4 Lieferungen im Umfang von je etwa 210 bis 280 Seiten (zweispaltig, im Lexikonformat).

Fasc.I: A–Δ. 1986. XXXIV, 200 Seiten, broschiert

Fasc.II: E–K. 1987. 264 Seiten, broschiert

Fasc.III: Λ–Π. 1988. 213 Seiten, broschiert

Fasc.IV: P–Ω. Erscheint zusammen mit der Einbanddecke bis Mitte 1989. Den Schluß von Fasc. IV werden Addenda und Corrigenda zum gesamten Werk bilden.

In diesem Index wird der vollständige Wortschatz sämtlicher Schriften des Corpus Hippocraticum dokumentiert (ausgenommen sind nur der Artikel und einige Partikeln). Zitiert wird nach der bis heute wichtigsten, wiederholt nachgedruckten Gesamtausgabe von E. Littré. Diese Grundlage wird erweitert um einige nicht bei Littré gedruckte Texte und die Lemmata der Glossare Erotians und Galens, soweit sie in den erhaltenen hippokratischen Schriften nicht nachweisbar sind; vor allem aber ergänzt und korrigiert durch systematische Auswertung der neueren kritischen Ausgaben und des handschriftlichen Befundes. Das eingeschlagene Verfahren verbindet zwei Vorteile: einheitliche Zitierweise nach Littré und reichhaltige Angaben zur Überlieferung aller, insbesondere der noch nicht kritisch neuedierten Schriften. – In der Darbietung hält der Index die Mitte zwischen bloßem Stellenverzeichnis und Lexikon. Gegliedert wird primär nach grammatischen Kategorien und Bedeutungsunterschieden; ferner werden besondere Wortverbindungen und bemerkenswerte Dialektformen herausgehoben. Auch ist weniger gewöhnlichen Wörtern eine Übersetzung (in Latein) beigegeben. – Vorausgeschickt ist (in deutscher Sprache) eine sachliche Einleitung, die u.a. ein Verzeichnis der hippokratischen Schriften mit Angaben zur Überlieferung, zu den Ausgaben und wenn möglich zur Datierung enthält.

Bitte fordern Sie den Sonderprospekt *Index Hippocraticus* (mit Probeseite) an.

V&R Vandenhoeck & Ruprecht · Göttingen

Zenobii Athoi proverbia

vulgari ceteraque memoria aucta edidit et enarravit

Winfried Bühler

Volumen primum:
Prolegomena complexum, in quibus codices describuntur
1987. 434 Seiten mit 8 Tabellen, Leinen

Volumen quartum:
Libri secundi proverbia 1–40 complexum
1982. 349 Seiten, Leinen

«L'édition de W. Bühler est remarquablement savante. Elle comporte des examens scrupuleux dont le résultat nous est fourni en langue latine. L'étude présente nous permet d'insérer les proverbes, très courts presque tous, dans leur contexte et de connaître vraiment leur sens premier, puis leur histoire. Nous sommes intéressés, comme tant de prédécesseurs. Car c'est bien le propre de l'esprit humain de passer du particulier au général. On ne change pas l'homme profondément.»   *Les Études Classiques*

»…Das textkritische Material ist mit der größten Sorgfalt zusammengestellt; besonders viel Mühe ist auf die Erforschung der Herkunft der Sprichwörter verwendet worden, …mit interessanten Ergebnissen.«
Byzantinische Zeitschrift

V&R Vandenhoeck & Ruprecht · Göttingen